"十四五"职业教育国家规划教材

智慧商业创新型人才培养系列教材

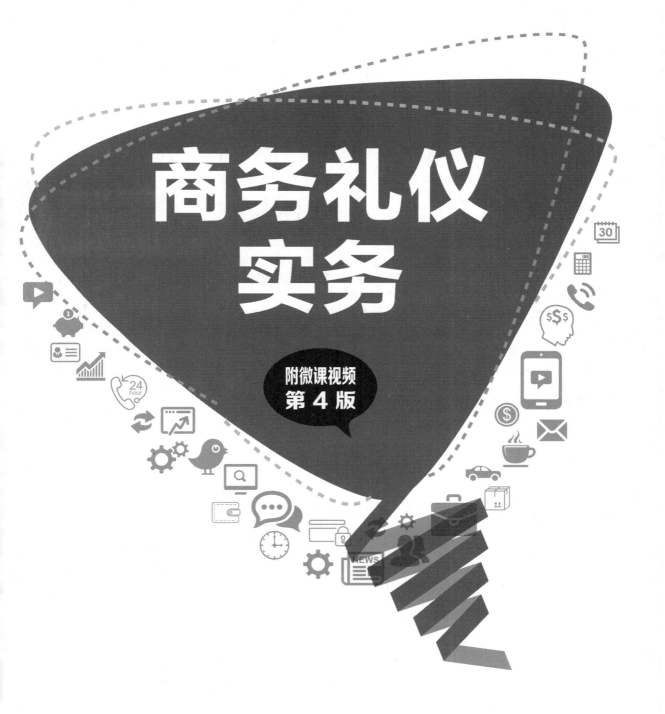

商务礼仪实务

附微课视频
第4版

人民邮电出版社

北　京

图书在版编目（CIP）数据

商务礼仪实务：附微课视频 / 孙金明，王春凤，万
欢主编. -- 4版. -- 北京：人民邮电出版社，2022.5
智慧商业创新型人才培养系列教材
ISBN 978-7-115-57528-9

Ⅰ. ①商… Ⅱ. ①孙… ②王… ③万… Ⅲ. ①商务—
礼仪—高等职业教育—教材 Ⅳ. ①F718

中国版本图书馆CIP数据核字(2022)第039080号

内 容 提 要

本书以提高学生的商务礼仪水平为目标，以介绍商务礼仪的基本概念为起点介绍了商务礼仪的基本知识。全书共 7 个项目，内容包括商务礼仪概述、职业形象礼仪、商务交往礼仪、商务活动礼仪、商务宴请礼仪、特定商务活动礼仪和商务涉外礼仪。

本书以工作岗位的需求为导向，以生活中的实际情境为切入点，以相关知识点或技能点为载体，围绕项目任务，选择重点内容详细讲解，以"锦囊"知识进行有效补充，用典型案例启发学生思考，通过实践训练使学生掌握和巩固相关技能，利用微课形式丰富教学内容和训练素材，将理论与现实紧密衔接，拓展教学内容的深度和广度。

本书适合高等职业院校市场营销、电子商务、物流、连锁经营、文秘、国际贸易、酒店管理、企业管理等专业的学生使用，也可供相关从业人员参考。

◆ 主　编　孙金明　王春凤　万　欢
　　副主编　田　川
　　责任编辑　刘　尉
　　责任印制　王　郁　彭志环

◆ 人民邮电出版社出版发行　　北京市丰台区成寿寺路 11 号
　　邮编　100164　　电子邮件　315@ptpress.com.cn
　　网址　https://www.ptpress.com.cn
　　涿州市京南印刷厂印刷

◆ 开本：787×1092　1/16
　　印张：14.25　　　　　　　　2022 年 5 月第 4 版
　　字数：294 千字　　　　　　2025 年 7 月河北第 11 次印刷

定价：46.00 元

读者服务热线：(010)81055256　印装质量热线：(010)81055316
反盗版热线：(010)81055315

PREFACE 前　言

礼仪是一个人的内在修养和素质的外在表现，是人际交往中人与人之间进行沟通的技巧，是人际关系的润滑剂，可增加现代竞争的附加值。

党的二十大报告指出："中国式现代化是物质文明和精神文明相协调的现代化。""坚持和发展马克思主义，必须同中华优秀传统文化相结合。""实施公民道德建设工程，弘扬中华传统美德，加强家庭家教家风建设，加强和改进未成年人思想道德建设，推动明大德、守公德、严私德，提高人民道德水准和文明素养。"教师作为一线教育工作者，有责任也有义务向学生普及礼仪知识。我们将以"传播中国文化"为主线，以育人为落脚点，通过"知礼明德""明礼修身""行礼明事"三阶育人方式，实现"润物细无声"的素质教育、德育教育、礼仪教育，培育时代新风新貌。

本书具有以下特色。

1. 内容系统，体例新颖

本书各项目均设有"内容标准"部分，并包含若干任务，每个任务均包含任务描述、任务导入、知识点或技能点、典型案例和实践训练等内容。

2. 突出教、学、做一体化

本书每个任务的内容均具有针对性，并且绝大多数任务后设有"实践训练"专栏，让学生有足够的实训机会，从而能够很好地满足当前高等职业院校提出的教、学、做一体化的课程教学改革要求。

3. 精选案例，传递正能量

本书精选典型案例，强调代表性、新颖性、时效性和特定性；在编写过程中体现立德树人的理念，为课堂教学提供主导性德育视角，使学生在学习专业知识的同时，完成社会主义核心价值观和马克思主义世界观的塑造与方法论的训练，从而为学生知识、能力、素质的协调发展创造条件，实现知识传授和价值引领的统一。

4．校企"双元"合作教材

本书在编写过程中与江西萌娃文化传播有限公司合作，根据公司运作过程中对礼仪的要求，有针对性地介绍相关知识点和技能点。

本书建议安排 68 学时，其中理论教学 34 学时、实践教学 30 学时、复习 2 学时、考核 2 学时，任课教师在教学过程中可根据情况适当调整。建议的教学计划安排见下表。

教学内容	理论教学/学时	实践教学/学时
项目一　商务礼仪概述	3	1
项目二　职业形象礼仪	5	8
项目三　商务交往礼仪	7	7
项目四　商务活动礼仪	7	7
项目五　商务宴请礼仪	5	2
项目六　特定商务活动礼仪	5	3
项目七　商务涉外礼仪	2	2
合计	34	30

本书由江西旅游商贸职业学院孙金明、王春凤、万欢任主编，由江西旅游商贸职业学院田川任副主编，参与编写的还有江西旅游商贸职业学院张志军。具体分工如下：孙金明拟定编写大纲与体例，负责全书的校对及统稿工作，并编写项目四、项目五和项目七；王春凤编写项目二；万欢编写项目三；孙金明、田川编写项目一；孙金明、张志军编写项目六。

由于编者水平和经验有限，书中难免有不足之处，恳请读者批评指正。

编　者

2023 年 4 月

CONTENTS
目　录

项目一
商务礼仪概述

内容标准

项目名称	项目一　商务礼仪概述	学时	3（理论）+1（实践）
知识目标	1．掌握商务礼仪的含义、原则及作用 2．了解礼仪的发展及个人礼仪的修养		
素质目标	1．提高交往意识和能力 2．灵活运用提升个人礼仪修养的途径与方法 3．具备评价自身行为，养成自觉遵守国家法律法规、遵守社会公德的能力，增强人际沟通能力 4．培养爱国主义精神，懂得遵纪守法，提升个人修养		
任务	任务一　商务礼仪的含义与发展 学时：2（理论）	技能目标	能够应用好相关技能，培养分析问题、解决问题、沟通协调和团队合作的能力
	任务二　商务礼仪的原则与作用 学时：0.5（理论）		
	任务三　个人礼仪的修养 学时：0.5（理论）+1（实践）		

 # 任务一　商务礼仪的含义与发展

　　我国素以"礼仪之邦"著称，讲"礼"重"仪"是中华民族世代沿袭的传统。礼仪使我们的生活更有秩序，使人际关系更为和谐。随着我国改革开放的不断深入、经济的不断发展，了解并遵守商务活动中的礼仪规范，日益成为企业在竞争中取胜的重要法宝。

 ## 任务描述

　　我们需要在本任务中学习礼仪的含义，了解礼仪的特征和商务礼仪的特点，了解礼仪的起源与发展，从而认识礼仪在社会发展和人们生活中的重要性，树立讲礼仪的观念，学会协调人际关系，为创造良好的外部环境奠定基础。

任务导入

有一个单位组织宴请客户，一位客户喝多了。

客户说："你们单位的漂亮女士不多啊。"

单位领导听了只是跟着应付了几句。

客户继续说："你看那个人怎么长得那么胖呢？"

单位领导不悦地说："她是我夫人。"

客户马上改口说："我认识你夫人，我说的是你夫人后面的女孩。"

单位领导更不高兴了，说："那是我女儿。"

席间只有这两位女士，再也找不出第三位了。一时间，场面非常尴尬……

问题：（1）此案例中，客户忽视了礼仪的哪些特征？

　　　（2）本案例中的单位领导应该怎样做？

▌知识点1　礼仪的含义

1．礼的含义

礼，是礼貌（礼貌语言、礼貌行为）、礼节（礼貌的具体表现）、礼俗的统称，是指社交活动中表示尊敬、谦恭、友善等的言语、动作和姿态。

2．礼仪的定义

在现代，礼仪是指人们在一定的社会交往场合中，为表示相互尊敬、友好，而约定俗成的、共同遵循的行为规范和交往程序。礼仪是"礼"和"仪"的结合："礼"即礼貌、礼节、礼俗，"仪"即仪容、仪表、仪态和仪式。

（1）礼貌：指人们在活动中表示尊重和友好的行为规范，可以展现得体的风度和风范，包括礼貌语言和礼貌行为。

（2）礼节：指人们在日常生活和社交场合中相互问候、致意、祝愿、慰问以及给予必要协助与照顾的惯用形式，是礼貌的具体表现。

（3）礼俗：指婚丧、祭祀等场合的礼节。传统的礼俗有冠礼、生辰礼、婚礼、祭拜礼、座次礼、丧葬礼等。婚礼如图1-1所示。

（4）仪容：通常指人的外貌，重点指人的容貌。在人际交往过程中，每个人的仪容都会影响交往对象对自己的整体评价。仪容美的基本表现形式是貌美、发美、肌肤美，主要要求为整洁干净。良好的仪容如图1-2所示。

图1-1｜婚礼

图1-2｜良好的仪容

（5）仪表：通常指人的服饰、姿态、风度等。

（6）仪态：指人的姿势、举止和动作。拥有良好的仪态要注重以下4个方面的内容。

① 仪态文明。要有修养、讲礼貌，不应在他人面前做出粗野的动作和行为。

② 仪态自然。既要规矩庄重，又要大方得体，不要虚张声势、装腔作势。

③ 仪态美观。这是高层次的要求，它要求仪态要优雅脱俗、美观耐看，能给人留下美好的印象。

④ 仪态敬人。要力戒失敬于人的仪态，要通过良好的仪态体现敬人之意。

良好的仪态如图1-3所示。

图 1-3｜良好的仪态

（7）仪式：指在一定场合举行的、具有专门程序和规范的活动，常用于较大或较隆重的场合。

纵观古今中外对礼仪的理解，其含义可归纳为以下3个方面。

① 礼仪是一种行为规范或行为模式。

② 礼仪是一种人们共同遵守的行为准则。

③ 礼仪能约束人们的行为，保证社会秩序良好，实现人际关系的和谐。

3．商务礼仪的含义

商务礼仪特指商务活动中的礼仪规范和准则，是一般礼仪在商务活动中的运用和体现，包括仪表礼仪、言谈举止礼仪、书信来往礼仪、电话沟通礼仪等。根据商务活动的场合不同，商务礼仪又可以分为办公礼仪、宴会礼仪、迎宾礼仪等。

▌知识点 2　礼仪的特征

1．文明性

礼仪是现代文明的重要组成部分，人类对文明的追求从未停歇。人类从茹毛饮血到共享狩猎成果，从迷信、敬畏鬼神到崇尚科学，尤其是文字被发明后，人类运用文字来表达文明、宣传文明，都体现出人类对文明的追求。文明的宗旨是尊重，既尊重他人，也尊重自己。这种尊重总是同人们的生活方式有机、自然、和谐地融合在一起，成为人们日常生活、工作中的行为规范。

2．共通性

无论是个人交际礼仪还是公关礼仪，都是在人们的社会交往过程中形成并得到共同认可的行为规范。

尽管人们分散居住于世界的不同角落，但是礼貌用语、庆典仪式、签字仪式等礼仪大体上是通用的。正是由于礼仪具有共通性，才形成了国际交往礼仪。

3．规范性

礼仪是人们在交际场合待人接物时必须遵守的行为规范。这种规范不仅约束着人们在交际场合的言谈举止，而且是人们在交际场合必须使用的一种"通用语言"，是衡量他人、判断自己是否自律、敬人的尺度。

商务礼仪的规范性使礼仪的实施易于落到实处，也便于通过专门的训练达到预期的效果。例如，签署涉外商务合同时，根据国际惯例，合同文本应同时使用两国的法定官方语言，或使用国际通行的英语；除待签的合同正本外，还需向各方提供一份副本。

4．差异性

由于国家、地区、时间、对象等差异，礼仪也有很多不同，存在差异性。例如，在有些西方国家，亲朋好友见面时一般行拥抱礼和亲吻礼，以示热情友好；日本以鞠躬礼为主；我国一般行拱手礼，现在以握手礼较为常见。

又如，在社交宴请中，中国主人动筷子时往往会客气地说："没什么菜，请随便用。"一些西方客人听了此话好生奇怪："明明是满满一桌子菜，主人怎么说没什么菜呢？"西方客人之所以疑惑不解，是因为不熟悉中国人的观念。相比之下，西方人上菜少，却会说"这是我的拿手好菜"，或者热情洋溢地说"这道菜是我夫人特地精心为你做的"。

5．传承性

礼仪将人们在交往中形成的习惯、习俗、准则逐渐固定并沿袭下来，具有传承性的特点，是人类精神文明的标志之一。礼仪一旦形成，通常会长期传承和发扬。例如，我国古代的尊老敬贤、父慈子孝、礼尚往来等反映传统美德的礼仪，至今仍积极影响着社会生活的方方面面。

6．时代性

礼仪是约定俗成的，随着社会的发展和人们观念的变化逐渐改变，具有时代性。现代生活具有多元、丰富、多变的特点，因此现代礼仪必须正确反映时代精神，体现新的社会道德规范，在实践中不断更新内容、改变形式。

▎知识点 3 商务礼仪的特点

1. 普遍性

当今，各种商务活动已渗透到社会的每个角落。可以说，只要是有人类生活的地方，就存在各种各样的商务活动。商务礼仪是人们在商务活动中必须遵守的行为规范，具有普遍性。

2. 信誉性

商务活动涉及商务交往双方的利益，因此双方必须诚实守信，做到"言必信，行必果"。商务人员应从遵守商务礼仪的角度来展现诚信的态度，为商务合作的成功提供保障。

3. 效益性

商务交往中，得体的礼仪有助于树立企业的良好形象，协调交往双方的关系，促进合作顺利进行；礼仪不得体则可能导致交往失败、客户流失甚至商务活动中断，给企业带来经济损失。

4. 发展性

时代在发展，商务礼仪也随着社会的进步而不断发展。例如，以往人们一般采用纸质媒介传递各种商务信息，如今人们常用电子邮件、电话、微信等现代通信手段进行商务信息的传递。

5. 时机性

在商务活动中，说话、做事要恰到好处，否则便容易错失良机，失去合作机会。

▎知识点 4 礼仪的起源与发展

礼仪作为中华民族文化的基础，有着悠久的形成和发展历史，经历了从无到有、从低级到高级、从零散到完整的过程。一般来说，我国礼仪的发展可以分为礼仪的萌芽时期、礼仪的草创时期、礼仪的形成时期、礼仪的发展和变革时期、礼仪的强化时期、礼仪的衰落时期、现代礼仪时期和当代礼仪时期 8 个时期。

1. 礼仪的萌芽时期（公元前 5 万年—公元前 1 万年）

礼仪起源于原始社会中、晚期（约旧石器时代），至今有 100 多万年的历史。此时出现了早期礼仪的萌芽。例如，生活在距今约 1.8 万年的北京周口店山顶洞人就有了"礼"的观念和实践。山顶洞人缝制衣服以遮羞御寒，把贝壳穿起来挂在脖子上以满足审美需求。族人死了，要在死者身上撒赤铁矿粉，并举行原始宗教仪式，这是迄今为止在中国发现的最早的葬仪。

2. 礼仪的草创时期（公元前 1 万年—公元前 22 世纪）

公元前 1 万年左右，人类进入新石器时代，此时人类不仅能制作精细的磨光石器，而且社会诞生了农业和畜牧业。在此后数千年的岁月里，原始礼仪渐具雏形。例如，仰韶文化时期的遗址及有关资料表明，当时人们已经开始注意尊卑有序、男女有别了，如长辈坐上席、晚辈坐下席，男子坐左边、女子坐右边等礼仪日趋明确。

3. 礼仪的形成时期（公元前 21 世纪—公元前 771 年）

公元前 21 世纪至公元前 771 年，原始社会开始进入新石器时代，精致打磨的石器（后来又出现了金属器具）取代了旧石器时代笨重的石器和木棍，使农业、畜牧业、手工业生产跃上一个新台阶。生活水平、生产力水平的提高使劳动者拥有了更多的剩余消费品，进而产生了剥削，最终不可避免地诞生了阶级，人类开始走向奴隶制社会。

到了夏朝（公元前 21 世纪—公元前 15 世纪），我国开始从原始社会末期向早期奴隶社会过渡。在此期间，尊神活动升温。

在原始社会，由于缺乏科学知识，人们不理解一些自然现象。他们猜想，照耀大地的太阳是神，风有风神、河有河神……因此，他们敬畏"天神"、祭祀"天神"。"禮"（礼）字的构成也有其奥妙，左边的"礻"指神灵，右边的"豊"是一种专门用于祭祀活动的盛满美食的器皿，所以"禮"的意思是端着供品向神灵表示敬意。

周朝时，礼仪有了不小的发展，特别是周武王的兄弟、辅佐周成王的周公，对周代礼制的确立起到重要作用。他制礼作乐，将人们的行为举止、心理情操等通通纳入一个尊卑有序的模式之中。全面介绍周朝制度的《周礼》，是中国流传至今的第一部礼仪专著。《周礼》详细介绍了 6 类官名及其职权，六官分别为天官、地官、春官、夏官、秋官、冬官。其中，天官主管宫事、财物等；地官主管教育、市政等；春官主管五礼、乐舞等；夏官主管军旅、边防等；秋官主管刑法、外交等；冬官主管土木建筑等。

春官主管的五礼即吉礼、凶礼、宾礼、军礼、嘉礼，是周朝礼仪制度的重要组成部分。吉礼，指祭祀的典礼；凶礼，主要指丧葬礼仪；宾礼，指诸侯对天子的朝觐及诸侯之间的会盟等礼节；军礼，主要包括阅兵、出师等仪式；嘉礼，包括冠礼、婚礼、乡饮酒礼等。由此可见，我国许多基本礼仪在周朝已基本形成。

在西周，青铜礼器是个人身份的象征。礼器的多寡代表地位的高低，形制的大小显示权力的等级。当时，贵族有佩戴成组玉饰的风气，而相见礼和婚礼（包括纳采、问名、纳吉、纳征、请期、亲迎等"六礼"）成为定式，流行于民间。此外，尊老爱幼等礼仪也已明确。

4. 礼仪的发展和变革时期（公元前 770 年—公元前 221 年）

西周末期，王室衰微，诸侯纷起争霸。公元前 770 年，周平王东迁洛邑（今洛阳），史称东周。承继西周的东周已无力全面恪守传统礼制，出现了所谓"礼崩乐坏"的局面。

春秋战国时期是我国奴隶社会向封建社会转型的时期。在此期间，相继涌现出孔子、孟子、荀子等思想家，他们发展和革新了礼仪理论。

孔子（公元前 551 年—公元前 479 年）是中国古代的大思想家、大教育家，他首开私人讲学之风，打破了贵族垄断教育的局面。《仪礼》与《周礼》、孔门后学编撰的《礼记》，合称"三礼"，是中国古代最重要的礼仪著作。

孔子认为"不学礼，无以立""质胜文则野，文胜质则史，文质彬彬，然后君子"。他要求人们用道德规范来约束自己的行为，要做到"非礼勿视，非礼勿听，非礼勿言，非礼勿动"。他倡导的"仁者爱人"，强调人要有同情心，人与人之间要互相关心、彼此尊重。总之，孔子较系统地阐述了礼及礼仪的本质与功能，把礼仪理论提到了一个新的高度。

孟子（约公元前 372 年—公元前 289 年）是战国时期儒家学派的代表人物。在政治思想上，孟子对孔子的"仁学"思想加以发展，提出了"王道""仁政"和"民贵君轻"的学说，主张"以德服人"；在道德修养方面，他主张"舍生而取义"，讲究"修身"和培养"浩然之气"等。

荀子（约公元前 313 年—公元前 238 年）是战国末期的大思想家。他主张"隆礼""重法"，提倡礼法并重。他说："礼者，贵贱有等，长幼有差，贫富轻重皆有称者也。"他还指出："礼之于正国家也，如权衡之于轻重也，如绳墨之于曲直也。故人无礼不生，事无礼不成，国家无礼不宁。"

5．礼仪的强化时期（公元前 221 年—1796 年）

公元前 221 年，秦王嬴政最终统一中国，建立起中国历史上第一个中央集权的封建王朝，在全国推行"车同轨""书同文""行同伦"。秦朝制定的集权制度成为后来延续两千余年的封建体制的基础。

西汉初期，叔孙通协助汉高帝刘邦制定了朝礼之仪，着力发展了礼的仪式和礼节。西汉思想家董仲舒（公元前 179 年—公元前 104 年）把封建专制制度的理论系统化，提出"唯天子受命于天，天下受命于天子"的"天人感应"学说。他把儒家礼仪概括为"三纲五常"。"三纲"即君为臣纲，父为子纲，夫为妻纲；"五常"即仁、义、礼、智、信。汉武帝刘彻采纳董仲舒"罢黜百家，独尊儒术"的建议，使儒家礼教成为定制。

汉代，孔门后学编撰的《礼记》问世。其中，有讲述古代风俗的《曲礼》，有谈论古代饮食居住进化概况的《礼运》，有记录家庭礼仪的《内则》，有论述师生关系的《学记》，还有传授道德修养途径和方法，即"修身、齐家、治国、平天下"的《大学》等。总之，《礼记》堪称集上古礼仪之大成，上承奴隶社会，下启封建社会的礼仪汇集，是封建时代礼仪的"百科全书"。

盛唐时期，《礼记》由"记"上升为"经"，成为"礼经"三书之一（另外两部为《周礼》和《仪礼》）。

宋代，出现了以儒家思想为基础，兼容道学、佛学思想的理学，程颐、程颢两兄弟（世称"二程"）和朱熹为其主要代表。"二程"认为："父子君臣，天下之定理，无所逃于天地间。"朱熹进一步指出："仁莫大于父子，义莫大于君臣，是谓三纲之要，五常之本。人伦天理之至，无所逃于天地间。"

家庭礼仪研究硕果累累，是宋代礼仪发展的另一个特点。在大量家庭礼仪著作中，以编写《资治通鉴》而名垂青史的北宋史学家司马光的《涑水家仪》，以及以《四书章句集注》名扬天下的南宋理学家朱熹的《朱子家礼》最为著名。明代，交友之礼更加完善，而忠、孝、节、义等礼仪日趋繁多。

6．礼仪的衰落时期（1796—1911 年）

清朝建立后，礼仪复杂化，导致一些礼仪显得虚浮、烦琐。例如清代的品官相见礼，当品级低者向品级高者行拜礼时，轻则一跪三叩，重则三跪九叩。清代后期，古代礼仪盛极而衰。伴随着西学东渐，一些西方礼仪传入中国，新军时期的陆军便采用西方军队的举手礼等，以代替不合时宜的打千礼等。

7．现代礼仪时期（1911—1949 年）

1911 年年末，清王朝土崩瓦解，当时远在美国的孙中山火速赶回祖国，于 1912 年 1 月 1 日在南京就任中华民国临时大总统。孙中山先生和战友们破旧立新，用民权代替君权，用自由、平等取代宗法等级制；普及教育；改易陋俗，剪辫子、禁缠足等，从而正式拉开了现代礼仪发展的帷幕。民国期间，由西方传入中国的握手礼开始流行于上层社会，后逐渐普及民间。

20 世纪 30 至 40 年代，中国共产党领导的苏区、解放区重视文化教育事业及移风易俗，进而谱写了现代礼仪的新篇章。

8．当代礼仪时期（1949 年至今）

1949 年 10 月 1 日，中华人民共和国宣告成立，中国的礼仪建设从此进入一个崭新的历史时期。新中国成立以来，礼仪的发展大致经历以下过程。

新中国摒弃了昔日束缚人们的"愚忠愚孝"及严重束缚妇女的"三从四德"等封建礼教，确立了同志式的合作互助关系和男女平等的新型社会关系，尊老爱幼、讲究信义、以诚待人、先人后己、礼尚往来等中国传统礼仪中的精华，得到了继承和发扬。

1978 年党的十一届三中全会以来，改革开放的春风吹遍了祖国大地，中国的礼仪建设进入全面复兴时期。从推行文明礼貌用语到积极树立行业新风，从开展"18 岁成人仪式教育活动"到制定市民文明公约，各行各业的礼仪规范纷纷出台，岗位培训、礼仪教育日趋红火，讲文明、重礼貌蔚然成风。《公共关系报》《现代交际》等一批涉及礼仪的报刊应运而生，《中国应用礼仪大全》《称谓大辞典》《外国习俗与礼仪》等介绍、研究礼仪的图书不断问世。广阔的中华大地上再度兴起礼仪文化热，具有优良文化传统的中华民族掀起了精神文明建设的新高潮。

 ## 任务二　商务礼仪的原则与作用

商务礼仪是在商务活动中体现相互尊重的行为准则，用来约束我们日常商务活动的方方面面。在商务活动中遵守一定的礼仪，能够为企业和相关人员带来一定优势。在商务活动中，"不学礼，无以立"。

 任务描述

商务礼仪的原则是相关人员必须认真学习和掌握的知识；对商务礼仪作用的学习和

理解，可以帮助人们树立讲礼仪、行礼仪的观念。

本任务的关键是让我们理解商务礼仪的原则，认识商务礼仪的作用，并最终能付出行动。

任务导入

张同学大学毕业后首选的求职意向是国际四大会计师事务所。经过层层筛选，他如愿以偿地进入普华永道和安永华明的最后一轮面试，即去见事务所的合伙人。能在数千名求职者中坚持到见合伙人实属不易，然而，他由于过于紧张，在见到普华永道的合伙人时，叫错了对方的名字，并且临走时把包忘在了对方的办公室里；在见安永华明的合伙人时，由于是英文面试，他重复了一个英文单词数遍，唯恐对方听不清楚，直至那位合伙人打断并说明已经明白了张同学的意思，他才明白该适可而止。结果两家国际一流的会计师事务所都在最后一轮面试中将他拒之门外。

李同学在中信集团总部面试时，面试官问他对"中信"了解多少。他想了半分钟，然后说道："我接到面试通知后还没来得及查看'中信'的资料，所以不太了解。"面试官对他说："我们招人自然希望他能了解'中信'，你还是回去再多了解了解吧。"

赵同学到中国人民银行面试时，面试官问他为什么想来中国人民银行。赵同学心想：还不是因为中国人民银行权力大。但是，碍于不方便直白地说这样的话，他一时没了主意。于是，在吞吞吐吐中，中国人民银行和他说了再见。

问题：（1）分析以上几位同学面试失败的原因。

（2）商务活动过程中必须遵循哪些原则？

（3）商务礼仪的作用有哪些？

知识点1　商务礼仪的原则

1．真诚尊重原则

真诚尊重原则是商务礼仪的重点和核心，是对人、对事的一种实事求是的态度，是真心实意待人的友好表现。在商务活动中，我们要常存敬人之心，处处不可失敬于人，不可伤害他人的尊严，更不能侮辱对方的人格。古人云："敬人者，人恒敬之。"在商务交往中，要想表现出真诚和尊重，切记3点：给他人充分表现的机会、对他人表现出最大的热情、永远给对方留有余地。

2．平等原则

商务礼仪中的平等原则，是指以礼待人，既不盛气凌人，又不卑躬屈膝；要做到不骄狂，不我行我素，不自以为是，不厚此薄彼，不目中无人，不以貌取人，不以职业、地位、权势压人。

3．适度原则

运用商务礼仪时还要注意把握分寸、认真得体。适度原则，是指应用商务礼仪时注意把握各种情况下的社交距离，把握与特定环境相适应的人们彼此间的感情尺度、行为尺度、谈吐尺度，以建立和保持健康、良好、持久的人际关系。例如与人在交往时，要彬彬有礼，但不能低三下四；要热情大方，但不能阿谀奉承；要信人，但不能轻信于人；要谦虚，但不能拘谨；要老练稳重，但不能圆滑世故。

4. 自信原则

自信原则是商务交往中的重要原则。自信是商务活动中一种很可贵的心理素质。一个有自信的人，才能在交往中不卑不亢、落落大方，才能取得商务合作的成功；一个缺乏自信的人，往往会处处碰壁、处处不顺。

5. 自律原则

自律是商务礼仪的基础和出发点。在生活中，我们要学会自我约束、自我对照、自我反省，严格按照礼仪规范要求自己，知道自己该做什么和不该做什么，然后经过长期不懈的努力，逐渐内化为行为自觉和内心情感的自觉，实现自我教育与自我管理。

6. 信用宽容原则

"海纳百川，有容乃大。""人非圣贤，孰能无过？"宽容是指心胸坦荡、豁达大度，能原谅别人的过失，不计个人得失。人们在社交活动中，既要做到严于律己，又要做到宽以待人。宽容原则即与人为善的原则，允许别人有行动和判断的自由，对不同于自己和传统观点的见解要有耐心与公正的容忍。

信用即讲究信誉。守信是中华民族的传统美德。在商务活动中，尤其要守信，做到"言必信，行必果"。

7. 入乡随俗原则

十里不同风，百里不同俗。礼仪要因地制宜、因时制宜、因人制宜，所以才有"入境而问禁，入国而问俗，入门而问讳"的共识。入乡随俗是指交往双方都应尊重彼此的风俗、习惯，了解并尊重对方的禁忌，否则就会在交际中产生障碍和麻烦。

微课：入乡随俗

▎知识点 2　商务礼仪的作用

1. 塑造形象

礼仪最基本的作用就是规范各种行为。商务礼仪能展示企业的文明程度、管理风格和道德水准，塑造企业形象。良好的企业形象是企业的无形资产，可以为企业带来经济效益。一个人讲究礼仪，就能够在众人面前树立良好的个人形象；组织成员讲究礼仪，能够为组织树立良好的形象，从而赢得公众的赞誉。现代市场竞争除了体现在产品竞争上，还体现在形象竞争上。一个具有良好信誉和形象的企业，很容易获得社会各方的信任和支持，从而有利于在激烈的市场竞争中立于不败之地。

2. 传递信息

公民的公共文明水平，可以折射出一个社会、一个国家的文明程度；员工的公共文明水平，可以折射出一家企业的企业文化。良好的礼仪可以帮助我们更好地向对方展示自己的长处和优势，表达出对对方的尊敬、友善及真诚。我们在商务活动中，使用恰当的商务礼仪可以获得对方的好感、信任，进而推动事业的发展。

3．沟通协调

随着社会的发展，商务人员的交往面越来越广，各种商务交往活动中逐渐形成的行为规范和准则，指导着商务人员的行为，协调着人与人之间的关系及人与社会的关系，使人们友好相处。遵守礼仪规范，按照礼仪规范来约束自己，可使人际沟通更有效，从而建立起相互尊重、彼此信任、友好合作的关系。

4．提高效益

礼仪是生产力，它所带来的社会效益和经济效益是不可估量的。在商务交往中，正确使用商务礼仪，可以促使商务活动顺利进行，促进双方开展业务合作，给企业树立良好声誉，从而帮助企业建立广泛的合作关系，进而提高企业的社会效益和经济效益。

5．维护和教育作用

礼仪是整个社会文明发展程度的标志，有助于提高人们的道德修养，规范人们的语言行为，防止和减少丑恶现象的发生，还有助于净化社会风气，推进社会主义精神文明建设。

任务三　个人礼仪的修养

任务描述

本任务中，我们要了解个人礼仪修养的内容，要懂得可以通过哪些途径来加强自身礼仪的修养，从而达到提高自身礼仪修养水平的目的。

任务导入

中国传统礼制中的伦理道德强调3个方面的内容：一是尊老爱幼，二是忠君孝亲，三是维护人伦关系。而家庭美德的核心是尊老爱幼，礼仪是表达家庭美德的窗口。下面的例子就是一个有力的佐证。

李娟大学毕业后到一家企业应聘。

面试经理问："你在家里对你的父母说过谢谢吗？"

李娟回答："没有。"

面试经理说："你今天回去跟你的父母说声'谢谢'，明天就可以来上班了。否则，你就别再来了。"

李娟回到家，父亲正在厨房做饭。她悄悄走进自己的房间，对着镜子反复练习："爸爸，您辛苦了，谢谢您！"

其实，李娟早就想对父亲说这句话了，因为她很清楚父亲是多么不容易：自己两岁时母亲去世，父亲为了不使自己受委屈，没有再婚，小心翼翼地呵护自己长大。她心里一直想对父亲说一声"谢谢"，但就是张不开嘴。李娟暗下决心：今天是个机会，必须说出来！就在此时，父亲喊道："娟子，吃饭了！"

李娟坐在饭桌前，低着头，脸憋得通红，半天才轻声说出："爸爸，您辛苦了，谢谢您！"

可是说完之后，屋内一片寂静。李娟纳闷，偷偷抬眼一看，只见父亲泪流满面。这是欣喜之泪，这是慰藉之泪，这是企盼了 20 年的话带来的感动之泪。此时，李娟才意识到，自己这句话说得太迟了。

第二天，李娟高高兴兴地上班去了。面试经理看到李娟轻松的神情，知道她已经有所体会了，没有问就把李娟引到工作岗位上。

问题：（1）本案例给了你什么启发？

（2）你认为每个人应该从哪些方面加强自己的礼仪修养？

知识点 1　个人礼仪修养的内容

1. 遵守公德

公德是一个国家的公民为了维护整个社会生活的正常秩序而共同遵循的最基本、最简单的公共道德，包括尊重妇女、关怀体贴老人、遵守公共秩序等。遵守公德是个人礼仪的基本要求。我国提倡的"五爱"公德是指爱祖国、爱人民、爱劳动、爱科学和爱社会主义。《公民道德建设实施纲要》中提出的"爱国守法、明理诚信、团结友善、勤俭自强、敬业奉献"，具体来说就是热爱祖国、遵纪守法、保护弱者、遵守秩序、为人诚信、保护环境和讲究卫生等。

2. 真诚友善

在商务活动中，真诚友善的人善于听取别人的意见，为人处世自然大方，待人不严厉、不急躁、不粗暴。"己所不欲，勿施于人。"我们不能以伤害他人来发泄自己的怨气，不要把自己的快乐建立在别人的痛苦之上，更不要落井下石。

3. 陶冶情操

精神面貌是一个人社交形象的核心，人在社会交往中要有良好的精神面貌，要不断加强科学文化的学习，陶冶情操，做到胸怀坦荡、大方、爽朗、热情、诚恳、善解人意，并不断进取。

4. 平等尊重

平等尊重是人与人交往时建立情感的基础，是保持良好人际关系的诀窍。人不要自以为是，不要厚此薄彼，更不能以貌取人，以地位或权势压人，而应平等、谦虚地待人。

5. 热情有度

热情的人往往使人觉得更容易接触，也使人愿意与之接近和交往。因此，我们要想在商务交往中获得成功，就必须热情友善，但要把握分寸、认真得体、注意技巧、合乎规范；针对不同场合、不同对象，要正确地表达自己的敬人之意。热情有度要求商务人员在交往中既要彬彬有礼，又要不卑不亢；要亲切和气，不要虚情假意。

▌知识点2 个人礼仪培养的方法

良好的个人礼仪、规范的处事行为不是与生俱来的，也不是短期就能够实现的，而是靠后天的不懈努力和精心教化才能逐渐形成的。个人礼仪由文明的行为标准真正成为个人的自觉、自然的行为，是一个渐进的过程。完成这个过程需要有3种不同力量的作用，即个人的原动力、教育的推动力及环境的感染力。

1. 个人的原动力是培养个人礼仪的坚实基础

个人的原动力即个人的主观能动性，是人们的行为和思想变化的根本条件，也是人们提高自身素质，形成良好礼仪风范的基本前提。每个人只有具备了勇于战胜自我、不断完善自身的思想意识，才能发挥自己的主观能动性，才能在行动中表现出较强的自律性，自觉克服不良行为习惯，自觉避免失礼行为。与此同时，一个人只有努力学习、不断进取，才能使个人礼仪深植人心，真正具备优良的品质。

2. 教育的推动力是培养个人礼仪的根本条件

个人礼仪的教育，目的是让人们加深对礼仪的认识、磨炼讲究礼仪的意志、确立讲究礼仪的信念及养成讲究礼仪的习惯。这是塑造人们精神面貌的系统工程，需要教育者与受教育者共同努力。其中，教育者对受教育者的引导、指点和示范是至关重要的，能使受教育者真正有所感悟，进而提高自身内在的素质。因此，教育在培养个人礼仪的过程中起到了积极的作用。

3. 环境的感染力是培养个人礼仪的外在因素

个人礼仪的形成，除了需要个人的原动力和教育的推动力，还需要环境的感染力。"近朱者赤，近墨者黑"说明了社会环境与个人的思想、行为密切相关。不同的环境造就不同的人，生活环境对人的感染和影响是潜移默化的。环境会对人的思想、行为及个人礼仪产生重要的影响。

锦囊

锦囊1 名人说礼

人无礼则不立，事无礼则不成，国无礼则不宁。

——荀子

一个人的成功，15%是靠专业知识，85%是靠人际关系与处事能力。

——戴尔·卡耐基

锦囊2 社交九不要

（1）尽量不要到不喜欢社交的人的家里去拜访，即便有事必须去，也应在办妥后尽早告退；不要失约或做不速之客。

（2）不要为办事才给人送礼。礼品价值与关系亲疏应成正比，但无论如何，礼品应讲究实惠。切不可送人"等外""处理"级别的东西。

（3）不要故意引人注目、喧宾夺主，也不要畏畏缩缩、自卑自贱。

（4）不要对别人的事过分好奇、再三打听、刨根问底，更不要故意触犯别人的忌讳。

（5）不要拨弄是非、传播流言蜚语。

（6）不能要求旁人都合自己的脾气，须知你的脾气也并不与每一个人相合，应学会宽容。

（7）不要毫不掩饰地咳嗽、打嗝、吐痰等，也不要当众修饰自己的容貌。

（8）不要长幼无序，礼节应有度。

（9）不要不辞而别，离开时应向主人告辞，并表示谢意。

锦囊3 社交中"不"的惯例

（1）不过分开玩笑。

（2）不乱给人起绰号。

（3）不随便发怒。

（4）不当面纠正他人。

（5）不言而无信。

（6）不恶语伤人。

（7）不过度热情。

（8）不妨碍他人。

锦囊4 令人讨厌的行为

（1）经常向人诉苦，但对别人的问题漠不关心、不感兴趣。

（2）唠唠叨叨，只谈论一些鸡毛蒜皮的小事，或不断重复一些肤浅的话题，以及表达一些一无是处的见解。

（3）态度过分严肃，不苟言笑。

（4）言语单调，情绪呆滞。

（5）缺乏投入感。

（6）过于敏感，语气浮夸粗俗。

（7）以自我为中心。

（8）过分热衷于取得别人的好感。

 典型案例

典型案例1 "无礼！"

古时候，有个年轻人骑马赶路，时至黄昏，还没有找到住处。忽见路边有一老农，他便在马上高声喊道："喂，老头儿，这里离客栈还有多远？"老农说："还有500步。"

年轻人笑话他说："路程哪有论步的？都是论里的。"老农说："无礼！"年轻人以为是"5里"，于是策马飞奔，向前驰去。结果跑了10多里仍不见客栈，他想："这老头儿真可恶，回去非得整治他不可！什么5里！"

思考：（1）此案例中年轻人所犯的错误是什么？

（2）本案例对你有何启发？

典型案例 2 李小姐的"礼貌"

一天，参加工作不久的李小姐被派到外地出差，在卧铺车厢里碰到一位来华旅游的美国姑娘。美国姑娘热情地向李小姐打招呼，李小姐觉得不与人家寒暄几句实在显得不够友善，便使用流利的英语，大大方方地与对方聊了起来。在交谈中，李小姐询问对方："你今年多大？"美国姑娘说："你猜猜看。"李小姐又问："你一定结婚了吧？"令李小姐吃惊的是，对方居然转过头去，再也不理她了。

思考：（1）这位美国姑娘是不是没礼貌？

（2）美国姑娘为什么不理李小姐了？

典型案例 3 细节产生效益

乔·吉拉德是世界上最成功的推销员之一。一天，一位中年妇女从对面的福特汽车展销室走进乔·吉拉德的汽车展销室：她原本是想买一辆白色的福特轿车。

"夫人，欢迎您来选购我的车。"乔·吉拉德微笑着说。妇女兴奋地告诉他："今天是我55岁的生日，我想买一辆白色的轿车作为自己的生日礼物。""夫人，祝您生日快乐！"乔·吉拉德热情地祝贺道。随后，他轻声向身边的助手交代了几句。乔·吉拉德领着这位妇女边看边介绍，一会儿，助手走了进来，把一束玫瑰花交给乔·吉拉德。乔·吉拉德把这束漂亮的玫瑰花送给这位妇女，并再次表示祝贺。那位妇女感动得热泪盈眶，当即在乔·吉拉德这儿买了一辆白色的雪佛兰轿车。

思考：（1）乔·吉拉德成功地运用了哪些商务礼仪？

（2）商务礼仪对他的汽车销售有何作用？

典型案例 4 "热情"接待

国内某旅行社在接待一批来华的意大利游客时，打算送每人一件小礼品。为此，该旅行社专门制作了一批纯丝手帕，每只手帕都包装精致，上面的菊花图案栩栩如生，全部出自名厂名家之手，精美非凡。中国丝织品自古闻名，旅行社接待人员料定礼品会受到游客的喜欢。

在机场接游客时，接待人员热情、得体，意大利游客个个兴趣盎然。可当接待人员把精心准备的礼品赠送给他们后，却引起一片哗然。游客们面露不悦，特别是一位夫人，面色凝重，不时流露出伤感之态。接待人员心里迷惑不解：中国人送礼给别人并不奇怪，难道我们哪里做错了？

思考：（1）旅行社的接待出了什么问题？

（2）旅行社的接待违背了礼仪的什么原则？

典型案例5　礼仪教育进校园

学校作为社会主义精神文明建设的重要阵地，是学生养成文明礼貌习惯的重要场所。对广大学生进行礼仪教育，可提高他们的基础道德水平，促进良好校风的形成，从而推动学校的精神文明建设，并改善社会风尚。所以，礼仪教育是学校德育的一项重要内容，也是全面提高学生素质的手段之一。学校应把文明礼仪教育寓于学科教育中，使其贯穿于教学的各个环节，充分挖掘课堂教学中的礼仪因素，把学礼、知礼、懂礼和行礼有机结合起来，从而使学生懂得尊重知识、尊重老师、尊重同学。

思考：（1）为什么要强调礼仪教育进校园？

（2）学校应如何开展礼仪教育？

 **实践训练**

1．情境训练

情境1　赵同学到食堂就餐，刚进食堂，就看到成堆的人挤在前面。他们都伸着自己拿饭盒的手，对炊事员大声喊道："该我了，我已经等很久了。""喂，这里啊，我也等了很久了。"

实训要求如下。

（1）讨论：面对这种场面，赵同学该怎么做？

（2）分组训练：8个人1组，其中1个人扮演赵同学，6个人扮演其他买饭的同学，1个人扮演炊事员。

（3）每组规范地演示整个过程，最后由其他同学评议、老师点评。

情境2　黄同学走到银行柜台前，想查询父母为他寄来的生活费是否已经到账，看到柜台里面的营业员正低头忙着处理各种账单。

实训要求如下。

（1）讨论：从语言表达和行为举止两个方面，谈谈黄同学应该如何完成咨询。

（2）分组训练：8个人1组，按照银行的工作情境，让每位同学扮演不同的角色，根据其言行，判断其礼仪运用能力。

（3）每组规范地演示整个过程，最后由其他同学评议、老师点评。

2．情境分析

（1）一个客户到银行交罚款，交完罚款后，银行工作人员使用礼貌用语对他说："欢迎再来。"请指出银行工作人员所犯的错误。

（2）请判断以下情境中人物做法的对错。

情境1　一位客人进入一幢大楼后遇到一位身穿制服的女士，对方含笑问候："您好！"该客人敲门进入一写字间，一位身穿制服的男士起身相迎："您好！"旁边一位身穿制服的女士正接听电话："您好，四方公司……"

情境2　一位身穿制服的女士正耐心地回答一位男客户提出的问题，不厌其烦。

要点巩固

一、判断题

1．礼貌待人有利于构建和谐社会。 （   ）

2．要想在社会中有较强的竞争力，掌握一定的专业技能就够了，不需要有良好的礼仪修养。 （   ）

3．礼节是一种行为规范，礼仪则是这种行为规范的具体表现形式。 （   ）

4．礼仪的本质是尊敬，它包含两方面的含义：一方面是人们对自己从事的活动有一种尊敬之感，另一方面是人们对与活动有关的对象产生一种尊敬之情。 （   ）

5．礼节是礼貌、修养、品德和风度的具体表现形式。 （   ）

二、选择题

1．（单选）礼仪是人们在接触交往中相互表示_____和友好的行为。

　　A．尊重　　　　　B．友谊　　　　　C．关心

2．（单选）讲究礼仪的原因，可用一句话概括为_____。

　　A．内强素质　　　B．外塑形象　　　C．增进交往　　　　D．使问题最小化

3．（单选）国际社会公认的"第一礼俗"是_____。

　　A．女士优先　　　B．尊重原则　　　C．宽容原则

4．（多选）商务礼仪的特点有_____。

　　A．普遍性　　　　B．普及性　　　　C．效益性

　　D．信用性　　　　E．发展性

5．（多选）提高商务礼仪修养的途径有_____。

　　A．加强道德修养　　　　　　　　B．自觉学习礼仪

　　C．加强自我反省　　　　　　　　D．注重践行礼仪

6．（多选）商务礼仪的作用包括_____。

　　A．塑造形象　　　B．提高效益　　　C．沟通协调

　　D．团结互助　　　E．发展性

三、简答题

1．礼仪有哪些主要社会功能？

2．什么是礼仪？礼仪包括哪些内容？

3．我国礼仪的产生与发展经历了哪几个阶段？

4．什么是商务礼仪？其特点有哪些？

四、延伸讨论

"爱国、敬业、诚信、友善"是公民基本道德规范，礼仪的学习对人们遵守这一规范有多大的影响？

项目二
职业形象礼仪

内容标准

项目名称	项目二　职业形象礼仪	学时	5（理论）＋8（实践）
知识目标	1. 掌握洁面步骤及化淡妆的方法 2. 了解男、女着装要领，佩饰物的佩带方法及领带、丝巾、围巾的打法 3. 掌握站姿、坐姿、蹲姿和行姿技术要领等方面的知识内容，理解其技术要领		
素质目标	1. 塑造形象观念 2. 具备良好个人综合素质 3. 具备评价自身仪容行为的能力，具有良好职业道德，成为知礼、懂礼、行礼的社会精英 4. 评价自身行为，展示良好的仪态，体现良好素质涵养 5. 培养"五爱"精神，培养尊重意识、和谐社会意识及吃苦耐劳精神，提升个人形象意识，践行社会主义核心价值观		
任务	任务一　仪容礼仪 学时：1（理论）+2（实践）	技能目标	1. 能够应用好洁面、化淡妆等相关技能，培养良好的动手能力和形象塑造能力 2. 能够应用好仪表礼仪等相关技能，塑造好自己的职业形象，培养良好着装习惯 3. 能够应用好仪态礼仪等相关技能，展示良好的仪态
	任务二　仪表礼仪 学时：2（理论）+2（实践）		
	任务三　仪态礼仪 学时：2（理论）+4（实践）		

任务一　仪容礼仪

任务描述

商务场合的仪容礼仪，不仅反映个人的精神面貌和内在气质，而且还代表着公司的形象，反映出公司的企业文化。商务场合仪容礼仪的基本要求是干净整洁、端庄大方。

通过本任务的学习，学生可以掌握仪容的基本要求、化妆的原则及商务场合中淡妆的化法。

任务导入

一天，黄先生与两位好友来到某知名酒店小聚，接待他们的是一位五官清秀的服务员。她的接待服务工作做得很好，可是人却显得无精打采。黄先生一看到她就觉得心情欠佳，仔细察看后才发现，这位服务员没有化工作淡妆，在餐厅昏黄的灯光下显得不是很有精神。上菜时，黄先生又突然看到负责传菜的服务员涂的指甲油缺了一块，他的第一反应就是"不知是不是掉到我的菜里了"。但为了不打扰其他客人用餐,黄先生没有将他的怀疑说出来。用餐结束后,黄先生叫柜台内的服务员结账,而这名服务员却一直对着反光玻璃墙面修饰自己的妆容,丝毫没注意到黄先生。自此以后,黄先生再也没有去过这家酒店。

问题:(1)请指出案例中的几位服务员在仪容上存在的问题。

(2)本案例对你有哪些启示?

(3)如何化淡妆?

■ 知识点 1　仪容的基本要求

1．仪容自然美

仪容自然美是指仪容的先天条件好,天生丽质。尽管以貌取人不合理,但先天较好的仪容无疑会令人赏心悦目、感到愉快。

2．仪容修饰美

仪容修饰美是指人们依照规范与个人条件,对仪容进行必要的修饰,扬长避短,设计、塑造出美好的个人形象。

3．仪容内在美

仪容内在美是指人们通过努力学习,不断提高个人的文化素养、艺术素养和思想道德水准,培养高雅的气质,展现美好的心灵,使自己显得秀外慧中。

■ 知识点 2　化妆的原则

1．扬长避短

化妆一方面要突出脸部最美的部分,使其显得更加动人;另一方面要掩盖、矫正缺陷或不足的部分。

2．自然真实

化妆要自然真实、不留痕迹。淡妆给人以大方、悦目、清新的感觉,适合在家或平时上班时使用;浓妆给人以庄重、高贵的印象,常在晚宴、婚宴、演出等特殊的社交场合使用。无论是淡妆还是浓妆,都要自然真实,切忌过度、虚假。

3．认真负责

化妆时不可片面追求速度、敷衍了事,而要以一丝不苟的态度,有层次、有步骤地进行。化妆时动作要轻、要稳,要在合适的光线条件下进行,并注意选择合适的色彩。

4．整体配合

化妆要因人、因时、因地制宜,切忌强求一律,应表现出个性美,避免"千人一妆"。在化妆前,要对化妆的造型进行专门设计,要强调个性特点,不要单纯模仿他人。要根据不同的脸部(包括眉、眼、鼻、颊、唇)特征,展现出个性美,还要根据不同场合、不同年龄、不同身份制订不同的化妆方案。夜间，特别是在彩色灯光的照耀下，应该使用发亮的化妆品，如亮光眼影、珠光唇膏等，但涂的范围不应太大。切忌在原来妆容的基础上直接涂新的化妆品，这样做不仅会使脸部失去光泽，而且会损伤皮肤。

此外，脸部化妆还必须与发型、服装、饰物配合，力求取得完美的整体效果。

▍技能点　女士淡妆的化法

化妆可以令人增添自信、缓解压力，还可以表示对交往对象的礼貌和尊重。职业女性的妆容受到职业环境的制约，必须给人一种专业、知性的感觉，所以以淡妆为佳。

化妆的基本流程如图 2-1 所示。

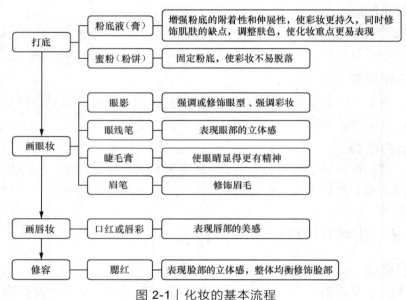

图 2-1｜化妆的基本流程

1. 画眉技术

（1）选择合适的画眉工具。

① 眉笔：适合表现出线条感，适合在画眉毛的后半部分时使用。

② 眉粉：适合表现眉头虚化的形态，对于初学者来说比较容易控制。

③ 眉钳：如果本身眉形不错，平时用眉钳拔掉稀疏散乱的眉毛即可，这样眉毛看上去会很干净，而且不用天天修理。

④ 眉刀：在眉毛浓密且眉毛轮廓需要进行较大的调整时，我们使用眉刀能够方便地塑造出自己想要的眉形，而且无痛，但是需要经常修理。

⑤ 眉梳：梳理修整眉毛的工具，外观就像一个微型发梳。

⑥ 眉剪：眉毛比较细且颜色较淡的人比较适合使用眉剪，这样可以避免使用眉钳后造成红肿；过长的眉毛可用眉剪修理，先用眉梳将眉头较浓密的眉毛梳起，再用眉剪把露于梳齿外的眉毛剪掉即可。

（2）画眉步骤。无论是何种眉形的人，画眉前都要先清理杂乱的眉毛，把眉形的大致轮廓修整出来。眉毛经过修整后可能不十分完美，我们再用眉笔勾画、着色，可使眉形更饱满、生动、清晰，并富有立体感。

① 修、画出眉形。眉形由眉头、眉腰、眉峰、眉梢4部分组成，如图2-2所示。检查眉头，用眉笔淡淡地标出眉头的位置。眉峰（眉毛最高处）大约在瞳孔外侧位置。眉梢在鼻翼末端和外眼角连线的延长线上。

② 去除多余的眉毛。根据眉毛的走向，将眉头到眉峰部分向上梳理，眉峰到眉梢部分向下梳理，将眉线之外的多余毛发拔掉或剪断，如图2-3所示。用眉钳、眉刀顺着毛发的生长方向去除长在眉毛自然弧线之外的杂眉，要眼明手快，否则会很疼。用眉剪剪掉偏离眉线的眉梢，这时如果一次全剪掉，会使眉毛看起来不自然，应一根一根地剪掉。

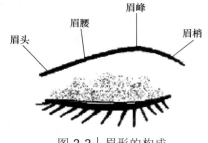

图 2-2 | 眉形的构成

图 2-3 | 去除多余的眉毛

③ 描画眉毛。顺着毛发走向，用眉笔从眉头一根一根地画至眉峰，然后用眉刷或眉笔描画逐渐变细的眉梢，此时注意不要脱离眉线。用棉棒晕开从眉头至眉峰上侧的眉线。画眉梢时要轻拿眉笔，才能画得自然、清新。

眉毛可描画成多种形状，如直线眉能使人显得年轻、活泼；曲线眉能衬托出优雅、温婉的气质，富有女性美；角度眉则能表现出理智、成熟，富有个性美。千万不能修画出八字眉。

（3）画眉小技巧。

① 画眉时要一根根地描画。从眉毛的1/3或眉毛弯曲的地方开始画，然后逐步往前推。眉毛的后1/3一般是较稀疏之处，因此可描画得较深些。前2/3的眉毛通常比较浓密，描画时可用眉刷上色刷上残余的眉粉，或用眉笔轻轻带过，这样眉毛色差才不会太明显，整体的眉形也会比较自然。描好后，用牙签棉或眉刷梳匀眉毛。

② 选择合适的颜色。眉毛的颜色应与自身发色相近，染发的女性要注意两者间的色差。通常深灰色、棕色比纯黑色效果好。

③ 无论使用眉粉还是眉笔，画完后最好都用眉刷将眉毛刷匀，以使眉毛看起来更自然、顺畅，这样眉毛才会显得完美。描画眉头部分时不要下笔太重，以免给人凶神恶煞或双眉紧锁的感觉。通常，眉头与眉梢在同一水平线上。

④ 画眉是因人而异的。要根据自己的脸形修眉，如脸盘宽大的人，眉毛不宜修得过细；五官纤秀的人，不适合将眉毛修得太浓密。每个人要综合自己的五官、气质来选

择合适的眉形。有些人画弯弯的眉毛会流露出温婉的气质，有些人保留浓浓的眉毛会显示出一股英气。

2. 刷睫毛的 8 步

（1）夹睫毛。如果想要把睫毛夹翘且拥有美丽的弧度，就必须在睫毛的根部用力。将睫毛夹固定在睫毛根部处以后，轻轻地向上弯曲，手肘适当向上抬并用力，越靠近睫毛前端用力要越轻。

（2）调整睫毛的角度。用小型的睫毛夹适当调整睫毛的弧度，尤其要注意眼头、眼尾的睫毛，千万不要遗忘它们。

（3）用电动睫毛器将睫毛定型。预热电动睫毛器，夹好睫毛以后，把它放在睫毛的根部和中部，停留 2~3 秒，这样可以让睫毛更加卷翘，使弧度保持得更久。

（4）上睫毛底膏。薄薄地在睫毛上涂上睫毛底膏或有保护睫毛功能的纤长液，这样可以让睫毛的损伤程度降到最低。

（5）刷上睫毛。眼睛往下看，把上睫毛的根部尽量露出来。将睫毛刷头插入睫毛根部，保持 2~3 秒，然后往睫毛尾部拉，在睫毛膏未干时可以做微调，把睫毛刷得更浓密。初学者可以将睫毛挡板或化妆棉轻轻架在眼皮上，以免睫毛膏刷出界。

（6）强调眼尾睫毛。在睫毛液干之前，再重点涂刷眼尾的睫毛，应以放射状的方式涂刷。强调眼尾睫毛可以更好地放大眼睛的效果。

（7）梳理睫毛。用睫毛梳梳理睫毛，避免产生"蟑螂脚"，令睫毛根根分明。

（8）刷下睫毛。仔细刷下睫毛，尽量把动作放轻。轻轻抖动并往外推移睫毛刷，这样可以刷出又长又浓密的下睫毛。同样，初学者可以用睫毛挡板或化妆棉遮掩。

3. 画唇技术要点

（1）唇彩和口红的使用。通常是先将其直接涂在唇上，然后上下嘴唇抿一下，颜色就会固定在唇上，再用小刷子修饰出一定的形状。为了方便卸妆，有些人会在涂唇彩或口红之前在唇上涂一层薄薄的润唇膏。

画唇的用具比较简单：润唇膏（依个人需要）、口红或唇彩、小刷子若干（不同颜色的唇彩最好不要用同一个刷子）、纸巾等。

画唇时，先用唇线笔勾出理想的唇形，过大、过小或太厚、太薄的嘴唇，都应适当修饰。然后用口红或唇彩在轮廓内涂上第一道色彩，涂好后用纸巾吸走过多的口红或唇彩，再涂上第二层，这样口红或唇彩就不易脱落。需要注意的是，画唇时要涂得饱满一些，轮廓清晰，嘴角处要涂满；下唇线要比上唇线略长，这样可使人显得和蔼可亲。

如果需要，可以涂珠光亮彩。珠光亮彩之类特殊质感的口红或唇彩不要在涂前就与一般的口红或唇彩混合，这样会削弱它们特殊的视觉效果。应采用先一般后特殊的方法，这样唇妆会更有层次感。如先浅后深的涂法能避免深色压过浅色，外深内浅的涂法能增大唇形饱满度。采用外深内浅的涂法时，应用深色勾勒轮廓、浅色填充，深浅两种唇色之间一定要用唇刷刷匀，否则界线过于明显，就会显得不太自然。

（2）让嘴唇显小的技巧。首先，将口红或唇彩涂于嘴唇中央，使唇峰突出，唇角呈粉红色，然后把涂在嘴唇中央的口红或唇彩用小刷子或棉棒轻轻向两侧晕开，这样能使唇形自然、富有立体感，使嘴唇显得更加小巧。

4．涂腮红的方法

腮红的颜色要与眼影、口红的颜色相对统一。涂腮红时内侧不应超过眼睛的中线，下侧不应超过耳朵的中线，方法是用大号毛刷从颧骨向鬓发方向刷，在面颊下侧从鬓发边向颧骨方向刷。腮红不宜涂得太浓，不能让人看出明显的界线，应与眼角处有一指的宽度。涂腮红能使面颊更加红润，面部轮廓更加优美，使人看上去更加容光焕发。

 锦囊

锦囊 1　画眉原则

圆脸：适合画上扬眉，将脸部相对拉长。

长脸：适合画水平眉，使脸显得短一些。

三角脸：不适合画有角度的眉形，眉形要大方。

方脸：眉形不宜过细，立体角度眉可使脸看起来较圆。

倒三角脸：适合画柔和、稍粗的水平眉。

锦囊 2　女士化妆时应注意的问题

（1）要自然，妆成有却无，没有明显的痕迹，给人一种天然的感觉。

（2）要美化，但不能过分，要符合大众的审美标准。

（3）化妆时要避人，不能当面化妆，有当众表演之嫌。

（4）要协调，腮红和眼影、口红或唇彩要使用一个色调，化妆品的香型在整体上要相似。

 **典型案例**

典型案例 1　小曲面试时的妆容

某城市四星级酒店到某校招聘，小曲对该酒店的工作很向往，因此她做了些准备。她到美发店烫了头，回来后穿上了一件艳丽的短袖连衣裙，手指甲和脚指甲都涂上了红色指甲油。走在去面试的路上，小曲很自信，因为自己身材好、相貌好，穿着也很时尚，但面试结果是她并没有被录用。她感到很纳闷，不知道自己哪里不符合酒店招聘的要求。

思考：（1）小曲为什么没被录用？

（2）面试时应如何打扮自己？

典型案例 2　《生命的化妆》

林清玄在《生命的化妆》这篇文章里引用了一位专业化妆师的评述："最高明的化妆术，是经过非常考究的化妆，让人家看起来好像没有化过妆一样，并且让化出来的妆与主人的身份匹配，能自然表现那个人的个性与气质。次级的化妆术是把人突显出来，让她醒目，引起众人的注意。拙劣的化妆术是一站出来别人就发现她化了很浓的妆，而这层妆是为了掩盖自己的缺点和年龄的。最坏的一种化妆术；是化妆以后扭曲了自己的个性，又失去了五官的协调。例如，小眼睛的人竟化了浓眉，大脸蛋的人竟化了白脸，阔嘴的人竟化了红唇……"自然的化妆使人的面目真实而生动，更显精神；反之，刻意而不当的妆容则会使人显得虚假而呆板，缺少生命力，不仅不美，反而可能让人厌恶。

思考：请你谈谈什么是化妆。

典型案例3　化妆风景线

阿美和阿娟是一所美容学校的学生，她们初学化妆，对此非常感兴趣。她们走在大街上，总爱观察别人的妆容，因此发现了一道道奇特的风景线。

一位中年妇女没化很浓的妆，仅涂了很红很艳的口红，只突出了一张嘴；一位女士的妆容看起来很漂亮，只可惜在脸庞与脖子之间有明显的分界线，像戴了面具一样；还有一位女士用粗的黑色眼线将眼睛包围起来，像个大括号，看上去十分生硬、不自然；一位很漂亮的女士，身穿蓝色调的时装，却涂着橘红色的口红……

思考：请帮助阿美和阿娟分析一下，针对以上几种情形，化妆时应注意哪些问题？

 **实践训练**

化妆

1．训练内容

进行化妆训练。我们需要在本实践训练中学习化妆，掌握化妆要领和技巧，如表2-1所示。

表2-1　化妆实训

实训内容	操作内容	注意事项
基本化妆	1．涂化妆水：用棉球蘸取化妆水，在脸部擦拭 2．涂粉底霜：用手指或手掌在脸上点染晕抹 3．上粉底：用手指或手掌在脸上点染晕抹，不宜过厚 4．扑化妆粉：用粉扑自下而上均匀扑	1．眼妆要自然、不露痕迹，涂腮红宜轻匀 2．操作内容可酌情舍弃或变动次序 3．此操作标准仅适合简单、快速的淡妆或工作妆，用时 10 分钟左右
眼部化妆	1．涂眼影：用棉花棒蘸眼影在眼周、眼尾、上下眼皮、眼窝处点抹 2．描眉：用蓝灰色打底，用棕色或黑色描出合适的眉形，直线眉使脸显短，曲线眉使人显得温柔 3．描眼线：用眼线笔沿睫毛底线描画	
涂腮红	用腮红轻染、轻扫两颊，以颧骨为中心向四周涂匀；长脸形横打胭脂，圆脸形和方脸形竖打胭脂	
涂口红	1．用唇线笔描上下唇的轮廓，起调整色泽、改变唇形的作用 2．涂口红	

2．情境设置

元旦将至，某单位为答谢各位员工，加强与员工间的沟通，准备举行迎新年文艺晚会。销售部门将组织 20 人的合唱团。为展示良好的舞台形象，导演要求他们化妆并统一着装。现单位派你去指导，你该如何组织？

3．训练组织

将全班分成 4 组，每组指定一名组长和一名副组长，根据上述情境，组织小组成员参与训练。结合化妆知识和自己的脸形，用携带的简单化妆工具对自己的发、眉、眼、唇进行修饰，然后每组安排一位学生进行总结。也可以安排一位学生做模特，老师对其进行化妆，其他学生观摩或练习。

4．教学安排

（1）教学场地：标准实训室一间。

（2）教学设备：化妆品、化妆工具等。

（3）教学学时：1 学时。

（4）教学评价：由老师、组长及学生代表共同打分，老师做综合点评。

5．任务考核与评价

（1）发际和眉毛是否沾上粉底霜（20 分）。

（2）双眉是否对称（20 分）。

（3）腮红是否涂抹均匀（20 分）。

（4）妆面是否平衡（20 分）。

（5）妆容与穿着是否协调（20 分）。

任务二　仪表礼仪

任务描述

服饰是一种无声的语言。在人与人的交流中，服饰给人留下的印象是深刻的、鲜明的。服饰不仅反映了商务人员的审美情趣和修养，还反映了他对其他人的态度，因此必须谨慎对待。决定第一印象的要素中，外表形象占据 55%，举止仪态占据 38%，交谈内容占据 7%。

职业着装分为两大部分，即男士职业着装和女士职业着装。在目前的商务活动中，西装是男士最佳的着装选择，而女士的最佳服装是西服裙装,其中以长裙和半长裙为主。同时，我们还要注意不同配件的搭配及相关配饰的选择。男士职业着装的配件有衬衫、领带、皮带、皮鞋、袜子，主要配饰有公文包、手表；女士职业着装的配件有衬衫、皮鞋、袜子，主要配饰有胸针。

任务导入

小李刚刚大学毕业，在一家公司的销售部上班，从事产品推销工作。小李早就听说过公司职员的个人形象在其业务交往中非常重要，因此第一次外出推销产品时，他便穿上了一身刚买的深色西装、一双黑色的皮鞋、一双白色的袜子，希望以此使自己形象不俗，并有所收获。

让小李大惑不解的是，他虽然跑了不少地方，但与接待他的人刚一见面，对方打量他几眼，便把他支走了，有的大厦的保安甚至连门都不让他进。

后来，经过他人指点，小李才知道自己当时屡屡被拒之门外的原因是形象欠佳。小李上门推销时，虽然身穿深色西装、黑色皮鞋，却穿了一双白色的袜子。这种穿法有悖西装着装的基本规则，因而不能为他人认可。这虽是小瑕疵，但对于商务人员来讲，却是大纰漏。

问题：（1）小李为何屡屡被拒之门外？

（2）假如是你，这种情况下会怎样着装呢？

知识点　商务人员的着装原则

1．和谐得体

商务人员的着装必须与自己的年龄、肤色、脸形、职业等协调，充分地认识和考虑自身条件，从实际出发，扬长避短。

微课：西装
着装礼仪

2．"TPO"原则

"TPO"是英语 Time（时间）、Place（地点）与 Occasion（目的）这 3 个单词的首字母组合。"TPO"原则就是指商务人员的着装要充分考虑这 3 个因素，力求使自己的服饰适时、适地、整体协调、美观大方。

3．着装搭配色彩不过三

商务人员的着装要力求做到简单清爽，选择 2～3 类合适的色彩，逐步达到和谐、美观、个性的 3 层境界。

技能点 1　男士西装的着装礼仪

1．西装必须合体

西装上衣要求衣长在臀围线以上 1.5 厘米左右处，肩宽以探出肩角 2 厘米左右为宜，袖长到手掌虎口处，胸围以系上纽扣后上衣与腹部之间可以容下一个拳头为宜。一般西装领子应紧贴衬衫领口且低于衬衫领口 1 厘米左右，衬衫袖口应稍长一些，按规定，应当露出大约 1/4 英寸（1 英寸=2.54 厘米）的长度。这就是穿西装的"两一规则"，即内领高于外领 1 厘米，内袖口长于外袖口 1 厘米，如图 2-4 所示。

图 2-4 | 西装的"两一规则"

2．穿西装时必须配正式衬衫

（1）衬衫领子要挺括，领子和袖口处不能有污垢、油渍。

（2）衬衣颜色应与西装颜色协调，在正式场合，一般选择棉质的白色衬衣。

（3）在正式场合，不管是否与西装上衣搭配穿着，长袖衬衫的下摆都必须塞在西裤里，袖口必须扣上，不可翻起。

（4）系领带时衬衣领口的扣子必须系好，不系领带时衬衣领口的扣子应解开。

3．系好领带

领带被称为"西装的灵魂"，是西装的重要装饰品，在西装的穿着中起着画龙点睛的作用。男士穿西装时，特别是穿西装套装时，不打领带往往会使西装显得不完整。一套同样的西装搭配不同的领带，往往能给人耳目一新的感觉。领带的质地以真丝和毛为上乘，就其花色来说，使用最多的是斜条图案。

系好领带后，以其"大箭头"正好垂到皮带扣上端为佳。领带的宽度应与西装翻领的宽度协调。领结要饱满、工整，与衬衫领口紧密贴合。

4．皮鞋

穿西装时一定要穿皮鞋。和西装搭配的皮鞋最好是系带、薄底素面的。皮鞋的颜色要与西装的颜色搭配，深色西装应搭配黑色皮鞋，棕色的西装最好搭配深棕色的皮鞋。皮鞋要上油擦亮，不留灰尘和污迹。

5．袜子

穿西装皮鞋时，袜子的颜色要深于鞋的颜色，一般选择黑色，袜子的长度要长及小腿，并有一定弹性。要特别强调的是，穿西装一般不穿白色袜子。

▌技能点 2　女士套裙的着装礼仪

（1）正式的西服套裙，应注重面料，最佳的面料是高品质的毛纺和亚麻，最佳的颜色是黑色、灰色、棕色、米色等单色。

（2）在正式的商务场合，无论什么季节，正式的西服套裙上衣都必须是长袖的，如图2-5所示。

（3）西服套裙的裙子最好长及膝盖，或略微高于膝盖。坐下时裙子会自然向上缩，如果裙子上缩后离膝盖超过10厘米，就表明这条裙子过短或过瘦。

（4）西服套裙最好与衬衫搭配。与西服套裙搭配的衬衫颜色最好是白色、米色、粉红色等单色，可以有一些简单的线条和细格图案。衬衫的最佳面料是棉、丝绸，款式要简洁，不应带有花边和皱褶。穿衬衫时，衬衫的下摆必须放在裙腰之内，不能放在裙腰外或在腰间打结。衬衫除最上端一粒纽扣按惯例允许不扣上外，其他纽扣不能解开。

图2-5｜正式的西服套裙

（5）西服套裙最好与皮鞋相配。与套裙搭配的皮鞋，应该是高跟或半高跟的船式皮鞋。系带式皮鞋、丁字式皮鞋、皮靴、皮凉鞋等都不宜在正式场合搭配西服套裙，露出脚趾和脚后跟的凉鞋和皮拖鞋也不适合商务场合。皮鞋的颜色最好与手袋一致，并且要与衣服的颜色协调。皮鞋要上油擦亮，不留灰尘和污迹。

（6）西服套裙最好与袜子相配。长筒袜和连裤袜是西服套裙的标准搭配。中筒袜、低筒袜绝对不能与西服套裙搭配。穿长筒袜时，要防止袜口滑落。不可以当众整理袜子。正式场合穿西服套裙时，要选择肉色长筒丝袜。丝袜容易被划破，如果有破洞、跳丝，则要立即更换。可以在办公室或手袋里预备一两双袜子，以备替换。不能套穿两双袜子，也不能把健美裤、羊毛裤当成长筒袜来穿。

▍技能点3　首饰的佩戴

首饰是指那些功能专一的装饰品，如戒指、耳环、项链、胸针等。

1．首饰的礼仪规范要求

（1）符合身份，讲究"首饰三不戴"

① 有碍于工作的首饰不戴。

② 炫耀财力的首饰不戴。

③ 过于突出个性的首饰不戴。

（2）男女有别

从某种意义上讲，首饰实际上是女性的"专属"，除结婚戒指等极少数首饰外，男性通常不宜在正式场合佩戴首饰。

（3）遵守成规

① 以少为佳。一般而言，身上的首饰总量不宜多于3种，每种不宜超过2件。

② 同质同色。尽量选择质地、色彩相近的首饰。

③ 风格统一。首饰应当与其他衣饰的风格协调一致。

2．首饰的具体佩戴方法

（1）戒指

① 拇指通常不戴戒指，其余4指戴戒指的寓意分别是：食指表示求爱或求婚，中指表示正在热恋中，无名指表示已婚，小拇指表示是单身或独身主义者。

② 一个手指不要戴多枚戒指，一只手不要戴两个以上的戒指。想在两根手指上戴戒指时，最好选择相邻的两根。

③ 戴薄纱手套时如果要戴戒指，一般应戴在手套里面，只有新娘可以戴在手套外面。结婚戒指一般戴在左手无名指上。

（2）项链、耳饰、手镯、手链

① 项链男女都可以佩戴，但男士所戴的项链一般不外露。

② 耳饰有耳环、耳链、耳针、耳坠等，讲究成对使用，也就是说每只耳朵上均佩戴一个。在工作场合，不要一只耳朵上戴多个耳环。

③ 手镯和手链都是佩戴于手腕上的饰物，但佩戴的方法有所不同。一般情况下，手镯可以戴一只，也可同时戴两只。戴一只时，通常戴在左手上，表明佩戴者已经结婚；戴在右手上，则表明佩戴者是自由而不受约束的。戴两只手镯时，可一只手戴一只，也可同时戴在左手上。在工作场所通常不戴手镯，尤其是在窗口行业，如民航售票处、商店、餐饮业等。

④ 手链男女均可佩戴，但仅戴一条，且戴于左手。一只手同时戴两条手链，双手同时戴手链，手镯、手链同时佩戴，都是不适宜的。另外，手表与手镯、手链也不能同时戴在一只手上。

（3）胸针、手表

① 胸针男女都可以佩戴。穿西装的时候，应将胸针别在左侧领子上。穿无领上衣时，应将胸针别在左侧胸前。在工作中，如果要求佩戴身份牌或本单位证章、徽记上岗的话，就不应再佩戴胸针。

② 在正规社交场合，手表往往也被视为首饰，是一个人地位、身份、财富状况的体现。

3．腰带、围巾、帽子、手套的穿戴要求

① 腰带也可以起装饰作用。男士的腰带一般比较单调，质地大多是皮革，没有太多装饰。女士的腰带样式很丰富，质地有皮革、编织物和其他纺织品等。

② 围巾一般在春冬季节使用得比较多，要和衣服、季节相协调。厚重的衣服可以搭配轻柔的围巾，但轻柔的衣服不能搭配厚重的围巾。围巾和大衣适合在室外或部分公共场所穿着，到了室内应及时摘掉和脱掉，否则会让人感到压抑。

③ 帽子可以起到御寒、遮阳和装饰的作用。一般男士进入房间后就应摘掉帽子，而女士的限制少一些，在公共场所也可以不脱帽。但自己作为主人在家里宴请客人时，不宜戴帽子。

④ 在西方的传统服饰中，手套曾经是必不可少的配饰。现在，大多数时候，手套

除了御寒以外，无非就是用于保持手的清洁和防止手被太阳暴晒了。

锦囊

锦囊 1　职场男士着装易犯的错误

（1）穿着有很明显的品牌标签的衣服。你不想成为一个移动的"活广告"吧？这样穿会让人看上去不成熟。

（2）穿太肥大的衣服。除非你是唱 Hip-Hop 的，否则不要穿太肥大的衣服，要选择剪裁合体的衣服。

（3）穿闪闪发光的衬衣或外套。在工作时，你离这样的装扮越远越好。

（4）穿颜色不合适的衣服。衣服的颜色应该与人自身的特质（如眼睛的颜色、皮肤的色调和体形）协调。

锦囊 2　男士职业衬衫颜色的选择

（1）销售人员：需要给予客户"值得信赖"的感觉，而灰褐色正好能满足这种要求。

（2）客服人员：经常需要与客户面对面的客服人员适合穿淡黄色或奶油白色的衬衫，这类颜色会让人显得更具亲和力和活力。

（3）金融人员：大方及具有安定感是金融人员需要传达的信息，浅灰色正好能满足这样的需求。

锦囊 3　男士打扮的"三个三"

男士穿西装时要讲究"三个三"，即 3 个要点。

（1）三色原则是指全身的颜色限制在 3 种之内，而 3 种颜色指的是 3 种色系。

（2）三一定律是指身上的鞋子、腰带和公文包要是同一种颜色，一般为黑色。

（3）三大注意：第一，商标必须拆掉；第二，要注意袜子的颜色、质地，正式场合不穿尼龙丝袜和白色的袜子，袜子的颜色以深色为佳；第三，要注意领带的质地和颜色，另外穿非职业装、短袖装和夹克时不打领带。

锦囊 4　女士穿西服套裙时的注意事项

（1）黑色皮裙在正式场合绝对不能穿。

（2）在正式场合不能光腿，应穿长袜。

（3）衣服、袜子等不能出现残破。

（4）穿套裙不能穿便鞋，袜子要与鞋子配套，穿凉鞋不穿袜子，穿正装时可以穿前不露脚趾后不露脚跟的凉鞋。

（5）切忌"三节腿"，即当袜子太短时，就会形成袜子一节，袜端与裙子之间一节，裙子一节的情况。

锦囊 5　职场着装"六不准"

（1）不准过分杂乱。不能使制服不像制服，便装不像便装。

（2）不准过分鲜艳。颜色应遵守三色原则。

（3）不准过分暴露。穿衣不能袒胸露背。

（4）不准过分透视。

（5）不准过分短小。

（6）不准过分紧身。

锦囊6　西装的穿法

穿西装时，要注意以下问题。在穿西装之前，务必将位于上衣左侧袖口处的商标、标志等拆除。在一般情况下，坐着的时候，可将西装上衣的衣扣解开；站起来之后，尤其是需要面对他人时，应当将西装上衣的衣扣系上。西装上衣的衣扣有一定的系法：双排扣西装上衣的衣扣应当全部系上；单排两粒扣西装上衣，应当只系上边的那粒衣扣；单排三粒扣西装上衣，应当系上边的两粒衣扣，或只系中间的那粒衣扣。穿西装时，最好里面只穿衬衫，非穿其他的衣服不可，则只穿一件单色薄型的 V 领羊毛衫。不要在西装里面穿开领、花哨的羊毛衫，并且不要同时穿多件羊毛衫。

锦囊7　3种场合的着装要求

（1）公务场合（上班时间）：讲求庄重保守，依次选择制服、套装（首选西服套装或西服套裙）或长裤、长衫、长裙，不能穿时装和便装。

（2）社交场合（工作之余的交往应酬场合，主要有宴会、舞会、音乐会、聚会和拜会等）：讲求时尚个性，可选择时装、礼服（可选中式礼服，如男士可选择中山装，女士可选择单色旗袍）、民族服装，不能穿制服。

（3）休闲场合（工作之余的自由活动时间，如居家休息、健身运动、观光游览、逛街购物时）：要求舒适自然，不穿套装和制服。

锦囊8　领带的选择和准备

（1）领带的选择

① 有斜纹图案的领带给人以果断的感觉。

② 有垂直线图案的领带给人以安逸的感觉。

③ 有圆形图案的领带给人以成熟的感觉。

④ 有方格图案的领带给人以热情的感觉。

⑤ 金属色的领带显得比较有质感，这类领带给人以时尚、干练的感觉。

（2）领带的准备（平时准备3条领带）

① 红色的领带用于比较喜庆的场合。

② 深色的领带代表理性，平时工作时可以系。

③ 方格的领带用于见客户时系。

 **典型案例**

典型案例1　请代我向你的先生问好

小李中专毕业后到某公司做文秘。一次在接待客户时，领导让她招待一位华侨。分别时，这位华侨对小李热情和周到的服务非常满意，留下名片，并认真地说："谢谢！欢迎你到我公司来做客，请代我向你的先生问好。"小李愣住了，因为她根本没有结婚。可是，那位华侨也没有错，她之所以这么说，是因为看见小李的左手无名指上戴有一枚戒指。

思考：（1）为什么华侨会对小李说"请代我向你的先生问好"？

（2）你会正确戴戒指吗？

典型案例 2 西装革履

小刘和几个朋友相约周末一起聚会娱乐。为了表示对朋友的尊重，星期天一大早，小刘就西装革履地打扮好，对着镜子摆正领结去赴约。8月的北京十分炎热，他们来到一家酒店就餐，边吃边聊，大家都特别开心。可是不一会儿，小刘已是汗流浃背，不停地用手帕擦汗。饭后，大家一起去打保龄球，小刘不断为朋友鼓掌叫好。在朋友的强烈要求下，小刘勉强站起来整理好服装，拿起球做好投球准备。当他摆好姿势用力把球投出去时，只听到"嚓"的一声，上衣的袖子被扯开了一个大口子，弄得小刘十分尴尬。

思考：着装应遵循哪些原则？

典型案例 3 美国商人希尔的着装

美国商人希尔清楚地认识到，在商业交往中，一般人是根据衣着来判断对方的实力的。因此，他首先去拜访裁缝，靠着往日的信用，做了3套昂贵的西服，共花了275美元，而当时他的口袋里仅有不到1美元。然后，他又买了最好的衬衫、领带及内衣裤，这时他的债务已经达到675美元。每天早上，希尔都会身穿高档的衣服，在同一时间与一位出版商"邂逅"，并与他打招呼，聊一两分钟。

一星期以后，这位出版商主动搭话，说"你看起来混得相当不错"，并想知道希尔从事哪一行业。这正是希尔所盼望的，于是他很轻松地告诉出版商："我正在筹备一份新杂志。"出版商说："我是从事杂志印刷和发行的，也许我可以帮你的忙。"这位出版商还邀请希尔到他的俱乐部和他共进午餐，并说服希尔和他签约。发行《希尔的黄金定律》这本杂志所需的资金在3万美元以上，而这都是希尔靠漂亮的服饰所创造的"幌子"筹集来的。由此可见，我们要学会用服饰这一武器来"武装"自己，以获得成功。

思考：希尔获得成功的原因是什么？

实践训练

打领带

1．训练内容

进行打领带训练。我们需要在本实践训练中学习常见的5种领带打法，掌握其要领和技巧。

2．情境设置

江峰今天将代表锦源科技公司与外商洽谈业务。为了圆满完成这

微课：领带系法

次任务，江峰按商务礼仪的要求，特地买了一条斜纹图案的领带。江峰个子比较高，你认为哪种领带打法比较适合他？请演练一下该种打法。

3. 训练组织

（1）老师在台上演示。

（2）学生在下面练习。

（3）学生代表上台演练。

（4）学生评价，老师点评。

（5）演练内容如下。

① 平结。平结是男士选用最多的领带打法之一，几乎适用于各种材质的领带，如图2-6所示。平结会在领结下方形成一个"酒窝"，我们要注意"酒窝"两边应均匀对称。

图 2-6｜平结

② 交叉结。单色、素雅且较薄的领带适合用交叉结的打法，如图 2-7 所示。喜欢展现时尚感的男士可以使用这种打法。

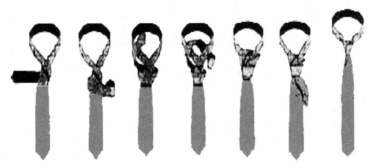

图 2-7｜交叉结

③ 双环结。一条质地良好的领带搭配双环结能营造出时尚感，适合年轻的上班族使用，如图2-8所示。该打法的特色是第一圈会稍露出第二圈，不用刻意盖住。

④ 温莎结。温莎结适合搭配宽领型的衬衫，如图 2-9 所示。该打法应多向横向发展，材质过厚的领带应避免使用该打法，领结也不要打得过大。

⑤ 双交叉结。双交叉结给人一种高雅且隆重的感觉，适用于正式场合，如图 2-10 所示。该打法多运用在素色丝质领带上，搭配大翻领的衬衫会给人一种尊贵感。

图 2-8｜双环结

图 2-9｜温莎结

图 2-10｜双交叉结

4. 任务考核与评价

（1）根据领带打出的效果来评定成绩（每种打法各占 20 分）。

（2）对具体打法进行点评。

 ## 任务三　仪态礼仪

 任务描述

　　仪态是指个人的举止和风度、神态和表情。在商务交往中，仪态非常重要，而且高雅庄重的举止和神态是一种无声的语言，可反映出个人较高的礼仪修养。我们追求真善美，想做一个成功者，就应当注意自己的仪态，让我们的一言一行、一举一动都符合行为规范，都展现出光彩。

通过本任务的学习，学生应了解各种姿势的基本要领，掌握站姿、坐姿、行姿、蹲姿和微笑的要求。

刚刚大学毕业的小田面试了五六次均未成功，参加了形象培训课程后，他才找到症结所在：他每次面试时都看看手、看看脚，就是不敢正视对方，即使看了也不超过 5 秒，眼神飘忽不定，让人怀疑他的诚意。经过多次训练，小田终于如愿以偿地找到了满意的工作。

问题：（1）小田面试五六次均未成功，经过多次训练后，为什么如愿以偿找到工作了？

（2）我们应该怎样使用目光礼仪？

▌技能点 1　体态语言

作为无声的语言，举止也被称为体态语言，简称体态语或体语。它有 3 个特点：一是连续性，其过程连续不断，不可分割；二是多样性，如打招呼就可以采用多种方式；三是辅助性与局限性。人类的有声语言产生以后，体态语言一般就不再作为独立的交际表达手段了，而是作为有声语言的辅助表达手段来补充、丰富语言信息。人的动作、表情等虽然有表情达意的作用，但远不像有声语言那样丰富。

应注意的体态语言主要涉及站姿、坐姿、行姿、蹲姿等。

1. 站姿

（1）工作场合的站姿

① 垂直站姿：如标准立正姿态，如图 2-11 所示。

② 前交手站姿：身体直立，男性双脚分开不超过肩宽，重心位于两脚之间，两手在腹前交叉，右手搭在左手上；女性两侧脚尖略展开，一脚在前，且后脚跟靠近另一脚内侧前端，重心可位于两脚之间，也可位于一脚上，可通过重心的转移减轻疲劳，双手在腹前交叉，如图 2-12 所示。

③ 后交手站姿：两脚分开，两侧脚尖展开 60°～70°；挺胸收腹，下颌微收，双目平视，两手在身后相搭，右手搭在左手上，贴近臀部，如图 2-13 所示。

④ 单背手站姿：两脚尖展开 90°，左脚在前，脚跟靠于右脚内侧中间位置，呈左丁字步，身体重心位于两脚之间，左手背后，右手下垂，呈左背手站姿；相反，站成右丁字步时，背右手，左手下垂，呈右背手站姿。

⑤ 单前手站姿：两脚尖展开 90°，左脚在前，脚跟靠于右脚内侧中间，左手下垂，右手臂肘关节屈曲，右前臂抬至胸膈处，右手手心向内，手指自然弯曲，呈右前手站姿；相反的脚位和手位呈左前手站姿。

图 2-11｜垂直站姿

图 2-12｜前交手站姿

图 2-13｜后交手站姿

（2）不同场合的站姿

① 站着与人交谈时，如果空着手，双手可在体前交叉，右手放在左手上。若身上背着皮包，可利用皮包来摆姿势：一只手插口袋，另一只手轻推皮包或握着皮包的肩带。手的位置有很多种，自己可以对着镜子练习，找出最合适的动作。不能双臂交叉，更不能双手叉腰，不能将手插在裤袋里，也不能下意识地做小动作，如摆弄打火机、玩衣带、弄发辫、咬手指甲等。

② 与宾客谈话时，要面向对方站立，保持一定距离，太远或太近都是不礼貌的。站姿要正，可以稍微弯腰；切忌身体歪斜、两腿分开距离过大，或倚墙靠柱、手扶椅背等不雅和失礼的姿态。

③ 向长辈、朋友、同事问候或做介绍时，不论是握手还是鞠躬，双脚都应相距约10厘米，膝盖要挺直。

④ 穿礼服或旗袍站立时，不要双脚并列，要让双脚前后距离5厘米，重心在一只脚上。

⑤ 等车或等人时，双脚的位置可一前一后呈 45°，这时的肌肉较为放松，但仍应保持身体挺直。

正确的站姿可概括为一个字——挺。正面应头正、肩平、身直，侧面应含颌、挺胸、收腹、腿直。

正确站姿要领如下：头——下颌放平，双目正视前方；肩——双肩自然放松并略后倾；腰——挺胸直腰，但肌肉不要绷紧；腹、臀——收腹，臀部肌肉略微向上收，但不要后撅；臂——两臂放松下垂，位于身体两侧；腿——两腿均衡受力，保持身体平衡，脚跟并拢。

2. 坐姿

正确的坐姿主要体现在以下几个方面。

微课：坐姿

（1）根据座位的高低，调整坐姿的具体形式。在较为正式的场合或有尊长在座时，通常不应坐满座位，大体占据其 2/3 的位置即可。

（2）挺直上身，头部端正，目视前方或面对交谈对象。在一般情况下，不可身靠座位的背部，只有无人在场或者休息时才行。

（3）在极正规场合，坐姿应为上身与大腿、大腿与小腿间均为直角，此姿势即所谓的"正襟危坐"。这两个角度若为钝角或锐角，不是使人显得放肆，就是使人显现疲乏。

（4）若有可能，尤其是面对尊长且无屏障时，两腿最好应并拢。具体来讲，男士就座后双腿可张开一些，但不应宽于其肩宽；女士就座后，务必要并拢双腿，如图 2-14 所示。

（5）在非正式场合，允许坐定之后双腿叠放或斜放。双腿交叉叠放时，应力求做到膝部以上并拢。双腿斜放时，以与地面呈 45°为佳，如图 2-14（b）、（c）、（g）所示。

（a）后点式　（b）内挂式　（c）外挂式　（d）曲直式　（e）重叠式　（f）标准式　（g）侧点式　（h）前交叉式

图 2-14｜女士各种正确的坐姿

（6）双脚应自然下垂，置于地面之上，脚尖应朝向正前方或侧前方。双脚可以并拢、平行或呈外八字状。双脚一前一后也是允许的。

（7）正坐时，双手应掌心向下，叠放于大腿之上或放在身前的桌面上，也可以一左一右扶住座位两侧的把手。侧坐时，双手以叠放或相握的姿势放置于身体侧向的那条大腿上最为适宜。

3. 行姿

（1）总体要求：轻松、矫健、优美、匀速。

（2）正确的行姿是抬头挺胸、两眼平视，步幅和步位合乎标准，讲究步韵，如图 2-15 所示。

步幅是指行走时两脚之间的距离。步幅的标准是，前脚跟与后脚尖的距离约等于自己的脚长。这里的脚长是指穿了鞋子的长度，而非赤脚。所谓步位，就是指脚落地时的位置。一般来说，以两只脚呈一条直线为标准。步韵是指行走时的韵律。行走时，脚踝要富有弹性，肩膀应自然、轻松地摆动。行走速度不要太快，也不宜过于缓慢，男性每分钟应走 100 步左右，女性每分钟应走 90 步左右，这样会使人显得有节奏和韵味。

微课：行姿

图 2-15 | 正确的行姿

4. 蹲姿

（1）基本要领

　　蹲姿不像站姿、坐姿、行姿那样频繁出现，因而往往被人忽视。一件东西掉在地上，一般人会很随意地弯下腰，把东西捡起来。这种姿势会使臀部后撅，显得非常不雅。正确的蹲姿如图 2-16 所示。交叉式蹲姿动作要领：左脚平放在地上，左腿自然弯曲向左打开约 30°，右脚尖着地，右脚跟翘起，将臀部的重心坐落在右脚跟上，右膝向下向右打开约 60°，两手平放在大腿上，指尖与膝盖平齐，两肘紧贴两肋，上身挺直，昂首挺胸，目视前方。半跪式蹲姿动作要领：下蹲时左脚在前，右脚在后，左小腿垂直于地面，全脚掌着地，两侧大腿靠紧，右脚跟提起，前脚掌着地，左膝高于右膝，臀部向下，上身稍向前倾，左脚为支撑身体的主要支点。

（a）交叉式　　　　　　　　（b）半跪式

图 2-16 | 正确的蹲姿

注意事项

　　下蹲时，应单腿弯曲下蹲，不要弯腰低头；应尽可能避免后背朝人，应正侧面朝人。

（2）蹲姿禁忌

① 弯腰撅臀。一旦弯腰撅臀，背后的上衣就会自然上提，露出背部皮肤和内衣，很不雅观。

② 两脚平行。两腿左右分开后弯腰或半蹲，很不雅观。

③ 面对他人。这样会使他人不便。

④ 蹲着休息。在公共场所，这种做法不文明。

⑤ 蹲在椅子上。

锦囊

锦囊1　7种错误的坐姿

（1）仅以脚跟触及地面。坐定后如果以脚触地，通常不允许以脚跟触地、将脚尖跷起。

（2）随意架脚。坐下之后可以架起脚，但正确的做法应当是两条大腿相架，并且不留空隙。如果跷起"二郎腿"，即把一条小腿架在另外一条大腿上，并且留有较大空隙，就不妥当了。

（3）腿部抖动摇晃。就座后，切勿反复抖动或摇晃自己的腿部，以免令人心烦意乱，或者给人以不够稳重的感觉。

（4）双腿直伸出去。坐下之后不要把双腿直挺挺地伸向前方。身前若有桌子，则要防止把双腿伸到其外面。否则，不但有损坐姿的美感，还会有碍于他人。

（5）腿部高跷蹬踩。为了贪图舒适，将腿部高高跷起，架上、蹬上、踩踏身边的桌椅，或者双腿盘在座椅上都是不妥的。

（6）脚尖指向他人。坐定后一定要避免使自己的脚尖直指别人，架脚时尤其要避免这一动作。应使脚尖垂向地面或斜向左右两侧。

（7）双腿过度叉开。面对别人时，双腿过度叉开是极不文明的，不管是过度叉开大腿，还是过度叉开小腿，都是失礼的表现。

锦囊2　行姿的注意事项

（1）忌内八字步和外八字步，行走时忌弯腰、驼背、歪肩晃膀。

（2）行走时不可大甩手、扭腰摆臂、大摇大摆，不能东张西望，如需张望或回望，应转动头部，而不要斜视。

（3）双腿不要过于弯曲或走曲线，步子不要太大或太小，不要脚蹭地面、双手插在裤兜或脚跟拖在地面上有气无力地行走。

（4）男士行走时不要一步一挪，会给人以萎靡不振的感觉。另外，背手、叉腰等不雅动作也有失风度，要纠正。

技能点2　目光和微笑的表现力

构成表情的主要因素，一是目光，二是微笑。在千变万化的表情中，目光和微笑最具礼仪功能和表现力。从图 2-17 中，我们可以看出目光和微笑能给人留下深刻的印象。

图 2-17｜目光和微笑的表现力

1. 目光礼仪

（1）目光凝视区域

目光凝视区域通常分为公务凝视区域、社交凝视区域和亲密凝视区域。

① 公务凝视区域：在磋商、谈判等洽谈业务的场合，眼睛应看着对方的双眼或双眼与额角区域；这样的凝视显得严肃、认真、有诚意，给人以公事公办的感觉，如图 2-18 所示。

② 社交凝视区域：在茶话会、友谊聚会等场合，眼睛应看着对方的双眼至唇中心这个三角区域；这样的凝视会使对方感到礼貌舒适，如图 2-19 所示。

图 2-18｜公务凝视区域

③ 亲密凝视区域：在亲人、恋人之间，目光应注视对方的双眼到胸部第二颗纽扣之间的区域，如图 2-20 所示；这样的凝视表示亲近、友善，但对陌生人来说，这种凝视有些过分。

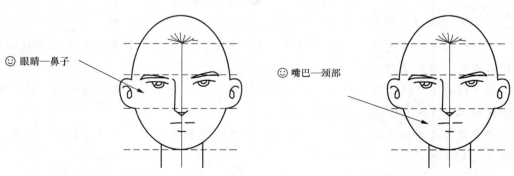

图 2-19｜社交凝视区域　　　　图 2-20｜亲密凝视区域

（2）目光注视的方向

目光的方向往往能准确地表达出是否尊重他人。

① 正视（平视）：表示理性、平等、自信、坦率，适用于在普通场合与身份、地位平等的人交往。

② 俯视：即目光向下注视他人，一般表示对晚辈的爱护、宽容，也表示对他人的轻慢、歧视。

③ 仰视：即抬眼向上注视他人，表示尊重与期待，适用于面对尊长之时。

与人交往时不要站在高处俯视他人；面对长辈或上级时，站在或坐在较低处仰视对方，往往会赢得对方的好感。

（3）目光注视的时间

① 谈话时，若对方为关系一般的同性，应当不时与对方对视，以示尊重。如果双方关系密切，则可较多、较长时间地注视对方，注视的时间可占全部相处时间的 2/3，以拉近心理距离。

② 如果对方是异性，对视不宜超过 10 秒，目不转睛或长时间地注视会使对方感到不自在，也会让自己难堪，但是如果一眼也不看对方，也是不礼貌的表现。

（4）目光注视的部位

① 注视对方的双眼，以示对对方的尊重。

② 注视额头，表示严肃认真、公事公办。

③ 注视眼部到唇部，表示礼貌，尊重对方。

④ 注视眼部到胸部，多用于关系密切的两人之间，表示亲密、友爱。

2．微笑礼仪

微笑是用不出声的笑来传递信息的表情。面带平和、欢愉的微笑，说明此人心情愉快、充实满足、乐观向上、善待人生，只有这样的人才会产生吸引别人的魅力，如图2-21 所示。面带微笑，表明对自己的能力有充分的信心，以不卑不亢的态度与人交往，能使人产生信任感，容易被别人真正地接受。微笑反映出一个人内心坦荡、善良友好、待人真心实意，而非虚情假意，使其他人在与其交往的过程中自然放松，不知不觉地缩短了心理距离。在工作岗位上保持微笑，说明一个人热爱本职工作、恪尽职守。特别是在服务岗位上，微笑可以创造一种和谐融洽的气氛，让被服务的对象备感愉快和温暖。总体来说，微笑时应做到以下 3 点。

图 2-21｜微笑的魅力

（1）自然流露。要与自己的举止、谈吐相辅相成。

（2）气质优雅。要做到适时、尽兴，且精神饱满、气质优雅。

（3）表现和谐。要使面部各个部位表现到位。

 锦囊

锦囊1 目光礼仪中应注意的几个方面

（1）目光要灵活。要相信自己的眼睛在任何场合都会说话。目光中流露的是自己的过去、现在和将来。灵活的目光，会给人一种流动的美感。

（2）目光要礼貌。在公交车、电梯等近距离与他人接触的场合，要避免长时间与他人对视。特别是坐电梯时，进去之后应面对电梯壁或者脸朝里，不要全方位扫视其他人。在公共场合要避免上下打量、左顾右盼。众目睽睽之下，正是用目光来表现个人的魅力和形象的大好时机。与人说话时，应正眼看人，不要有斜视、俯视、不屑一顾、轻浮等不礼貌的目光。

（3）恰当地运用目光。除一些目光运用技巧外，加强文化和品德的修养对目光的训练也非常重要。

锦囊2 微笑训练中要注意的几个细节

（1）发自内心。练习微笑时可以拿一支不太粗的笔，用牙齿轻轻横咬住它，对着镜子记住这时面部和嘴部的形状，这个口形就是合适的微笑，如图2-22所示。职业化微笑一般要求露出上面的6～8颗牙齿，因为这样最自然。但最"高级"的微笑应当是发自内心的，不只是将嘴咧开，而是即使用纸挡住鼻子以下的面部时，也可以看到眼睛中含着笑。

图2-22 | 练习微笑

（2）声情并茂。微笑应和眼神、表情、气质等结合，做到口到眼到、笑眼传情、情绪饱满，这样的微笑才能亲切、动人而富有感染力。

（3）适时地笑。当笑则笑，不应当笑的时候就不要笑，这是发挥微笑功能的关键。例如，打破沉默之前先露出笑容，这样能营造一个良好的氛围，而等对方微笑后自己再露出笑容就为时已晚。

（4）注意笑的禁忌。要保持乐观、积极进取的精神状态，让笑发自内心深处。虚假做作的微笑只会令人反感，因此，必须避免负面形象的笑，如假笑、怪笑、冷笑、狞笑、干笑、媚笑和窃笑等。在正式场合不能放肆大笑；在商务工作中不要讥笑；不要冷笑，因为会使对方恐惧；不要傻笑，因为会使对方尴尬；不要皮笑肉不笑，因为会使对方无所适从。总之，笑要因时、因地制宜，否则毫无美感且令人生厌。

（5）不断训练。坚持不懈、用心练习，是练习微笑的唯一秘诀。可以对着镜子练习，观察自己的笑容；更要注意调整心态，把对方想象成重要客户或商界的朋友，面带笑容讲话，并请同学、同事给予建议。

 典型案例

典型案例 1　微笑的效应

在《处理人际关系的艺术》一书中，卡耐基写他要几千名工作人员做这样一件事：对他们每天遇到的人都报以微笑，并将结果反馈回来。

一段时间后，纽约场外交易所的一位经纪人给卡耐基来信，信中写道："我结婚已经 18 年了，在此期间我很少对我的太太微笑。从起床到准备去上班这段时间，我和她说不上几句话，百老汇大街上那些脾气最坏的人中我也算一个。既然你要我们对他人微笑，我想我就试验一个星期吧。

"于是，第二天早上，我在梳头时，对着镜子中的自己闷闷不乐地自言自语道：'比尔，今天你可再也不能愁眉苦脸了！你要笑，从现在就开始笑！'我坐下来用早餐的时候，笑着对我的太太说：'早安，亲爱的！'

"你提醒过我，她可能会对此感到惊奇，可是你低估了她的反应。她愣了神，惊讶得茫然失措。我告诉她，以后她可以天天看到这种笑容。我坚持这么做，至今已经有 4 个月了。近两个月来，由于我态度的转变，我比去年一年感受到的家庭幸福都多。现在，我出门上班时，与公寓开电梯的服务员打招呼；我微笑着向门卫打招呼；在地铁票台要求换零钱时，我向出纳员微笑；当我来到场外交易所时，我对同事们微笑。我发现人们很快便对我微笑。我以愉快的态度对待前来找我发牢骚和诉苦的人，我微笑着倾听他们的诉说。这样一来，我发现调解变得容易多了。每天，微笑还给我带来很多收益。

"与我合伙的另一个经纪人手下有一名职员是个招人喜欢的小伙子，所以最近我把自己的人际关系哲学告诉了他。然后他说，当他一开始认识我时，觉得我是个可怕、沉闷的人，在最近才改变了看法。"

思考：（1）你是如何理解这一案例的内涵的？
　　　（2）这位经纪人的微笑对你有哪些启发？

典型案例 2　最好的介绍信

一位先生登报招聘一名办公室勤杂工，有 50 多人前来应聘，这位先生从中挑选了一位青年。他的一位朋友问："你为何喜欢那个青年，他既没有带来一封介绍信，又没有任何人推荐。"

这位先生说："你错了，他其实带来了许多介绍信。他在门口擦掉了鞋底上的泥，进门后随手关上了门，说明他做事小心、仔细。当他看到那位残疾的老人时，就立即起身让座，表明他心地善良、体贴别人。进了办公室，他先摘下帽子，回答我的提问时干脆果断，证明他既懂礼貌又有教养。其他所有人都从我故意放在地板上的那本书上迈过去了，而他却俯身捡起书，并把它放到了桌子上。他衣着整洁，头发梳得整整齐齐，指甲修得干干净净。难道你不认为这些就是最好的介绍信吗？"

思考：（1）你是如何理解案例中的"介绍信"的？

（2）本案例中，青年的表现给了你哪些启发？

典型案例3 微笑的魅力

飞机起飞前，一位乘客请空姐给他倒一杯水吃药。空姐很有礼貌地说："先生，为了您的安全，请稍等片刻，等飞机进入平稳飞行状态后，我会立刻把水给您送过来，好吗？"

15分钟后，飞机早已进入平稳飞行状态。突然，乘客服务铃急促地响了起来，空姐猛然意识到：糟了，由于太忙，她忘记给那位乘客倒水了。空姐来到客舱，看见按响服务铃的果然是刚才那位乘客。她小心翼翼地把水送到那位乘客面前，微笑着说："先生，实在对不起！由于我的疏忽，延误了您吃药的时间，我感到非常抱歉。"这位乘客抬起左手，指着手表说道："怎么回事？有你这样服务的吗？你看看，都过了多久了？"空姐手里端着水，心里感到很委屈，但是无论她怎么解释，这位乘客都不肯原谅她的疏忽。

在接下来的旅途中，为了弥补自己的过失，每次去客舱给乘客服务时，空姐都会特意走到那位乘客面前，面带微笑地询问他是否需要帮助。然而，那位乘客余怒未消，摆出不开心的样子，并不理会空姐。

临到目的地时，那位乘客要求空姐把留言本给他送过去。很显然，他要投诉这名空姐。此时，空姐心里很委屈，但是仍然不失职业道德，显得非常有礼貌，而且面带微笑地说："先生，请允许我再次向您表示真诚的歉意。无论您提出什么意见，我都会欣然接受！"那位乘客脸色一紧，准备说什么，可是没有开口。他接过留言本，开始在本子上写了起来。

等到飞机安全降落，所有的乘客陆续离开后，这名空姐以为这下完了。没想到，当她打开留言本，却惊奇地发现，那位乘客在本子上写下的并不是投诉信，而是一封热情洋溢的表扬信。

是什么使得这位乘客最终放弃投诉呢？在信中，空姐读到这样一句话："在整个过程中，你表现出的真诚的歉意，特别是你的12次微笑深深打动了我，使我最终决定将投诉信写成表扬信！你的服务质量很高，下次如果有机会，我还将乘坐你们的航班。"

思考：（1）微笑有何作用？

（2）微笑时应注意什么？

 **实践训练**

实践训练1 站姿训练

（1）九点靠墙站立。人的脑后枕部、双肩、两侧臀部、两侧小腿、两侧脚跟九点紧靠墙面，由下向上逐步确认姿势要领，练习站立动作的持久性。

① 女士脚跟并拢站立，脚尖分开不超过45°，两膝并拢；男士双脚分开站立，与

肩同宽。

② 挺胸，双肩放松、打开，双臂自然垂于身体两侧。

③ 立腰、收腹，使腹部肌肉有紧绷的感觉；收紧臀肌，使背部肌肉同时紧压脊椎，感觉整个身体在向上延伸。

④ 双眼平视前方，脸部肌肉自然放松，使脖子有向上延伸的感觉。

⑤ 顶书训练。头顶平放一本书，颈部挺直，下颌内收，上身挺直，使书本不掉下来。

（2）背靠背站立训练。两人一组进行练习，双方的脚跟、臀部、双肩、脑后枕部都贴紧，训练站立动作的稳定性。

（3）对镜训练。面对训练镜练习，要求在正确站姿的基础上结合练习脸部表情（重点是微笑），完善整体站姿。

用以上 3 种方法训练时，每次应不少于 15 分钟。在练习中要注意肌肉张弛的协调性，强调挺胸、立腰，呼吸自然均衡，面带微笑。同时，站立时要以标准站姿为基础，进行整体规范动作的训练。正确的站姿应体现在自己的生活、工作中，融于自身的行为举止中，要养成习惯。只有将正确、规范的动作运用自如、分寸掌握得当，才能使人感到既有教养又不做作。

实践训练 2　坐姿训练

（1）训练方法。

① 侧对训练镜，练习入座的动作。入座时，走到座位前面再转身，转身后右脚向后退半步，然后平稳落座。动作要轻盈舒缓、从容自如。自我观看训练镜，注意后背是否挺拔。

② 面对训练镜，练习入座的动作。以站在座位的左侧为例，右腿后退半步，左腿并右腿，平稳落座；入座后右腿并左腿呈端坐状，双手虎口交叉，右手在上，轻放在一侧的大腿上。自我观看训练镜，注意是否挺胸、沉肩，显得沉稳大方。

③ 练习入座后的端坐姿势。动作以正确坐姿为基础，配合面部表情，练习坐姿的直立感、稳定性等（男女学生按各自的要求练习）。

④ 坐姿腿部的造型训练。在上身姿势正确的基础上练习腿部的造型，如图 2-23 所示。要求动作变换轻、快、稳，给人以端庄大方、舒适自然之感。

⑤ 离座动作训练。离座起立时，右腿先向后退半步，然后上身直立站起，回到入座前的位置。

（2）要求：坐姿训练最好在形体训练房进行，对着训练镜检查自己的坐姿，也可在教室或宿舍内进行，同学之间互相指导、纠正。

（3）时间：训练时间每次为 20～30 分钟，训练时最好配上音乐，以减轻疲劳。

图 2-23｜女士坐姿腿部造型训练

实践训练 3　行姿及蹲姿训练

（1）行走稳定性的练习。在保持正确的站立姿势的基础上，两臂侧平举，两手各持一碗水，训练行走时的稳定性，并及时矫正不良的姿势。

（2）动作与表情的协调练习。加强和巩固上下肢动作的协调配合，同时结合面部表情进行练习。

（3）各种行姿练习。进行前行步、后退步、侧行步、前行左右转身步、后退左右转身步及后退向后转身步的动作练习。其动作规范要求如下。

① 前行步：在向前走时，练习向来宾或同事问候时的仪态举止；动作包括头和上身向左或向右的转动，面带微笑，点头致意，并配以适当的问候语。

② 后退步：当与他人告别时，应当先向后退步，再转身离去；一般以退2～3步为宜；退步时，脚轻擦地面，步幅要小，协调地往后退；转身时，要身体先转，头稍后再转。

③ 侧行步：一般用于引导来宾或在较窄的走廊上与人相遇的场合；引导来宾时要尽量走在来宾的左前方，左髋部朝着前行的方向，上身稍向右转，左肩稍前，右肩稍后，侧身向着来宾，在前保持两三步的距离；在较窄的走廊上与人相遇时，要将胸部转向对方，以示礼貌。

④ 前行左右转身步：在行进中，当要向左（右）转身时，要在右（左）脚迈步落地时，以右（左）脚掌为轴心，向左（右）转90°，同时迈左（右）脚。

⑤ 后退左右转身步：当后退向左（右）转体行进时，以左（右）脚先退为例，要在退2步或4步时，以右（左）脚掌为轴心，向左（右）方向转90°，再迈出左（右）脚，继续向前行进。

⑥ 后退向后转身步：当后退向后转身时，以左脚先退为例，要在退1步或3步时，以左脚为轴，向右转180°，同时右脚后撤转移重心，再迈出左脚。

另外，也可以选择其他训练方法。

① 走直线训练，即在地面上画一条直线，行走时要求双脚内侧踩到这条线。

② 训练停顿、让路与指示方向时的行姿。

③ 双肩、双臂摆动训练。

④ 步位、步幅训练。

⑤ 顶书训练和上、下楼梯的步态训练。

以上的行姿训练，不论朝哪个方向行走都应注意形体的变化，做到先转身、后转头，再配合一些体态语言及礼貌用语，从而达到整体动作的优美。

（4）蹲姿训练。要注意纠正不良的蹲姿。下蹲时注意不要有弯腰、臀部向后撅起的动作，不要两腿叉开后两脚平行下蹲，不能露出内衣裤。当要拾起掉在地上的东西时，应先走到要拾的东西旁边，再使用正确的蹲姿将东西拾起。

实践训练 4　目光训练

（1）眼睛扩大的训练。眼睛的大小是有限的，只有在自身生理条件允许的情况下充分将眼睛扩大，才能表现出较好的目光。使眼睛扩大的主要方法是做抬眉绷眼的练习，即尽力将额肌上提，带动两侧眼角向上提，眼皮上绷，使眼皮最大限度地打开。练习抬眉绷眼可使眼睛扩大，同时也可为眼睛光亮的训练打下基础。

（2）眼睛光亮的训练。在眼睛扩大训练的前提下，还要使眼睛晶亮闪光，这样目光才能具有较好的表现力。这主要是进行眼睛光亮的练习，使目光高度集中。当人在沉思时，目光没有焦点，显得松弛无力，因此眼球也就黯然无光；视线焦点集中时，眼睛处于一种紧张状态，显得大而有力，这时眼珠的玻璃体和晶状体感光性强，眼睛就会显得闪光发亮。眼睛光亮的训练，可通过睁大两眼，平视镜中自己的一只眼睛来进行。初练时，眼睛可能会出现流泪、眨眼等现象，但通过训练，眼睛有了一定的定力后就不会出现这种现象了。

（3）眼睛灵活度的训练。目光训练不仅要将眼睛练得大、亮，还要将眼睛练得灵活，使眼睛具有动人的灵活美。可先做有目标的练习，然后进行无目标的练习，即在两眼的左、右、上、下用红布或其他醒目的东西分别固定一个点（点不要超过视线范围），视线进行左右横线的移动、上下竖线的移动或转圈移动。训练时头部不动，只让视线移动。初练时，速度可慢一些，随后可逐渐加快。当眼睛有一定活动能力时，就可以进行无目标的练习了，让眼睛自然转动。

以上几项训练还需要配合面部微笑和基本身姿进行综合练习，这样才能真正体现出目光的表现力与适应力。

实践训练5　微笑训练

（1）照镜子训练法。对着镜子，心里想着令人高兴的情境，做出微笑的表情，找出自认为最满意的微笑方式，天天练习，使微笑自然、长久地呈现在脸上，如图2-24所示。

美国著名演员玛丽莲·梦露曾说过："13岁的时候，我就开始练习怎样笑得更迷人，并且为自己树立了一个样板，终日对照着镜子反复练习，使我的微笑形成了无声的、美好的语言。"

（2）情绪记忆法。回忆美好的事，笑容就会自然流露；少想不如意、悲伤、心酸的事情，时刻提醒自己保持微笑。

（3）发声训练法。面对镜子深呼吸，然后慢慢地吐气，并将两侧嘴角朝耳根部提拉，发出"一""七""啊""叶""钱"的声音，也可发出词语"茄子""田七"的声音，还可发出英语单词"lucky""cheese"的声音。读这些字、词形成的口型，正是微笑的最佳口型，如图2-25所示。

（4）携带卡片法。在自己的皮夹中放一张写有"微笑"的卡片，它会像一面镜子，随时随地提醒自己保持微笑。

（5）一口气训练法。为拥有一个好心情，进行一口气训练，将"我的心中充满快乐"这句话一口气念10遍。

一口气训练法的要求：口型尽量夸张，尽量快而清晰地一口气大声念完，同时感受这句话的含义。在念这句话的同时，想象自己真的很快乐。

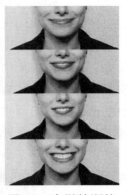

图 2-24｜微笑训练

图 2-25｜微笑的最佳口型

（6）绕口令法。念下列绕口令。

① 一面小花鼓，鼓上画老虎。宝宝敲破鼓，妈妈拿布补。不知是布补鼓，还是布补虎。

② 四是四，十是十。要想说对四，舌头碰牙齿；要想说对十，舌头别伸直。要想说对四和十，多多练习十和四。

（7）自然微笑训练法，如图 2-26 所示。

图 2-26｜自然微笑训练法

总而言之，微笑时面部肌肉要放松，要嘴角微翘地笑。微笑时应避免露出牙龈，并自觉控制发声系统，做到笑不出声。

实训教学安排如下。

① 教学场地：标准实训室一间。

② 教学设备：镜子（整面墙）、西服、套裙、领带、衬衫、皮鞋、配饰等。

③ 教学学时：4 学时，每小组的准备、展示时间由任课老师安排。

④ 教学评价：由老师、组长及学生代表共同打分，老师做综合点评。

 要点巩固

一、问答题

请阅读以下情境片段，并回答相关问题。

写字间内，三男三女或坐或走，正忙于工作。甲男：西装配布鞋。乙男：花 T 恤。丙男：短裤。甲女：无袖超低胸上装。乙女：透视装。丙女：紧身装。

一位西装革履的男士敲门，进入房间环视之后，愕然地退至门外，看着写字间的标牌，自言自语道："这是一家公司吗？怎么员工的穿着打扮如此不伦不类？"

请问：敲门进入的男士为什么会产生这样的疑问？请从着装的角度思考这一问题。

二、判断题

请判断下列人士的着装是否合乎商务礼仪。

1．甲男：上身制服，下身牛仔裤。 （   ）

2．乙男：制服脏破。 （   ）

3．丙男：西装，全身多于 3 种颜色。 （   ）

4．丁男：西装，腰带、鞋子不同颜色。 （   ）

5．戊男：西装，上衣袖上有商标，脚穿白袜子。 （   ）

6．甲女：制服，拖鞋。 （   ）

7．乙女：制服，贵重饰物。 （   ）

8．丙女：黑皮裙。 （   ）

9．丁女：套裙，旅游鞋。 （   ）

10．戊女：套裙，光脚，拖鞋。 （   ）

11．己女："三节腿"。 （   ）

12．王小姐今天要出席新产品发布会，为了表示对这次发布会的重视，她特意化了一个的晚宴妆。 （   ）

13．张先生今天出席合作伙伴的新年酒会时，腰间挂着手机、打火机及瑞士军刀。 （   ）

14．李小姐今天出席为重要客户准备的欢迎晚宴时，穿着红色的皮鞋，手拿棕色的提包。 （   ）

15．杨先生今天要参加一个重要的谈判，他特意将平时习惯挂在腰间的手机放到了公文包中。 （   ）

16．王小姐是一家酒店的服务员，她觉得自己留披肩发最漂亮，所以她每次上班都长发披肩。 （   ）

17．小李今天要参加一场商务谈判，他打好领带后，确认领带下端正好在皮带扣上

面才放心地出门。 （　　）

三、选择题

1.（单选）_____是人的站、坐、走、蹲的姿态，是身体向外释放的一种语言信息。

    A．仪态　　　　　　B．动作　　　　　　C．体姿　　　　　　D．神态

2.（单选）规范的手势首先是使用_____。

    A．打招呼　　　　　B．横臂式　　　　　C．手指指点　　　　D．"文明拳"

3.（单选）注视的位置在对方双眼或双眼与额角区域是_____。

    A．私密空间　　　　B．社交区间　　　　C．公务凝视区域　　D．亲密区间

4.（单选）在西装的穿着中起画龙点睛作用的是_____。

    A．化妆　　　　　　B．领带　　　　　　C．配饰　　　　　　D．皮鞋

5.（单选）最有魅力的表情是_____。

    A．高贵的笑容　　　B．友善的目光　　　C．得体的体姿　　　D．自然的微笑

6.（多选）正确站姿的要点有_____。

    A．头正　　　　　　B．肩平　　　　　　C．躯挺　　　　　　D．腿并

    E．注意脚位

7.（多选）服装是由_____三要素组成的。

    A．款式　　　　　　B．色彩　　　　　　C．配饰　　　　　　D．面料

    E．扣子

8.（多选）色彩具有的三种属性是指_____。

    A．暖色　　　　　　B．灰色　　　　　　C．色相　　　　　　D．明度

    E．纯度

9.（多选）仪容细节部分应注意_____。

    A．面容保持清洁　　　　　　　　　　B．足部清洁

    C．口腔清洁　　　　　　　　　　　　D．勤洗澡，勤换内衣

    E．整齐干净的发型

10.（多选）服装款式包括_____。

    A．职业装　　　　　B．公务礼服　　　　C．晚礼服　　　　　D．时装

    E．休闲服

四、简答题

1．你对自己的站姿、坐姿、行姿、蹲姿满意吗？为什么？

2．你的眼神是否充满了自信与活力？

3．微笑的内涵和要求是什么？

五、延伸讨论

形象塑造对个人、组织、社会发展有哪些影响？

项目三
商务交往礼仪

📀 内容标准

项目名称	项目三　商务交往礼仪	学时	7（理论）+7（实践）
知识目标	1. 掌握商务交往场合的见面介绍及问候礼仪知识 2. 掌握商务交往场合的称呼、交谈和电话礼仪知识 3. 了解商务交往场合的握手与交换名片礼仪知识		
素质目标	1. 树立重视第一印象的观念 2. 具备评价自身行为的能力，养成勤于思考的习惯 3. 具备团队合作精神，养成良好的交往礼仪习惯，提高应变能力，提升与人合作的意识和水平 4. 弘扬和谐风尚精神，提高民族团结意识，遵守社会秩序和社会公德，善表达，践行礼仪规范，提升职业素养		
任务	任务一　见面介绍及问候礼仪 学时：2（理论）+2（实践） 任务二　称呼、交谈、电话和新媒体社交礼仪 学时：3（理论）+3（实践） 任务三　握手与交换名片礼仪 学时：2（理论）+2（实践）	技能目标	1. 能够应用好见面介绍、称呼、问候、握手与交换名片等礼仪技能，传递情感，提高商务交往能力 2. 具备制作名片和正确使用名片的能力

任务一　见面介绍及问候礼仪

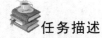

任务描述

会见通常是指在较为正式的场合与别人相见。在商务交往中，我们需要会见各种各样的人，在会见时，要对对方热情、友好，要讲究基本的礼节。见面礼仪是指在与他人见面时应当遵循的规范和行为准则，主要包括打招呼、介绍、问候等礼仪。

称谓即称呼，是指当面对对方的称呼，能显示出彼此的关系。称谓看起来很简单，但实际上反映出的内容却很丰富。

在社交场合遇到相识的人时，打招呼要用一定的方式，以表示出对对方的友好和尊重。如果遇到熟人不打招呼，或看到对方打招呼也佯装没看到，都是极其不礼貌的。与对方打招呼，应根据不同的情况选择不同的方式。介绍是人际交往中与他人进行沟通、增进了解、建立联系的基础。

我们需要在本任务中，掌握介绍礼仪、问候礼仪的知识和技能，熟练运用介绍及问候礼仪。

任务导入

在礼仪界有这么两个词——"入乡问俗"和"入乡随俗"。广州礼仪高级培训师、广州礼仪网创办人王春芝建议：到一个陌生的城市后，应学习当地的礼仪习俗，比如在东北一些地方，对女性的称呼为"姑娘""大妹子"等。

北京大学社会学教授夏金銮认为，在具体环境下怎么称呼他人可视实际情况而定，根据对方的职业来称呼也是一个不错的选择，特别是在餐厅、酒吧等场所，"服务员"比"小姐"更为准确。

问题：（1）谈谈你对称呼的理解。

（2）你会称呼别人吗？

技能点 1　自我介绍礼仪

微课：自我介绍
礼仪

1．内容要真实

自我介绍时，介绍的内容要真实，不说谎、不浮夸、不投其所好。

2．内容详略得当

进行自我介绍时，要根据需要确定内容的详略。一般礼仪式的自我介绍应简单明了，只要讲清自己的姓名、身份即可。

3．形式要标准

自我介绍主要分为以下 5 种。

（1）应酬型的自我介绍：仅包含本人姓名这一项内容，主要适用于面对泛泛之交、不愿深交者。

（2）公务型的自我介绍：通常由本人的单位、部门、职位、姓名等内容构成，往往缺一不可，主要适用于正式的因公交往的场合。

（3）交流式的自我介绍：内容大体包括姓名、工作、单位、学历、兴趣及与交往对象的某些熟人关系。

（4）礼仪式的自我介绍：通常由招呼、敬语、单位、部门、姓名等内容构成，它适用于讲座、报告、演出、庆典、仪式等一些正规而隆重的场合。

（5）问答式的自我介绍：一问一答，它适用于应试、应聘和公务交往。

4．方式要灵活多样

进行自我介绍时，面对不同的对象要采取不同的方式。在交际场合把自己介绍给领导、长辈等人时，语言要谦恭有礼。例如，一位企业的供销科科长在一次社交聚会中这样介绍自己："我叫杨光，是西安飞龙贸易公司跑供销的，今后希望各位经理多加指教。"话毕，杨科长面带微笑，向周围的人逐一双手奉上自己的名片。介绍时，他只是谦虚地说自己是"跑供销的"，具体职务则让名片替他补充。

5．态度从容、自信

进行自我介绍时要做到态度从容、自信。首先，要有良好的面部表情和姿态；微笑要自然、亲切，眼神要和善，态度要恭敬有礼。其次，要充满自信。自信即对自己的能力和特长敢于肯定。只有充满自信的人，才能使对方产生信赖和好感。当然，自信绝不是自吹自擂。在人际交往中，无中生有的自我吹嘘不但不能抬高自己，反而会使人厌恶。

6．时间要短

进行自我介绍时，要有意识地抓住重点，言简意赅、节省时间。一般而言，自我介绍的时间以半分钟左右为佳。若无特殊原因，不宜超过1分钟。

技能点2　介绍他人礼仪

从礼仪上讲，介绍他人时最重要的是介绍的先后顺序。也就是说，在介绍他人时，介绍者需要特别注意应当先介绍谁、后介绍谁。

1．介绍原则

根据礼仪规范，在介绍他人时，应遵循"尊者优先"的原则。

（1）地位顺序：介绍不同地位的人时，应先把地位低的人介绍给地位高的人。

（2）辈分顺序：介绍不同辈分的人时，应先把晚辈介绍给长辈。

（3）性别顺序：介绍不同性别的人时，一般应先把男士介绍给女士。

（4）亲疏顺序：应先把与自己关系亲密的家人（即使是地位显赫者）、要好的朋友等，介绍给客人或关系一般的人。

（5）先后顺序：介绍先到者与后来者认识时，先介绍后来者，后介绍先到者。

在具体交往中，应根据具体情况灵活运用这些原则。例如，当男士地位较高而女士为年轻晚辈时，则应先把女士介绍给男士，即"性别顺序"要让位于"地位顺序"。又如做集体介绍时，可按座次顺序介绍，也可从贵宾开始介绍。

在介绍时，除女士与年长者外，被介绍者一般应起立、微笑、握手致意，并说"您好""幸会""久仰"之类的话。如果介绍是在谈判桌或宴会桌上进行的，则被介绍的双方不必起立，只需微笑点头即可，介绍后可说些客套话。

2．集体介绍

集体介绍是介绍他人的一种特殊情况，它是指被介绍的一方或者双方不止一人的情况。集体介绍时，被介绍双方的先后顺序依旧至关重要。具体来说，集体介绍又可分为两种基本形式。

（1）单向式。当被介绍双方一方为一个人，另一方为由多人组成的集体时，往往只把个人介绍给集体，而不必向个人介绍集体。这就是集体介绍的单向式。

（2）双向式。集体介绍的双向式，是指被介绍的双方皆为由多人组成的集体。在进行具体介绍时，双方的全体成员均应被正式介绍。在公务交往中，此种情况比较多见，常规做法是主方负责人首先出面，依照主方在场者职务的高低，自高至低地依次对其进行介绍。接下来，客方负责人出面，依照客方在场者职务的高低，自高至低地依次对其进行介绍。

技能点3　问候礼仪

1．问候的形式

问候的形式有日常问候和特殊问候两种。

（1）日常问候。日常问候是朋友、同事间互致的问候，大体有下列几种情况：按时间问候，如"早安""早上好""晚安"等；按场合问候，如早晨上班时本办公室的同事已到，可简单地问候"早！"，下班时，如果比同事早走一步，可说"我先走了，再见！"

（2）特殊问候。特殊问候是在以下3种情况下进行的。

① 节日问候：在节日到来时，向亲友及关系较密切的商业客户致以问候，这是联络感情最简便又极有效的方式。

② 喜庆时的问候与道贺：在对方店铺开业、事业有成、乔迁新居等时，应向其表示祝贺并致以问候。

③ 不幸时的问候与安慰：在对方事业受挫、发生家庭变故、失恋、遭灾等时，对其表示同情、安慰，并给予必要的帮助。

2．问候的顺序

问候别人时要讲究先后顺序，越正式的场合，越要重视这一点。在正式会面时，宾主之间的问候在具体的次序上有一定的讲究。

（1）两人见面时的问候。两个人见面时，双方均应主动问候对方，而不必等对方先开口。不过，在正常情况下，两人之间问候的标准做法是"位低者先行"，即双方之中地位较低的一方应当自觉地首先问候地位较高的一方，如下级先问候上级、晚辈先问候长辈、年轻人先问候老年人等。总之，主动问候是尊重他人的表示，即使自己比对方年长，主动问候也不失自己的身份，只会多增加一份友情。

（2）一人与多人见面时的问候。当一人与多人见面时，问候有两种具体方法。一种是由尊至卑、由长至幼地依次进行，也可以由近至远地依次进行，依次问候对方；另一种是统一问候对方，而不必具体到每个人，如"各位好""大家好"。

3．问候态度

问候是表示敬意的一种方式。当问候他人时，在态度上需要注意以下4点。

（1）主动。问候他人应当积极、主动。当他人首先问候自己时，应立即予以回应。

（2）热情。在问候他人时，通常应表现得热情而友好。毫无表情或者表情冷漠都是应当避免的。

（3）自然。问候他人时必须表现得自然而大方。矫揉造作、神态夸张或者扭扭捏捏都不会给他人留下好的印象。

（4）专注。在问候他人时应当面含笑意，双目注视对方，做到话到、眼到、意到。

4．问候内容

问候内容大致有两种形式，它们各自适用的范围不同。

（1）直接式。直接式问候即直截了当地将问好作为问候的主要内容，适用于正式的人际交往，尤其是宾主双方初次见面时。

（2）间接式。间接式问候即以某些约定俗成的问候语，或者在当时情况下的话题为问候内容，如用"忙什么呢""您去哪里"来代替直接式问候，主要适用于非正式交往，尤其是经常见面的熟人之间。

▌技能点 4　常见的见面礼

在交往中，见面时行一个标准的见面礼会给对方留下深刻而美好的印象，可直接体现出行礼者良好的修养。所以，我们需要掌握常见的见面礼。

各国、各民族、各地区的历史、文化传统和风俗习惯不同，人们采用的见面礼也往往千差万别。比较常见的见面礼仪有作揖礼、脱帽礼、举手礼、鞠躬礼、屈膝礼、拥抱礼、亲吻礼、拱手礼、合十礼等。

1．东方礼节

（1）作揖礼。作揖礼即拱手礼，是华人中最流行的见面礼。行礼方式是起身站立，上身挺立，两臂前伸，双手在胸前高举抱拳，自上而下或者自内而外有节奏地晃动两三下，如图 3-1 所示。

（2）鞠躬礼。鞠躬礼即弯身行礼，源于我国商代，是一种古老而又文明的对他人表示尊敬的郑重礼节，至今仍是人们见面时表示恭敬、友好的一种礼节。它既适用于庄严肃穆或喜庆欢乐的仪式，又适用于普通的社交和商务活动场合。鞠躬礼在东亚国家，尤其在韩国、日本盛行。

图 3-1｜作揖礼

鞠躬礼常用于婚丧典礼、演员谢幕、演讲、领奖等场合，以及下级对上级、服务员对客人、双方初次见面等场合。特别是在大众场合中，个人与群体交往时，不可能和许多人逐一握手，则可以鞠躬代替，这样既恭敬又节约时间。

在国内，鞠躬礼主要适用于向长者表示敬重、向他人表示感谢。行鞠躬礼时应身体立正，面对受礼者站好，双目凝视受礼者，距离受礼者两三步，以腰为轴，然后上身弯腰前倾。男士双手应贴放于身体两侧裤缝线处，女士双手应下垂搭放在腹前，如图 3-2 所示。下弯的幅度越大，表示的敬意程度就越深。

图 3-2 | 鞠躬礼

鞠躬的次数可视情况而定。唯有追悼会时才用三鞠躬，如戴帽，应先将帽子摘下再行礼。在喜庆的场合，鞠躬次数不可为 3 次。

行鞠躬礼时，目光不能斜视或环顾，不能嘻嘻哈哈，口里不能吃东西，动作不能过快，要稳重、端庄，并带有对对方的崇敬之情。受礼者一般要鞠躬还礼，长者、女士、宾客还礼时可不鞠躬，欠身点头即可。

行鞠躬礼的弯腰角度因场合、对象的不同而有所不同。一般而言，角度越大，表示越谦恭，对受礼者越尊敬。一般行礼时弯腰角度在 15° 左右，表示致谢、问候；行礼时弯腰角度在 30° 左右，表示恳切致谢；行礼时弯腰角度在 45° 左右，表示诚恳致敬、致谢和歉意；行礼时弯腰角度在 90° 左右，一般在特殊情境，如婚礼、葬礼、谢罪、忏悔等时才会使用。

与日本、韩国等国家的友人见面时，鞠躬礼是常见的礼节形式。行鞠躬礼的基本原则是，在特定的群体中，应向身份最高的长者行 45° 鞠躬礼，向身份次高者行 30° 鞠躬礼，向身份对等者行 15° 鞠躬礼。

2. 西方礼节

（1）拥抱礼。拥抱礼的动作要点是，两人面对面站立，各自举起右臂，将右手搭在对方左肩后面；左臂下垂，左手扶住对方右腰后侧，如图 3-3 所示。首先，各自向对方左侧拥抱，然后各自向对方右侧拥抱，最后再一次向对方左侧拥抱，共拥抱 3 次。

在普通场合行拥抱礼不必如此讲究，次数也不必如此严格。在西方，特别是在欧美国家，拥抱礼是十分常见的见面礼与道别礼。在人们表示慰问、祝贺、欣喜时，这种礼节十分常用。

（2）亲吻礼。亲吻礼是西方国家常用的见面礼，如图 3-4 所示。有时它会与拥抱礼同时采用，即双方会面时既拥抱又亲吻。

在行亲吻礼时，双方关系不同，亲吻的部位也会有所不同。长辈吻晚辈时，应当吻额头；晚辈吻长辈时，应当吻下颌或面颊；同辈之间，同性应贴面颊，异性应当吻面颊。行贴面亲吻礼时，应先贴一次右侧，再贴一次左侧。接吻仅限于夫妻与恋人之间。

图 3-3 | 拥抱礼

需要注意的是，行亲吻礼时非常忌讳发出声音。而如果将唾液弄到对方脸上，是非常尴尬的事情。

（3）吻手礼。吻手礼即男士亲吻女士的手背或手指，如图3-5所示。吻手礼的正确动作是，男士行至女士面前，首先立正致意，然后以单手或双手捧起女士的手，俯首用自己微闭的嘴唇，象征性地轻吻一下女士的手背或手指。

图 3-4｜亲吻礼

图 3-5｜吻手礼

吻手礼的受礼者只限于已婚的女性。这种礼节主要流行于欧美国家，宜在室内进行。

3．东西方通用礼节

（1）点头礼。点头礼也就是额首礼，做法是头部向下轻轻一点，同时面带笑容。不要反复点头，点头的幅度也不宜过大。

点头礼的适用范围很广，如路遇熟人或与熟人在会场、剧院、歌厅、舞厅等不宜交谈之处见面，以及遇上多人而又无法一一问候之时，都可以行点头礼。行点头礼时，最好摘下帽子，以示对对方的尊重。

（2）举手礼。行举手礼的场合与点头礼大致相似，可用于向距离较远的熟人打招呼。行举手礼的正确方法如图3-6所示，右臂向前方伸直，右手掌心向着对方，拇指叉开，其他四指并齐，轻轻向左右摆动。手不要上下摆动，也不要在手部摆动时将手背朝向对方。

（3）脱帽礼。戴着帽子的人进入他人居所、路遇熟人、与人交谈、进入娱乐场所或在升国旗、奏国歌的场合，应自觉摘下帽子，并置于适当之处。女士在一般社交场合可以不脱帽，这不会被认为是失礼行为。

图 3-6｜举手礼

见面礼要视具体情况而定，不能生搬硬套。欧美人并不习惯与陌生人或初次交往的人行拥抱礼、亲吻礼、吻手礼等，所以初次与他们见面时还是以握手礼为宜。

4．手势

手势是人们常用的一种肢体语言，不同国家、不同地区、不同民族的人由于传统不同，手势的含义有很大差别，甚至同一手势表达的含义也并不相同。所以，用手势表达含义时要正确、恰当。

微课：手势

以下为几种常见的手势。

（1）招手。见面时可招手。过去，西方人在饭店用"打响指"来招呼服务员，现在这一做法因有侮辱服务员之意，已不多用。在美国招呼服务员时，可向上伸开手掌并伸屈手指数次。这种手势在亚洲一些国家则不可用，因为它是用来召唤动物和幼童的。在日本，招呼服务员时要把手臂向上伸，手指向下并摆动手指。

（2）跷起大拇指。这种手势在中国，表示夸奖和赞许；在日本，则表示男人、您的父亲、最高的；在韩国，则表示首领、父亲、部长和队长；在美国、英国、法国、印度及澳大利亚等国，站在路边伸出大拇指则是向司机示意请求搭车；在德国，则表示数字"1"；在尼日利亚，表示对来自远方友人的问候；在希腊，这种手势表示"胡扯""够了""滚开"，是侮辱人的意思；在斯里兰卡、墨西哥、荷兰等国，则表示祈祷。

（3）伸出食指和中指。这种手势在中国，表示数目"2"；在英国，手心朝外表示胜利，手背朝着他人则有侮辱他人之意；在希腊，做这一手势时，即使手心朝外、手臂伸直，也有对人不恭敬之嫌；除此之外，做出该手势，不论手掌朝什么方向，都表示胜利或暗示对工作或某项活动充满信心。

（4）赞成或满意的手势。双方会谈成功时，美国人用"OK"手势表示满意；非洲人往往情不自禁地展开手臂并向上举起，还会用一只手握拳击另一只手的掌心，以表示自己十分满意；阿拉伯人则是双手握拳，缓缓挥动，以示赞成。在同日本人进行商务洽谈时，日本人做出"OK"手势后，你若点头表示"同意"，那么，对方就会误认为你将答应给一笔现金，因此千万不要随意点头。在泰国，"OK"手势表示"没问题"，在巴西则表示粗俗下流。

（5）伸中指。这种手势在菲律宾，表示诅咒、愤怒、憎恨和轻蔑；在美国、法国和新加坡，表示愤怒和极度不快；在墨西哥，表示不同意，指责对方"什么也干不了"；在澳大利亚、美国、突尼斯、新加坡，表示侮辱；在沙特阿拉伯，表示恶劣行为；在法国，表示行为下流。在尼日利亚和缅甸，这一手势表示数字"1"；在突尼斯，这一手势表示"中间"。

（6）伸小拇指。这种手势在中国，表示小、微不足道、拙劣、最差的等级和名次，还可用于表示轻蔑；在日本，表示女人、女孩子或情人；在韩国，表示妻子或女朋友；在菲律宾，表示小个子、年轻或指对方是小人物；在泰国和沙特阿拉伯，表示朋友或交朋友；在缅甸和印度，表示想去厕所；在美国，表示懦弱的男人或打赌。

（7）伸出弯曲的食指。这种手势在中国，表示数字"9"；在日本，表示小偷；在泰国、菲律宾、斯里兰卡和突尼斯，表示钥匙或上锁；在韩国，表示错误或度量小；在印度尼西亚，表示心肠坏或吝啬；在泰国、新加坡和马来西亚，表示死亡；在缅甸，表示数字"5"；在印度，表示复杂或不直；在墨西哥，表示钱或询问价格、数量多少；在突尼斯，表示"鸟嘴"；在新加坡，表示拳击等比赛中的违例；英美人则用这一手势招呼某人到他那儿去。

锦囊

锦囊 1　自我介绍的顺序

（1）职位高者与职位低者见面，职位低者应该先进行自我介绍。

（2）男士与女士见面，男士应该先进行自我介绍。

（3）年长者与年少者见面，年少者应该先进行自我介绍。

（4）资历深的人与资历浅的人见面，资历浅的人应该先进行自我介绍。

（5）已婚者与未婚者见面，未婚者应该先进行自我介绍。

锦囊 2　自我介绍的几种方法

（1）从介绍自己的姓名入手。例如，某单位来了一位刚毕业的大学生，在所在科室的欢迎会上，他这样进行自我介绍："我姓苏，苏东坡的苏，名杰，杰出人才的杰。自古以来，姓苏的人人才辈出，因此父母也希望我成为一个杰出人才。不过，我刚毕业，事业刚刚开始，但我相信在各位同事的帮助下，成功之路就在自己的脚下。"

（2）从自己所属的生肖入手。例如，在一次礼仪先生、礼仪小姐的比赛中，一位礼仪小姐这样自我介绍："我的生肖排第一，属老鼠。我去年进入信宜宾馆工作，今天是我参加工作以来的第一个'五一'劳动节，我也是第一次参加如此大规模的比赛。但愿这么多的第一，会给我带来好运。谢谢大家！"

（3）从自己的职业特征入手。一位公关先生在比赛中这样自我介绍："我叫张伟，在上海宾馆公关部工作。也许有的人认为公关工作都是由女性担任的，一个男人怎么会从事公关工作呢？其实这是一种误解，公关是塑造形象和协调工作的科学，只要具有公关知识和素养，男人同样能从事公关工作。"

锦囊 3　自我介绍应注意的事项

（1）充满信心和勇气。忌妄自菲薄、心怀怯意，要胸有成竹、从容不迫。不能唯唯诺诺，但也不能虚张声势、轻浮夸张。

（2）表达自己渴望认识对方的真情实感。任何人都以被他人重视为荣，如果你态度热情，对方也会对你热情。

（3）追求真实。进行自我介绍时表达的各项内容一定要实事求是、真实可信。过分谦虚、一味贬低自己去讨好别人，或者自吹自擂、夸大其词，都是不可取的。

（4）自我评价要掌握分寸。一般不宜用"很""第一"等表示极端赞颂的词，也不必有意贬低，关键在于掌握分寸。

锦囊 4　介绍时的 5 个忌讳

（1）目光游离。

（2）过多谈论个人情况。

（3）打断他人谈话。

（4）过于偏重一方而忽略另一方。

（5）过于热情。

**典型案例**

典型案例1　著名哑剧演员、喜剧表演艺术家王景愚的自我介绍

我就是王景愚，表演《吃鸡》的那个王景愚。人称我是"多愁善感的喜剧家"，实在是愧不敢当，只不过是个"走火入魔的哑剧迷"罢了。你看我这40多千克的瘦小身躯，却经常负荷许多忧虑与烦恼，而这些忧虑与烦恼，又多半是自找的。我不善于向自己敬爱的人表达敬和爱，却又经常否定自己。否定自己既痛苦又快乐，我在生活中痛苦与快乐的交织网里，总也冲不出去。在事业上人家说我是敢于拼搏的强者，而在复杂的人际关系面前，我又是一个心无灵犀、半点不通的弱者，因此在生活中，我是交替扮演强者和弱者的角色。

思考：（1）王景愚的自我介绍对你有何启发？

（2）你会自我介绍了吗？

典型案例2　介绍他人示例

（1）这位是×××公司的人力资源部张经理。他可是实权派，路子宽、朋友多，需要帮忙时可以找他。

（2）约翰·梅森·布朗是一位作家兼演说家。一次，他应邀参加一个会议，并进行演讲。演讲开始前，会议主持人将布朗先生介绍给观众。下面是主持人的介绍语："先生们，请注意了。今天晚上我给你们带来了不好的消息。我们本想请伊塞卡·马克森来给我们讲话，但他来不了，病了。后来我们要求参议员布莱德里奇前来，可他太忙了。最后，我们试图请堪萨斯城的罗伊·格罗根博士，也没有成功。结果我们请到了约翰·梅森·布朗。"

（3）我给各位介绍一下，这小子是我的铁哥们儿，开小车的，我们管他叫"黑蛋"。

思考：（1）以上介绍各存在什么问题？

（2）在社交场合中，进行介绍时有哪些规范？

典型案例3　被"抖掉"的合同

一位美国华侨到中国洽谈合资业务，谈了好几次，最后一次来之前，他对朋友说："这是我最后一次洽谈了，我要跟他们的最高领导谈。谈得好，就可以拍板。"过了两个星期，他回到了美国。朋友问："谈成了吗？"他说："没谈成。"朋友问其原因，他回答："对方很有诚意，进行得也很好，就是跟我谈判的这个领导坐在我的对面。当他跟我谈判时，不时地抖着他的双腿，我觉得还没有跟他合作，我的财就被他抖掉了。"

思考：（1）本次洽谈为什么会失败？

（2）交往时应如何准确应用各种肢体语言？

典型案例4　王峰与同学贾征的见面

王峰在大学读书时学习非常刻苦，成绩也非常优秀，几乎年年都拿特等奖学金，为

此同学们给他起了一个绰号叫"超人"。大学毕业后，王峰顺利获得了到美国攻读硕士学位的机会，毕业后又顺利地进入了一家美国公司工作。一晃8年过去了，王峰现在已成为公司的部门经理。今年国庆节，王峰带着妻子儿女回国探亲。一天，他在大剧院观看音乐剧，刚刚落座，就发现有3个人向他走来。其中一个人边走边伸出手大声地叫："喂！这不是'超人'吗？你怎么回来了？"这时，王峰才认出说话的人正是他的大学同学贾征。贾征跑到南方去做生意，赚了些钱，如今回到上海注册公司当起了老板。今天，他正好陪两位从香港来的生意伙伴一起来看音乐剧，这两位生意伙伴是他交往多年的一对年长的香港夫妇。此时，王峰和贾征既高兴又激动。贾征大声寒暄之后，才想起了王峰身边还站着一位女士，就问王峰身边的女士是谁。王峰这时才想起向贾征介绍自己的妻子。待王峰介绍完毕，贾征高兴地走上去，给了王峰妻子一个拥抱礼。这时，贾征也想起该向老同学介绍他的生意伙伴了。

思考：（1）上述场合的见面礼仪有无不妥之处？

（2）正确的做法是什么？

 **实践训练**

见面问候、打招呼和介绍礼仪

1. 训练内容

进行见面问候、打招呼、介绍。我们需要在本实践训练中演练见面时如何问候、如何打招呼、如何介绍，并熟练掌握其规范礼仪。

2. 情境设置

情境1 小李带新来的小蔡到总公司报到，在总公司遇见了会计老王。他们相互打招呼，小李分别向老王和小蔡介绍了对方。

演练组织：3位学生扮演以上角色，其他学生观摩并派代表点评。

点评要点：对以上学生表现出来的见面介绍礼仪和打招呼礼仪的表现情况进行评判。

情境2 某大学10周年校庆，教育部、省教育厅、兄弟院校纷纷派人前来祝贺。

演练组织：6位学生扮演情境中的角色，其他学生观摩并点评。

点评要点：介绍他人的顺序、握手及打招呼是否正确，手势及语言是否规范等。

情境3 李阿姨和老张原来是大学同学。一次，李阿姨和几位朋友与老张和几位朋友在公园偶遇，遇见后热情地打招呼及问候，并且彼此互相介绍。

演练组织：5位学生扮演情境中的人物，其他学生观摩并点评。

点评要点：介绍顺序、称呼和打招呼的规范性等。

情境4 小华非常崇拜太阳岛集团的王总。一天，他在公园里刚好遇到了王总。

演练组织：演练小华与王总见面后认识的过程，安排2组学生进行演练。

点评要点：打招呼、问候及自我介绍的规范性；说话是否文雅、是否带有情感。

 **任务二 称呼、交谈、电话和新媒体社交礼仪**

 **任务描述**

　　语言是人类用于表达思想、交流情感、沟通信息的工具。在日常工作与生活中，语言还是最为重要的交际工具。俗话说："言为心声。"语言礼仪规范，是指运用语言文字时应遵守的一些成规。语言的风度之美体现在言之有据、言之有礼、言之有情、言之有文。日常谈吐不仅能反映出一个人的修养和涵养，而且能表现出一个人的知识水平和精神世界。

　　言谈是人际交往中重要的沟通手段，具有不可替代的重要作用。若想通过言谈达到商务交流的预期目的，除了表达上要词义准确，还要注意言谈的基本要求，要施以真诚的态度、文明的语言、专注的神态，以"礼"取胜。

　　电话是当今联络感情最重要的方式之一。掌握电话礼仪对于每一个人来讲都是必需的，对提高办事效率和协调关系起着至关重要的作用。

　　信息化时代，新媒体社交已成为非常普遍的一种现象，网络文明环境的好坏，直接影响着社交效果。

　　我们需要在本任务中掌握见面时的称呼礼仪、与人沟通时的交谈礼仪，同时，还要熟练掌握和运用电话和新媒体社交礼仪。

任务导入

　　盛夏的一天，苏小姐家的门铃突然响了。正在忙家务的苏小姐打开门一看，迎面站立的是一位戴墨镜的陌生年轻男士。于是，她问："您是？"这位男士也不摘下墨镜，而是从口袋里摸出一张名片，递给苏小姐："我是保险公司的，专门负责这一地区的业务。"苏小姐接过名片看了看，不错，他的确是保险推销员。但是，这位推销员的形象却让她反感，她便说："对不起，我们不投保险。"说着她就要关门，而这位男士动作很敏捷，已将一只脚迈进门内，挤了进来，一副极不礼貌的样子，在屋内打量："你们家房子装修得这么漂亮，真令人羡慕。可是天有不测风云，万一发生个火灾什么的，再重新装修，势必要花很多钱，倒不如现在你就买份保险。"苏小姐越听越生气，光天化日之下，竟然有人闯进门来诅咒她的房子。于是，她把这位年轻男士赶了出去。

　　问题：（1）年轻男士为什么被赶了出去？

　　　　　（2）假如你是这名保险推销员，你会如何交谈呢？

　　　　　（3）交谈要掌握哪些技巧？

技能点 1　称呼、打招呼礼仪

1．称呼礼仪

　　（1）正规称呼。在工作岗位上，人们使用的称呼有其特殊性。下述 5 种正规的称呼方式是可以被广泛采用的。

① 称呼行政职务。在人际关系中，尤其是在与外界的交往中，此类称呼最为常用，意在表示交往双方身份有别。

② 称呼技术职称。对于具有技术职称者，特别是具有高、中级技术职称者，在工作中可直接称呼其技术职称，以示尊敬。

③ 称呼职业名称。一般来说，直接称呼职业名称是可行的。

④ 称呼通行尊称。通行尊称也称为泛尊称，通常适用于各类被称呼者。诸如"同志""先生"等都属于通行尊称。不过，其具体适用对象也存在差别。

⑤ 称呼对方姓名。称呼同事等熟人时可以直接称呼其姓名，以示关系亲近，但对尊长、陌生人不能如此。

（2）称呼之忌。人际交往中，不宜采用如下4种称呼。

① 庸俗的称呼。在正式场合采用低级庸俗的称呼，是既失礼又失身份的表现。

② 他人的绰号。在任何情况下，以绰号称呼他人，都是不尊重他人的表现。

③ 地域性称呼。有些称呼如"师傅""小鬼"等具有地域性特征，不宜不分对象地滥用。

④ 简化性称呼。在正式场合，有些称呼不宜简化。例如，把"张局长""王处长"称为"张局""王处"就显得不伦不类，且不礼貌。

（3）对人用敬称，对己用谦称。称呼多用在交往开始时，用来表达对人的尊敬，是交往礼仪的基本要求。"夫礼者，自卑而尊人。"（《礼记·曲礼》）对人用敬称，对己用谦称，正是我国传统美德的一种体现。

① 对人用敬称。"敬称"的要求如下。对具有一定职务、职称或学位的人，应在姓名之后或者姓之后加上职务、职称或学位，如"华罗庚教授""李政道博士"等。职业也可以作为称呼，如王老师、吴大夫、李律师、钱会计等；为表示对德高望重的老领导、老专家由衷的敬重，一般在对方的姓氏之后加上"老"或"公"字。

根据我国的传统礼仪，称呼他人的亲属时也应当用敬称，用得最为广泛的是以"令""尊""贵""贤"等构成的一系列敬称。例如，在日常交往中，称对方的父亲为"令尊"、母亲为"令堂"、哥哥为"令兄"、弟弟为"令弟"、儿子为"令郎"、女儿为"令爱"等。

② 对己用谦称。对自己的谦称常用"在下""学生""小弟""鄙人"等。按照传统礼仪习惯，在向他人称呼自己的亲属时，常在亲属称呼前冠以"家""舍"等字。"家""舍"两个字都有表达谦恭、平凡的意思，但在用作对人称呼自己亲属的谦称时有长幼之分。一般来说，"家"用于谦称比自己辈分高、年长的亲人，例如，向人称自己的父亲为"家父"或"家严"、母亲为"家母"或"家慈"、兄长为"家兄"、嫂嫂为"家嫂"。"舍"则用于向人谦称比自己卑幼的亲人，如向人称自己的弟弟为"舍弟"、侄子为"舍侄"等。凡与自己有关的事物都可以加上谦辞以表示对他人的尊敬。例如，称自己的家为"寒舍""斗室""陋室"，称自己的作品为"拙作""习作"，称自己的见解为"浅见""愚见"等。

（4）正确使用"先生""小姐"等称呼。在社会交往中，对男性可一律尊称为"先生"，但对女性的称呼就比较复杂了，应根据对方的婚姻状况，分别称其为"小姐"（未婚女性）、"太太"或"夫人"（已婚女性）、"女士"（婚姻状况不明者）等。在称对方"太太"或"夫人"时必须谨慎。恰当使用称呼，既符合人际交往中的基本礼仪要求，又能体现出个人的良好素质，我们对此绝对不能疏忽。

2．打招呼礼仪

（1）使用易懂的话语。一句话可以得罪人；同样，一句话也可以令人感到亲切，产生交谈的欲望。在人际交往中，不要或者尽量少使用专业术语，如医学专业术语、银行专业术语等。招呼语要通俗易懂，这样对方才能感到亲切和友善。

（2）简单明了的礼貌用语。简单明了的礼貌用语在生活中很常用。要多说"您好""大家好""谢谢""对不起""请"等礼貌用语，以展现良好的礼仪修养。

（3）生动得体的问候语。如今，很多服务行业都会使用服务用语。所谓服务用语，就是指重点表现服务意识的语言。例如，"有没有需要我服务的""有没有需要我效劳的"这样的问候语既生动又得体，需要每个服务人员牢记于心、表现于口。切忌使用类似"找谁""有事吗"这样的问候语，这样会把很多与我们初次见面的人吓跑。

（4）适度寒暄。陌生人之间需要适度寒暄，以增进彼此的了解和好感。大学生应该多练习寒暄语的运用，以提高自己的人际交往水平。

服务行业一般要求从业人员顺着客户的心理与其进行适度交谈。例如，当客户说"对不起，请问你们总经理在不在"时，接待人员应当马上回答："您找我们总经理吗？请问贵公司的名称是什么？麻烦您稍等一下……"与此同时，要自然展现出合适的肢体语言。

（5）充满关怀的说话方式。在人际交往中，要学会根据环境使用不同的关怀话语，以拉近与交往对象之间的距离。温馨的关怀话语能让人愿意与自己交往，并且产生好感，从而为自己赢得好人缘。

（6）避免双关语、忌讳语、不当言辞。在人际交往中说双关语、忌讳语及不当言辞，很有可能会令人感觉不舒服，甚至产生厌恶感。

技能点 2　交谈礼仪

1．表情自然

表情通常是一个人情感的表现。人们在交谈时呈现出的种种表情，往往是个人心态的无声反映。为了体现出交谈的诚意和热情，应当对表情予以充分关注。

（1）交谈时目光应专注，或注视对方，或凝神思考，应与交谈进程相配合。眼珠一动不动、眼神呆滞，甚至直愣愣地盯视对方，都是极不礼貌的表现；目光游离、漫无边际，是表示对对方不屑一顾的失礼之举，也是不可取的。如果是多人交谈，就应当不时地用目光与众人交流。

（2）在交谈时适当运用眉毛、嘴、眼睛形态上的变化，来表达自己的赞同、理解、惊讶、迷惑，从而表明自己的专注之情，并促使对方强调重点、解释疑惑，使交谈顺利进行。

2．举止得体

伴随着交谈，人们往往会做出一些无意识的动作。这些肢体语言通常是人们对谈话内容和谈话对象真实态度的反映。

（1）适度的动作是必要的。例如，发言者可用适当的手势来补充说明其阐述的具体内容，倾听者可通过点头、微笑来反馈"我正在注意听""我很感兴趣"等信息。可见，适度的动作既可表达敬人之意，又有利于双方的沟通和交流。

（2）避免过分、多余的动作。与人交谈时可有动作，但动作幅度不可过大，更不要手舞足蹈、拉拉扯扯、拍拍打打。为表达敬人之意，切勿在谈话时左顾右盼、双手置于脑后、跷"二郎腿"，或剪指甲、挖耳朵等。交谈时应尽量避免打哈欠，如果实在忍不住，也应侧头掩口，并向他人道歉。尤其应当注意的是，不要在交谈时用手指指人，因为这种动作有轻蔑之意。

3．遵守惯例

除了表情和举止之外，交谈时的一些细节往往能体现出一个人的谈话态度。为表达自己的诚意、礼貌与热忱，在这些细节的处理上要遵守一定的惯例。

（1）注意倾听。倾听是与交谈过程相伴而行的一个重要环节，也是交谈顺利进行的必要条件。在交谈时务必认真聆听对方的发言，用表情、举止予以配合，从而表达自己的敬意，并为积极融入交谈做好充分的准备。切不可对他人的发言不闻不问，甚至随意打断对方的发言。

（2）谨慎插话。交谈中不应随便打断别人的话，要尽量让对方把话说完后再发表自己的看法。如确实想要插话，应向对方打招呼："对不起，我插一句行吗？"但所插之言不可冗长，一两句即可。

（3）礼貌进退。加入别人的谈话之前应先打招呼，征得对方同意后方可加入。相应地，他人想加入己方的交谈时则应以握手、点头或微笑表示欢迎。如果他人在进行个别谈话，就不要凑上去旁听。如若确实有事需要与其中某人说话，也应等到别人说完后再提出请求。谈话过程中若有急事需要处理，应向对方打招呼并表示歉意。值得注意的是，男士一般不宜参与女士的交谈。

（4）注意交流。交流是一个双向或多向的过程，需要各方积极参与。因此，在交谈时切勿造成"一言堂"的局面，不但自己要发言，也要给其他人发表意见的机会。别人发言后自己也要适时地发表个人看法，以促进互动式交谈的产生。

4．交谈的一般要求

选择交谈内容时应遵循以下4点要求。

（1）选择高雅的内容。职业人员在交谈时应自觉选择文明的内容，不宜谈论庸俗低级的内容，更不应参与小道传闻的传播。

（2）选择轻松的内容。在交谈时，要有意识地选择那些能使交谈对象开心、欢乐、轻松的话题。除非有必要，否则切勿选择那些让对方感到沉闷、压抑、悲哀、难过的内容。

（3）选择擅长的内容。交谈的内容应当是自己或者对方熟知甚至擅长的内容。选择自己擅长的内容能使自己在交谈中驾轻就熟、得心应手，并令对方感到自己的谈吐不俗，对自己刮目相看。选择对方擅长的内容，则既可以给对方发挥长处的机会，调动其交谈的积极性；又可以借机向对方表达自己的谦恭之意，取人之长，补己之短。否则，会使对方感到尴尬难堪，或者令自己贻笑大方。

（4）回避忌讳的内容。每个人都有自己忌讳的话题，在交谈时务必注意回避对方忌讳的话题，以免引起误会，如不干涉对方的私生活、不询问对方所在单位的机密等。

由于中外生活习惯存在差异，许多国内司空见惯的话题往往是外国人忌讳的话题。在与外国人交往时，尤其要注意这一点。

5．日常交谈场合应对要点

（1）与人保持适当的距离。交谈通常是为了与别人沟通的。要达到这一目的，首先要注意交谈的内容和交谈声音的大小，其次要与对话者保持适当的距离，如图 3-7 所示。

图 3-7 | 保持适当的交谈距离

从礼仪上说，交谈时与对方离得过远，会使对方误认为你不愿向他表示友好和亲近，这显然是失礼的。然而，如果在过近的距离与人交谈，稍有不慎就会把唾液溅到别人脸上，这会更令人讨厌。有些人因为有和别人凑近交谈的习惯，又明知别人顾忌被自己的唾液溅到，于是知趣地用手掩住自己的口。这样做形同"交头接耳"，样子难看且不够大方。因此，从礼仪角度来讲，一般保持一两个人的交谈距离最为合适。这样既可让对方感到亲切，又保持了一定的社交距离，同时在常人的主观感受上也是最舒服的。

（2）恰当地称呼他人。朋友一见面就应称呼对方。每个人都希望得到他人的尊重。对有头衔的人称呼他的头衔，就是对他莫大的尊重，直呼其名仅适用于关系密切的人之间。若与有头衔的人关系非同一般，直呼其名会显得更加亲切，但若是在公共场所和社交场合，还是称呼他的头衔更为得体。

对于知识界人士，可以直接称呼其职称。但是，部分学位不能作为称谓来使用。

（3）谈话时注意言辞表达。对于任何交往对象，我们都应当表达准确、言辞有礼。

微课：语言的基本
要求

6．交谈的技巧

交谈是人际交往中最迅速、最直接的一种沟通方式，在传递信息、增进了解、加深友谊方面起着十分重要的作用。我们在谈话过程中不仅要注意表情、态度、用词，还要讲究交谈的技巧。

（1）交谈的语言技巧。

① 接近对方。接近对方是人际关系发生、发展的起点，对商务人员而言，也是业务工作的开始。如何自然而巧妙地接近对方呢？可按惯例去做：问候与寒暄、请人介绍、熟记对方的姓名。

② 赞美对方。赞美是对他人长处的一种肯定。通常，每个人在心理上都有一种被赞美的期待，都渴望得到别人较高的评价。赞美时应注意的是学会欣赏他人，赞美要出于真诚、要措辞得当、语言要具体，并且应配合眼神和动作。

③ 说服的技巧。说服是改变对方原有意见、见解、思想及态度的一种语言技巧。在商务交谈中，出于各自的利益，双方不可能处处都能达成共识，常常会对某个问题产生意见分歧。在这种情况下，除原则性的问题之外，要说服对方改变原有主张，接受自己的建议，可采用 3 种方法：先肯定后否定，或在肯定的基础上局部否定；以数据说话，以事例服人；通过对比说服对方。

④ 拒绝的技巧。人们在彼此的交谈中，由于利益取向或其他方面的原因，不可能做到有求必应、事事观点一致。实际上，在商务交谈中，拒绝别人的时候可能要多于承诺、应允的时候。

拒绝不是一件令人愉快的事，因此我们有必要学习和掌握拒绝的技巧：使用敬语，缩小心理距离；说明原因，取得理解等。

（2）交谈时要善于找话题。有人说："交谈中要有没话找话的本领。"话题来源于对生活的观察和感受，我们往往可以从一个人的言谈中看出其丰富的思想内涵及对生活的热爱。

俗话说："话不投机半句多。"选择好的话题是初步交谈的媒介，是深入细谈的基础，是纵情畅谈的开端，是交谈成功的关键。

好话题的标准是：至少一方熟悉能谈，大家感兴趣爱谈，能激发各方的交谈欲望。

寻找话题时可以从以下 3 个方面入手。

① 寻找共同点。交谈只有在共同的知识、经验、兴趣范围内才能进行下去。寻找共同点，即从交谈参与者的年龄、职业、籍贯、毕业学校、学历、性格等方面寻找共同点，由此引出话题，如同行可谈谈业务上的问题，同事可聊聊单位的情况，老同学可以一起回忆同窗共读的情境等。从共同点上找话题，会越谈越投机。

② 就地取材。就地取材即结合双方所处的环境引出话题，如在交谈对象的家中，家中的装潢、陈设及室内的花卉都可作为正式交谈的开场白。如果是在室外，可谈谈天气。

③ 以兴趣入题。可以问明对方的兴趣，或了解对方最近正在从事的活动，从兴趣出发，进入话题，如体育运动和近期赛事、饮食文化、时装等。

在交谈中找出对方的兴趣所在，有目的地接近和了解对方，可使对方愿意谈论自己感兴趣的话题，为进入谈话主题进行铺垫。选择话题时还要看交谈对象，交谈对象不同，选择的话题和使用的语言、口气也应有所不同。

（3）交谈时要学会幽默。高尔基说："幽默是生活中的盐。"莎士比亚认为："幽默和风趣是智慧的闪现。"幽默可通过修辞手法揭示生活中的哲理，让人们得到某些启迪。

为人豁达开朗、处世乐观随和的人，可以从生活中获取幽默素材。例如，当有人嘲笑你个子矮时，你可以说："矮有什么不好？穿衣省料，打牌钻桌不用弯腰。"豁达开朗的胸怀、乐观随和的性格，会将人们带入幽默的氛围中。

生活中，我们要头脑灵活、思维敏捷、反应迅速、口齿伶俐；要养成善于观察、多动脑、勤开口的习惯，遇事多看、多想、多问、多讲，久而久之，一定会有收获。

生活中，还要培养广泛的兴趣爱好，积累丰富的学识。只有对古今中外、天南地北、历史典故、天文地理、风土人情等各方面的知识都有所了解，才能在谈话中左右逢源、游刃有余。

技能点 3　电话礼仪

1．打电话的礼仪

（1）选择适当的通话时间。给他人打电话时，白天一般应在 7 点以后，假日最好在 9 点以后，晚间则应在 22 点以前；对有午睡习惯的人，要尽量避开午睡时间。总之，以不影响对方的休息为宜。打国际长途时，还必须注意时差和生活习惯，选择合适的时间。

（2）通话时要讲礼貌。电话接通后，先行问候，说声"您好"，然后客气地询问"请问，这是××公司吗？"或"这是××先生（女士）的家吗？"得到肯定的答复后，应迅速说明自己的单位或姓名，并告诉接电话者要找哪位，如"请您找一下李宏先生听电话，好吗？"如果对方答应找人，则应在说"谢谢"后握住话筒静候，不可丢下电话去做其他事情；对方告诉自己要找的人不在时，不应鲁莽地将电话挂断，而应当说"谢谢，打扰了！"，或"如果方便的话，请您转告他。""麻烦您告诉他，回来以后给我回电话，我的电话是……"之类的话；如果接电话的正好是自己要找的人，应先致以简短的问候，再正式进入交谈。

2．接电话的礼仪

（1）要尽快接听，并"自报家门"。接电话时，电话铃一响，就应尽快放下手中的事情，拿起话筒，先说声"您好"，然后通报自己的单位名称，根据情况还可报上姓名，如"我是李兰，请问……"。电话铃响之际，如果当时自己正好有客人在座，则应先向客人致歉并征得同意后再去接电话。电话铃响 3 下以后才去接电话时，应首先向对方致歉："您好！对不起，让您久等了！"当对方说明要找的人后，应说"请稍等"，然后尽快找到受话人。如果受话人虽在，但距离较远或有事无法脱身，则可向对方解释并提出建议，如："祝小姐刚走，估计 10 分钟内能回来，您过一会儿再打来好吗？"如果对方要找的人不在，可以据实相告，并客气地告诉对方自己与他要找的人是什么关系，随后问一声："我能帮您什么忙吗？"若对方有事相告，则应取过纸笔当场记下，随后复述自己记录的要点，等对方要找的人回来后，应立即将记录转交，以免耽误。

（2）要聚精会神地接听电话。在通话过程中，受话人应避免打断对方的讲话。为了表示自己一直在倾听对方说话，或表示理解和同意对方的话，应不时地轻轻"嗯"上一两声，或说上一两句"是""对""好"之类的话，以这种积极的态度呼应对方是十分礼貌的。内容谈完后，可询问对方"您还有什么事吗""还有什么要求"。这既是尊重对方的表现，又可提醒对方。然后让对方挂断电话，并以"再见"为结束语。通话时，如果有其他人过来，不得目中无人，应点头致意；如果需要与来人讲话，应对对方说"请您稍等"，然后捂住话筒，小声与来人交谈。

3. 使用手机的礼仪

手机礼仪既有电话礼仪的共性要求，又有其特殊的要求。手机的基本特点是可移动，手机使用者通话时要特别注意顾及周围人的感受，语气应保持平和。

微课：手机礼仪

（1）既然我们配有手机，就不要让他人联系不上自己。因此，在一般情况下，要让手机处于开机状态。在不便接听手机的情况下，一有机会，就要及时回拨说明原因并致歉。

（2）我们应文明地使用手机，例如，发短信时，要发有效、有益的信息；在某些公众场合（包括会场、机场、课堂、餐厅、影剧院、医院、音乐厅、图书馆、宾馆大堂、公交车上等），不能旁若无人地接打手机；最好根据具体情况把手机调成振动、关机或静音状态，不要让它发出的响声对他人造成影响；不要用手机发垃圾信息给别人。

（3）与他人谈话时，若手机铃响，应向谈话对象致歉并征得对方同意后再接听手机。

▌技能点 4　新媒体社交礼仪

如今有一股难以忽视的新趋势，那就是社交网络成为相当受欢迎的通信工具，每天有上亿的用户在使用社交网络。他们通过社交网络或与他人联系和沟通、或发掘潜在客户或商业机会，或分享自己的所见所感以获得别人的关注和认同。在现实世界中，人和人之间的社交活动有不少约定俗成的礼仪，在网络世界中，也同样应该遵循相应的行为规则和公认的礼仪，这要靠大家共同维护。网络礼仪是维护网络文明环境的重要规则，如果我们忽视网络礼仪，就可能污染网络环境，这样轻则会对他人造成骚扰，引发网络言语暴力，极端的甚至会将影响延伸至现实生活，给当事人带来种种不愉快的体验。

1. 新媒体社交礼仪之个人篇

（1）直入主题，节省彼此时间

当有问题询问别人的时候，应该在组织好语言后，直接表达清楚自己的来意。不要只发"你好""在吗"等没有意义的内容，让别人反过来再问你："有何贵干?"。全媒体时代，人手一个移动终端，是否在线的概念已经非常模糊，有事的话就直接说，对方可能当时在忙碌，写下自己的来意，对方看到后，可以尽快回应，而不是再问你："什么事?"。否则，很有可能在这一去一回的过程中，耗费了大半天时间，事情却没有解决。

再有，在向别人提问之前，建议自己花些时间去搜索和研究，很有可能同样的问题在网络中已经被网友问过多次，搜索一下就可以得到答案。我们应该摒弃以自我为中心的观点，考虑到别人为你寻找答案需要消耗的时间和资源。

（2）慎用语音、视频功能

语音功能确实很方便，但是要区分场合和对象。

当你和同事或亲朋好友正聊得很开心的时候，觉得打字很慢，可以在征得对方同意后，开始语音聊天，而在其他情况下则要慎重一些为好。

人多的地方不适合使用语音聊天，含有噪声的语音会让对方听得很费劲。和客户沟通的时候也不适合发语音，这会让对方觉得你不专业、太随意，或感到自己不受重视；如果对方在开会或有其他不方便听语音的情况，信息的回复速度将受到影响，加之语音的外放模式，会使双方的对话很有可能被旁人听见，从而泄露隐私、损害自身形象。如果和别人不太熟，也别用语音，对方有可能听不懂你的口音。不要频繁地发语音，更不要一下发十几条，每条都有几十秒，你说起话来轻松，但对方听起来压力很大，如果其中包含一些重要信息，对方不知道是哪一条，就又得全部重听一遍。

对于语音通话和视频通话，就要更慎重，除非有特别紧急的事要处理，并且一般要先征得对方的同意后再使用。再有就是，当对方挂掉你的语音电话之后，就不要再固执地反复拨打了。

（3）合理使用文字及表情，避免歧义

中国文化博大精深，不同的语调、停顿等细微的调整和变化都会使日常对话表达出来的意思千差万别，而当这些对话转化为书面语时，部分信息可能会丢失，不同的人对于信息的解读可能就不一样了。因此，我们在发送信息前应该考虑阅读者将怎样解读，避免因语言表达引起不解和歧义带来无效的争论，进而影响沟通效果，尽量做到语言简洁又能陈述清楚事实。

"嗯""哦""好"这几个字单独作为一条信息回复的话，可能会给人以冷漠和敷衍的感觉。"呵呵""哈哈"这几个词，如果是从长辈那发过来的信息，勉强可以让人接受；但是在和其他人进行聊天时使用，可能会产生较大的歧义，可能会包含嘲笑、鄙视的意味。

我们在使用表情包的时候，也应该谨慎，如果是和别人谈业务或是和领导、长辈聊天时，应该少用表情包，或是简单地使用较为大众的表情包，这能给人一种低调保守、普通的个人印象。

（4）尊重他人、做好备注

在添加好友的时候，应该修改好对方的备注，以便记住对方的姓名或其他信息，以免遗忘而引起对方的误解和不快。如果你是一个记忆力不好的人，聊天记录的保存也是必要的，不要清理得那么干净和勤快。

出于对别人的尊重，在添加别人为好友或拓展业务对象时，应该主动告诉对方自己是谁，不然很容易被拒绝。对于别人不愿意透露的诸如年龄、住址、收入等信息，不要一直追问。

在日常工作或业务洽谈时，常常需要对接相关工作人员，如果有建群的需要，最好先知会相关工作人员，不要一声不吭就拉个群，否则会让相关人员面面相觑、不知所以。如果在群聊过程中发现和某人有很多话要谈，那么应该私聊，切忌把群当成两个人的私信来用。

2．新媒体社交礼仪之社群篇

（1）设置好昵称和头像

首先，修改自己的群昵称。如果是商务办公群，那么群昵称最好带上自己的公司、职位，这样既方便联系别人，也方便别人联系自己。

其次，在设置头像时，可以采用真人头像，具有较强的亲和力。一张微笑的、职业感强的真人头像，可以为你加分不少，当然也可以用卡通 Q 版头像；不建议用一些虚拟的风景、人物之类的头像。

最后，个人签名要积极、阳光。不要用"好烦啊""今天真没劲"这样的话语。在微信上更新签名，不像在QQ上那么方便，所以很多人的微信签名很久都不会变。一句消极的签名长期放在那里，不知要损害你在多少人心目中的形象。如果你是营销人员，你的签名会被很多重要的客户看到，就更不能太过随意了。为了便于客户与你联系，你可以在签名中写上自己的电话、QQ 等，或者写上让人有所启发的名言。

（2）分享快乐、转发正能量

新媒体类型多样，涵盖内容广泛，其中不乏一些消极的、负能量的内容，在发布内容之前一定要谨慎筛选，要积极向上、阳光健康。自媒体运营者发布的内容往往代表着个人的观念，所以要摆正个人三观，以身作则，在网络上引领文明新风尚。主观性较强、争议性较强、甚至带有偏见的话题，往往具有煽动他人或加剧他人想法的可能性，容易在网络中招来争议或批评，切记不要转发和点赞这类话题的内容。对于一些已经过时的信息、真伪和可信度无法确定的事件，以及含有欺诈、诱导性质的各类信息，要做到仔细甄别，不轻信、不传播。

个人发起的主题，要拟好标题，不要为了炒作而误导他人，这可能导致不良情绪产生。还应考虑到，人们可能会脱离上下文解读图片，因此必须避免上传难堪的、自我暴露的、负面消极的个人照片。个人恋爱和情感关系等私密信息不建议在朋友圈或其他新媒体平台发布。

即便有再多的好文章和主题，也不要在短时间内连续发两条以上内容，尤其是相近的内容，这样会霸占他人的手机屏幕，惹人反感。

锦囊

锦囊1　交谈"五不问"和"六忌讳"

不问收入，不问年龄，不问婚否，不问健康，不问个人经历。

忌讳非议党和政府，忌讳话题涉及国家机密，忌讳非议交往对象，忌讳非议领导和同事，忌讳谈论低俗之事，忌讳涉及个人隐私。

锦囊2　言谈举止"五原则"与交谈方式"十不"

（1）言谈举止"五原则"

① 既不可傲慢、盛气凌人、目空一切，又不可轻薄俗气、让人鄙视。

② 既不可过分自信、自以为是，又不可自惭形秽、自暴自弃。

③ 既不可行为放肆、毫无顾忌，又不可谨小慎微、畏首畏尾、过分拘谨。

④ 既不可粗言俗语、不拘小节，又不可滑头滑脑、虚情假意。

⑤ 言谈举止要切合自己的身份、地位、年龄、辈分，还要切合自己的思想、气质、性格、处境。

（2）交谈方式"十不"

① 不抢先说话。

② 不议论不在场的人。

③ 发生争吵时迅速改变话题。

④ 不谈自己的责任与挫折。

⑤ 不谈别人的缺点和不足。

⑥ 不议论别人的生理缺陷。

⑦ 不损害民族尊严。

⑧ 不发火、不说粗话、不说谎。

⑨ 不取笑别人，给人留"台阶"。

⑩ 不阿谀奉承，不献媚攀高。

锦囊3　聆听的艺术

有效的推销是自己说1/3的话，把2/3的话留给对方去说，然后认真聆听。用心听、认真听是对对方最大的尊重。具体有3个方面的要求：表情认真，在倾听时要目视对方，全神贯注，忘心不在焉；动作配合，接受对方的观点时应以微笑、点头等动作表示同意；在听的过程中，用"嗯"或"是"呼应对方，表示自己在认真倾听。

锦囊4　打电话挂机时的技巧

打电话的时候谁先挂断？最容易出现的一个错误回答是对方先挂断。假定打电话双方都忠实于这一规定，双方都等着对方挂，结果只是浪费了宝贵的时间，说了一些没用的话。因此，这种方式不具有可操作性。打电话时谁先挂断，交际礼仪给出了一个规范的做法：地位高者先挂电话。

如果你与董事长通话，不管董事长是男是女、是老是少，下级尊重上级是一种职业规范，此时应该由董事长先挂电话；如果总公司来电话，不管总公司打电话的人是什么级别，他代表了上级机关，此刻应该由总公司的人先挂电话；如果是客户来电话，应该让客户先挂电话；如果是平级，则谁打的电话谁先挂断。

锦囊5　电话接听技巧

（1）接听电话三大禁忌：久候、问题重复、谈话不得要领。

（2）对方如果不接电话，应设法圆场，不要让对方感到难堪和不安。

（3）对于自己不了解的人或事不能轻易表态，尤其是否定态度。

锦囊6　网络行为规范

（1）不发违反宪法、危害国家的内容，要遵守法律法规。

（2）不发垃圾信息、广告信息、不实信息。

（3）不发涉及黄色、恶心及暴力的信息。

（4）不谩骂、贬低、侮辱、攻击、挑拨他人。

（5）不盲目炫富，不进行无意义的攀比。

（6）不随意泄露本人或他人的联系方式及其他私人信息。

（7）不骚扰他人（反复@及反复发信息），不冒充他人。

（8）不诽谤他人，不侵害他人隐私。

（9）不做其他妨碍网络系统的行为。

（10）不做违反公德和网上劝诱的行为。

锦囊7　网络行为7条建议

（1）记住别人的存在。当着面不会说的话，在网络上也不要说。

（2）线上线下行为一致。在现实生活中大多数人都是遵纪守法的，在网络上也应该如此。

（3）说话有理有据。如果对某个方面不是很熟悉，找几本书看看再开口，不要随意乱说。

（4）分享你的知识。

（5）平心静气地争论。争论是正常的现象，要以理服人，不要人身攻击。

（6）尊重他人隐私。未经同意不得将他人姓名或其他信息公开。

（7）宽容。当看到别人写错字、用错词、问一个低级问题或者写没必要的长篇大论时，不要过于在意。如果你真的想给他建议，最好私下提出。

锦囊8　自我保护、保密防黑

注意维护自身形象、单位形象，不要以单位或部门名义在网上任意发表个人对时事的见解，尤其不能泄露商业机密、国家机密。不要随便在网上留下单位电话、个人联系方式及其他个人信息，以免被骚扰。

在网上和人聊天时，签名不要频频更换，以便交流；交流时如果要用到英文，不可全部用大写字母。在社交场合交谈的一般规则都适用于网上聊天。在使用网络时不能泄露机密，尽量避免谈及自己知道的和机密相关的话题，无论是国家机密还是商业机密，更不能故意泄密。

锦囊9　全媒体知识产权

（1）网络资料无论是否有版权声明，转载、引用都应尽可能查到资料的原始出处且予以标注，查不到来源的要注明所转载、引用的链接地址。

（2）有版权声明不允许转载、引用的资料，确需要使用的，要能够简述你引用的理由，且说明出处或告知链接地址以方便查阅、索取。

（3）有版权声明转载、引用需要和原文版权所有人协商的，需要通过对方提供的电子邮件、即时通信工具联系协商后再根据授权进行转载、引用。要注意保留对方许可的沟通记录，以备出现版权纠纷时作为证据。

锦囊10　确保网络安全

在上网时要注意严格保守个人机密或商业秘密，不可任意传播个人隐私或商业秘密，对计算机中重要的资料应采取加密措施。同时在使用网络时，一定要防止黑客的入侵。

（1）不用计算机去伤害别人。

（2）不干扰别人的计算机工作。

（3）不窥探别人的文件。

（4）不使用或拷贝没有获得授权的软件。

（5）不使用未经许可的计算机资源。

（6）不盗用别人的智力成果。

（7）编写程序时，应考虑所编程序可能对社会产生的后果。

 典型案例

典型案例1　不恰当的称呼

几个年轻人到承德避暑山庄游玩，想抄近路去外八庙，于是向一位姑娘问路："小师傅，请问到外八庙怎么走？""谁是小师傅？"姑娘怒目圆睁，愤愤而去。几个年轻人莫名其妙，想不出哪里得罪了姑娘。

思考：请问你知道怎样正确称呼这位姑娘吗？

典型案例2　这里没师傅，只有大夫

某高校一位大学生，用手捂着自己的左下腹跑到医务室，对坐诊的大夫说："师傅，我肚子疼。"坐诊的医生说："这里只有大夫，没有师傅。找师傅请到学生食堂。"学生的脸红到了耳根。

思考：（1）该学生错在哪儿？

　　　　（2）称呼时应注意哪些问题？

典型案例 3　电话

A：请问王老师在吗？

王老师：我是王老师，请问您是哪位？

A：王老师，您猜呢？

王老师：是李华吗？

A：不是！

王老师：是刘霞吗？

A：不是！老师您都忘了我的声音了。

思考：（1）打电话者采用的语言表达方式是否合适？

　　　　（2）此段对话内容存在什么问题？

典型案例 4　手机礼仪

小王前晚加班到深夜，回家后把手机关机，蒙头大睡。公司领导早上见小王没来上班，于是找到小王的同事小刘询问当天需要的文件。小刘急忙给小王打电话，可是电话关机。领导因急需文件，派小刘到小王家里找小王。小刘找到小王时，他还在睡觉。当小刘说明来意后，小王赶紧拿起手机拨通了领导的电话。小王躺在床上和领导通话，告诉领导自己因加班而没有准点上班，且欲把加班情况向领导描述。领导在电话里非常生气，没有等小王说完就挂断了电话。

思考：（1）小王使用手机时忽视了什么？

　　　　（2）领导为什么不原谅加班的小王？

典型案例 5　有事说事，不问"在吗？"

9:00　　A：在吗？

9:30　　B：在啦，刚才在忙，不好意思。

9:40　　A：这会儿忙吗？不忙的话我想请教您一个问题，不知道您是否方便？

10:05　　B：你说。

10:10　　A：哦，没事了，问题已经解决啦，谢谢！

思考：（1）这种聊天方式是否合适？

　　　　（2）此段对话存在什么问题？

典型案例 6　看到专家我就加合适吗？

某校为了提高教师教学水平，经常邀请一些专业人士来校演讲，演讲完了有时候会把这些人拉进群，每次碰到这种情况，小张都会第一时间添加对方为好友。而且对方通过好友申请后，小张不主动打招呼，也不发任何信息。

思考：（1）看到专业人士就加合适吗？

　　　　（2）添加对方为好友后，是否应说些什么？

典型案例 7　这是我的朋友圈吗？

A君在微信朋友圈里转发了一个社会热点问题的内容，结果他的两个共同好友用评论朋友圈的方式聊开了，而且不是两三条，是七八条甚至更多。A君还以为收到了几十个点赞，打开一看，原来是有两个人在自己的朋友圈聊天。

思考：（1）如果你是A君，会有何感想？

　　　（2）你觉得在别人的朋友圈和另一个好友聊多少条合适？

典型案例 8　新媒体社交语言表达

某自媒体运营者在不加个人观点的情况下直接转发了一条事实存疑的评论文章。凤凰卫视每个节目的结尾都有一句话：以上观点为嘉宾言论，不代表本台立场。

思考：（1）如何看待以上两种处理问题的方法？

　　　（2）请你谈一谈自媒体运营者的责任意识。

 实践训练

通话角色表演

1．训练内容

手机通话训练。我们需要在本实践训练中演练接、打电话过程中的各种相关礼仪的知识和技能。

2．情境设置

情境1

（康丽在北京的卓越童趣益智产品研发公司的办公室内，正在和伦敦的吉姆·皮特斯先生通电话。吉姆·皮特斯经营一家包装公司，他准备拜访康丽所在的公司。）

康丽：您好。

（在通话开始的时候，接电话的人应主动、友好地问好，并介绍自己的姓名、职位以及公司名称。正确的开头应该是："您好，卓越童趣益智产品研发公司。我是总经理秘书康丽，请问有什么事情？"）

吉姆：我是伦敦的吉姆·皮特斯。我想在周五和贵公司经理商讨产品新包装设计的问题。

康丽：好的，吉姆。你来的时候我们可以仔细探讨一下。你应该已经了解了有关信息，还有什么想要知道的吗？

（吉姆是公司的业务伙伴，这次通话非常正式。正确称呼应为"Mr Peters"。）

吉姆：能不能告诉我当我到达北京机场后如何到酒店？

康丽：当你到达北京机场后，乘坐机场大巴4号线，就可以到达香格里拉酒店了。

吉姆：好的，谢谢。

（在通话即将结束的时候，应该仔细核对刚刚在电话中提及的问题，如时间、数据等细节，以免产生误会，并且要有一些客套话。正确的说法是："好，都记下了。期待着和您见面，再见。"）

康丽：再见。

吉姆：再见。

演练组织：安排 2 位学生按照上述内容进行演练，其他学生观摩点评。

点评要点：按照电话礼仪规范进行点评，注意开头和结束的表现。

情境 2

模拟内容如下。

① 模拟房屋中介电话推销房子。

② 模拟保险推销员电话推销保险。

③ 模拟与打错电话且说话不清楚的老人交流。

④ 模拟办公时间女友打来电话。

⑤ 模拟有电话找你的同事，同事不在座位上。

⑥ 模拟上司喝醉酒后给你打来电话。

⑦ 模拟跟客户打电话时说到一半时手机没电。

⑧ 模拟你正在电话里和一个客户谈生意，另一部电话突然响起。

演练组织：2 人一组，每组模拟控制在 5 分钟以内，根据设定的不同场景（如拨打电话、接听电话、转接电话、电话留言等），进行现场模拟演示。

点评要点：根据学生在不同场景中的通话表现，点评其电话礼仪的运用能力。

情境 3

营销专业的学生刘俊和张鹏去某学校英语教研室做问卷调查时遭遇了尴尬情况，有两位老师"不配合"。指导老师了解情况后得知，原来是因为刘俊和张鹏没有喊"报告"就进入了办公室。他们进去后，两位英语老师在批改学生的作业。刘俊和张鹏说明来意后，两位老师说马上要去开会，大约 40 分钟后回来再填写问卷。刘俊和张鹏不想再跑一趟，于是刘俊急忙说："就耽误几分钟时间，希望现在就帮忙填写。"张鹏慌乱中叫错了两位老师的姓氏，感觉不好意思，匆忙间又失手打翻了一位老师的水杯。

张鹏满头是汗，在开口道歉时，刘俊求老师帮一下忙。结果两人被老师请出了办公室，让他们学会基本的礼貌后再来。

对刚才的行为进行反思后，两人准备再次前去……

演练组织：将全班分成 4 组，每组指定 1 名组长和 1 名副组长，分别组织学生按上述情境进行演练，每组派 4 名学生上台演练（先按上述情境演练，再按正确拜访程序演练），最后由老师点评。

点评要点：敲门、称呼、招呼、握手、自我介绍、交谈礼仪、致谢及告辞礼仪等内容。

任务三　握手与交换名片礼仪

任务描述

当今，握手已成为最普遍的一种礼节，其应用范围远远超过了鞠躬礼、拥抱礼、亲吻礼等。

名片是现代社会中不可缺少的社交工具。两人初次见面时，先互报姓名，再奉上名片，单位、姓名、职务、电话等信息都在名片上，这样既回答了一些对方心中想问又不便贸然询问的问题，又使两人相互之间的距离一下子拉近了许多。

握手和交换名片在商务场合经常出现，其礼仪规范也是我们需要了解、掌握并熟练运用的。

任务导入

两位老总经中间人的介绍，相聚谈一笔生意。这是一笔双赢的生意，而且做得好还会大赚。看到合作的美好前景，双方的积极性都很强。A老总首先摆出友好的姿态，恭恭敬敬地递上了自己的名片。B老总单手把名片接过来，一眼都没看就放在了茶几上。接着，他拿起了茶杯喝了几口茶，然后随手把茶杯压在了名片上。A老总看在眼里，气在心里，随意谈了几句话，起身告辞。事后，他郑重地告诉中间人，这笔生意他不做了。当中间人将这个消息告诉B老总时，他简直不敢相信自己的耳朵，一拍桌子说："不可能！哪有见钱不赚的人？"他立即打通 A 老总的电话，一定要他讲出个所以然来。A老总道出了实情："从你接我名片的动作中，我看到了我们之间的差距，并且预见未来的合作会有很多不愉快，因此还是早放弃为好。"B 老总放下电话后，不仅痛惜失掉的生意，更为自己的失礼感到羞愧。一个接名片的动作就丢掉了一桩生意的事实使他认识到，在生意场上，人们不只看产品质量，还看人的素质。

问题：（1）两位老总为何没有合作成功？

（2）你知道多少名片礼仪呢？

技能点 1　握手礼仪

微课：握手礼仪

人们在见面与告别时都会行握手礼。在人际交往中，握手是通行的会见礼节。

学习握手礼仪时，应掌握的主要内容是握手的时机、握手的方式、握手的顺序和握手的分类。

1．握手的时机

（1）适宜握手的时机。

① 遇见久未谋面的熟人。

② 在比较正式的场合与相识之人道别。

③ 自己作为东道主迎送客人。

④ 向客户辞行。

⑤ 被介绍给不相识者。

⑥ 在外面偶遇同事、朋友、客户或上级。

⑦ 感谢他人的支持、鼓励或帮助。

⑧ 自己向他人或他人向自己表示恭喜、祝贺。

⑨ 应邀参与社交活动，见到东道主。

⑩ 对他人表示理解、支持和肯定。

⑪ 在他人遭遇挫折或不幸时表示慰问、鼓励。

⑫ 自己向他人或他人向自己赠送礼品或颁奖。

（2）不宜握手的时机。

① 对方手部有伤。

② 对方手里拿着较重的东西。

③ 对方忙着其他事情，如打电话、用餐、主持会议、与他人交谈等。

④ 对方与自己距离较远。

2. 握手的方式

作为一种常规礼节，握手的具体方式颇有讲究。

（1）握手的操作要点。

① 神态。与他人握手时，应当神态专注、认真、友好。在正常情况下，握手时应目视对方双眼，面含笑容，同时问候对方，如图3-8所示。

② 姿态。与人握手时，一般应起身站立，迎向对方，在距其1米左右时伸出右手，握住对方的右手手掌，稍微上下晃动一两下。

③ 力度。握手的时候，力度既不可过轻，又不可过重。若用力过轻，则有怠慢对方之嫌；不看对象而用力过重，则会使对方难以接受，进而产生反感。

④ 时间。一般而言，在普通场合与别人握手以3秒左右为宜。

（2）标准的握手姿势。握手时，双方相距约1米，上身稍向前倾，头微低；伸出右手，四指并拢，拇指张开，两人的手掌与地面垂直，相握并轻轻摇动，一般时间以3秒为宜。男士与女士握手时，一般只轻握女士的手指部分，拇指轻压中骨节。两男士握手时，提倡虎口相压，有力度与气势，代表着自信与真诚的问候，如图3-9所示。

图 3-8 | 握手的神态

图 3-9 | 男士握手时虎口相压

握手时，双方应正视对方，面带笑容，并以简要的语言向对方致意，可以说一些客套话，如"您好""认识您很高兴"等。当知道对方受到表彰或有喜事时，可以说"恭喜您""祝贺您"，以表示祝贺；欢迎客人时，可以说"欢迎您""欢迎光临指导"；送客时，可以说"祝您一路顺风"。

与长者握手可采取双握式，即右手紧握对方右手时，用左手加握对方右手的手背和前臂。除了年老弱者和残疾人，一般不坐着握手。

3．握手的顺序

在握手时，双方伸手的先后顺序很有讲究。一般情况下，讲究的是"尊者居前"，即通常应由握手双方中身份较高者首先伸出手来，反之则是失礼的。伸手的顺序应根据握手双方的年龄、社会地位、身份、性别及其他条件来确定。

（1）一般遵循"尊者居前"原则。主人与尊者，即主人、上级、长辈和女士先伸手，客人、下级、晚辈和男士一般应先问候，待对方伸出手后，再伸手与之相握。所以，当见到长者、上级、女士时，不宜贸然伸手。在主宾之间，迎客时主人应先伸手，但送客时，主人先伸手就有撵人之嫌。

若一个人与很多人握手，最有礼貌的顺序是：先长辈，后晚辈；先上级，后下级；先主人，后客人；先女士，后男士。在社交和商务场合，当别人没有按照惯例已经伸出手时，应毫不迟疑地立即回握，拒绝他人的握手是不礼貌的。

在正式场合，当一个人有必要与多人一一握手时，既可以由尊而卑地依次进行，又可以由近而远地逐步进行。

（2）在正式场合，握手时伸手的先后顺序主要取决于职位、身份；在社交、休闲场合，则主要取决于年纪、性别、婚否。

① 职位、身份高者与职位、身份低者握手时，职位、身份高者应先伸手。

② 女士与男士握手时，女士应先伸手。

③ 已婚者与未婚者握手时，已婚者应先伸手。

④ 年长者与年幼者握手时，年长者应先伸手。

⑤ 长辈与晚辈握手时，长辈应先伸手。

⑥ 社交场合中，先至者与后来者握手时，先至者应先伸手。

4．握手的分类

（1）单手相握。自己的右手与对方右手相握，是常用的握手方式。

① 平等式握手：手掌垂直于地面并合握。双方地位平等或为了表示自己不卑不亢时可采用这种方式。

② 友善式握手：自己掌心向上与对方握手。这种握手方式能够显示出自己谦恭、谨慎的态度。

③ 控制式握手：自己掌心向下与对方握手。这种握手方式会显得自己自高自大，基本不采用。

（2）双手相握。双手相握又称"手套式握手"，即用右手握住对方右手后，再以左手握住对方右手的手背或前臂。这种方式适用于与尊敬的长者以表达尊敬、亲朋好友之间以表达深厚情谊；不适用于初识者或异性，那样会被理解为讨好或失态。

技能点 2　交换名片礼仪

微课：名片礼仪

1. 名片的分类

在现代社会中，名片使用得相当普遍，分类也比较多，并没有统一的标准，最常见的分类方法主要有以下几种。

（1）按用途分，名片可分为商业名片、公用名片和个人名片 3 类。

（2）按质地和印刷方式分，名片可分为数码名片、胶印名片和特种名片 3 类。

（3）按印刷色彩分，名片可分为单色、双色、彩色和真彩色 4 类。

（4）按排版方式分，名片可分为横式名片、竖式名片和折卡名片 3 类。

（5）按印刷表面分，名片可分为单面印刷和双面印刷两类。

名片主要是为了便于交往，过去由于经济与交通均不发达，人们的交往面不太广，对名片的需求量不大。随着社会的发展，人口流动速度加快，人与人之间的交往逐渐增多，名片的使用开始增多。特别是随着经济的发展，信息开始发达，用于商业活动的名片成为市场的主流。人们的交往方式主要有两种，一种是朋友间的交往，另一种是工作间的交往。而工作间的交往又分为两种，一种是商业性的，另一种是非商业性的。用途成为名片分类的主要依据。

① 商业名片：在商务活动中使用的名片，该类名片的使用大多以营利为目的。商业名片的主要特点为：一般印有标志、注册商标、企业业务范围；大企业有统一的名片印刷格式，使用较高档的纸张；没有私人家庭信息，主要用于商业活动。

② 公用名片：政府或社会团体在对外交往中使用的名片，该类名片的使用不以营利为目的。公用名片的主要特点为：常印有标志，部分印有对外服务范围，没有统一的名片印刷格式；力求简单实用，注重个人头衔和职称；没有私人家庭信息，主要用于对外交往与服务。

③ 个人名片：朋友间交流感情、结识新朋友时使用的名片。个人名片的主要特点为：不印有标志，设计个性化，可自由发挥，常印有个人照片、爱好、头衔和职业，使用的纸张根据个人喜好而定；名片上含有私人家庭信息，主要用于朋友间的交往。

2. 名片的索取

一般而言，索取名片不宜过于直截了当，可行的方法有交易法、激将法、谦恭法和联络法 4 种。

（1）交易法。交易法是指"将欲取之，必先予之"。也就是说，想要得到别人的名片时，最省事的方法就是把自己的名片先递给对方。所谓"来而不往非礼也"，当你把名片递给对方时，对方不回赠名片是失礼的行为，所以对方一般都会回赠名片给你。

（2）激将法。有的时候遇到的交往对象地位、身份比自己高，或者为异性，对自己有提防之心。这种情况下，把名片递给对方，对方很有可能不会回赠名片。遇到这样的情况，不妨在把名片给对方的时候，略加诠释，如"王总，认识您很高兴，不知道能不能有幸跟您交换一下名片"。这样对方就不至于不回赠名片给你，即便他真的不想给你，也会有适当的理由，不会使你很尴尬。

（3）谦恭法。谦恭法是指在索取对方名片之前稍做铺垫，以便索取名片。例如，见到一位研究电子计算机技术的专家时，你可以说："认识您非常高兴！虽然我玩电脑已经四五年了，但是根本比不上您这样的专业人士，希望以后有机会能够向您请教。不知道如何向您请教比较方便呢？"前面的一番话都是铺垫，只有最后一句话才是真正的目的——索取对方的名片。

（4）联络法。谦恭法一般适用于对地位高的人，对平辈、晚辈就不太合适。面对平辈和晚辈时，不妨采用联络法。联络法的标准说法是："认识你太高兴了！希望以后能跟你保持联络。不知道怎么跟你联络比较方便？"

3．名片的接受

接受别人名片时，应有来有往。他人递名片给自己时，应起身站立，面带微笑，目视对方，如图 3-10 所示。此外，还需要注意以下几方面。

（1）接受名片时，双手捧接，或以右手接过，不要只用左手接过，如图 3-11 所示。

图 3-10｜站立接受名片

图 3-11｜双手接受名片

（2）接过名片后，要从头至尾把名片认真默读一遍，意在表示重视对方。

（3）接受他人名片时，应使用谦辞敬语，如"谢谢"。

锦囊

锦囊 1　握手时的注意事项

（1）握手时，另外一只手不要拿着报纸、公文包等东西不放，也不要插在衣服口袋里。

（2）女士在社交场合戴着薄纱手套与人握手是被允许的，而男士无论何时都不要在握手时戴着手套。

（3）除患有眼疾或眼部有缺陷者，不允许握手时戴着墨镜。

（4）不要拒绝与他人握手，不要用左手与他人握手，不要用双手与异性握手。

（5）握手时不要把对方的手拉过来、推过去，或者上下左右抖个不停。

（6）握手时不要仅仅握住对方的手指尖，也不要只递给对方手指尖。

（7）不要用很脏的手与人相握，也不能与他人握手之后立即擦拭自己的手掌。

（8）不要在握手时面无表情、不置一词或长篇大论、点头哈腰、过分客套。

锦囊2 握手礼的来源

有一种说法是我们在商务会面时常用的握手礼来源于摸手礼。传说，当时人们在路上遇到陌生人，如果双方均无恶意就会放下手中的东西，伸出自己的一只手（通常是右手），手心朝前，向对方表明自己手中没有武器，两人走近后再互相抚摸掌心，以示友好。这一习惯经过沿袭推广，就成了现在广泛使用的握手礼。

锦囊3 名片的通信往来作用

在对外交往中，名片可起到礼节性通信往来的作用，表示祝贺、感谢、介绍、辞行、慰问、吊唁等。使用时视不同情况，可在名片左下角用铅笔写上表示一定含义的字母，例如祝贺对方时，在名片上注明 p.f.（祝贺）；也可以写上简短的文字，如"婚姻美满"等。送花时，把名片夹在花束中，既简洁又雅致。

礼仪用词缩写如下。

（1）敬贺：p.f.。

（2）谨谢：p.r.。

（3）谨唁：p.c.。

（4）介绍：p.p.（介绍时，介绍人名片上标 p.p.，后面应再附上被介绍人的名片）。

（5）辞行：p.p.c.。

（6）恭贺新年：P.F.N.A（大小写均可）。

 **典型案例**

典型案例1 海伦·凯勒的"握手说"

美国著名盲人女作家海伦·凯勒说过："我接触过的手，虽然无言，却极有表现性。有的人握手能拒人千里，我握着他们冷冰冰的指尖，就像和凛冽的北风握手一样。而有些人的手却充满阳光，他们握着你的手，能使你感到温暖。"可见，握手不仅是人们相互之间传递情谊、联络沟通的手段，还可以透露出一个人的心态及性格特点。

思考：（1）你是如何理解握手的？

（2）你掌握握手礼仪了吗？

典型案例2 名片

2021 年 4 月，某市举行春季商品交易会，厂家云集，企业家们济济一堂。A 公司的总经理徐刚在交易会上听说 B 集团的崔董事长也来了，想利用这个机会认识一下这位素未谋面又久仰大名的商界名人。午餐会上，他们终于见面了。徐刚彬彬有礼地走上前去："崔董事长，您好！我是 A 公司的总经理徐刚，这是我的名片。"说着，徐刚从随身带的公文包里拿出名片，递给了对方。崔董事长显然还沉浸在与别人的谈话中，他顺手接过徐刚的名片，说了声"你好"，草草地看过名片后放在了一边的桌子上。徐刚在一旁等了一会儿，未见崔董事长有交换名片的意思，便失望地走开了……

思考：结合名片礼仪的知识谈谈崔董事长的失礼之处。

典型案例3　名片的失误

某公司新建的办公大楼需要添置一系列的办公用具，价值数百万元。公司总经理已做了决定，向 A 公司购买这批办公用具。

这天，A 公司的销售部负责人打电话来，要上门拜访总经理。总经理打算等对方来了就在订单上盖章，定下这笔生意。

不料，对方比预定的时间提前了2个小时到达，原来对方听说这家公司的员工宿舍也要在近期落成，希望员工宿舍需要的家具也能向自己购买。为了谈这件事，销售负责人还带来了一大堆资料，摆满了台面。总经理没料到对方会提前到访，刚好手边又有事，便请秘书让对方等一会儿。这位销售负责人等了不到半小时就开始不耐烦了，一边收拾资料一边说："我还是改天再来拜访吧。"

这时，总经理发现对方在收拾资料准备离开时，将自己刚才递上的名片不小心掉在了地上，却并没发觉，走时还从名片上踩了过去。这个失误令总经理改变了想法，A 公司不仅失去了与对方商谈员工宿舍家具购买的机会，连几乎已经到手的数百万元办公用具的生意也告吹了。

A 公司销售部负责人的失误看似很小，却产生了巨大的损失。名片在商业交往中是名片主人"自我的延伸"。弄丢了对方的名片已经是对他人的不尊重，更何况还踩上了一脚，这顿时会让对方产生反感。再加上没有按预约的时间到访，也不曾提前通知，又没有等待的耐心和诚意，丢失这笔生意也就不是偶然的了。

思考：本案例给你哪些启示？

 实践训练

握手与递名片

1．训练内容

握手与递名片。

2．情境设置

情境1　一位男士想把本人的名片递给一位女士。该男士走向女士，右手从上衣口袋里取出名片，两手捏住上角，正面微倾递上。

演练组织：每组安排2位学生演练，共2组。其他学生观摩。

点评要点：名片递交顺序、方式。

情境2　一位青年男士与一位中年男士握手。中年男士首先伸出右手，青年男士与

之相握，双方微笑、寒暄。

演练组织：每组安排2位男学生演练，共2组。其他学生观摩。

点评要点：握手方式、顺序。

要点巩固

一、判断题

1．一女士把自己的名片递给一男士。该男士双手接过，认真默读了一遍，然后说："王经理，很高兴认识你。" （　　）

2．一男士与一女士见面，女士首先伸出手来，与男士握手。 （　　）

3．一男士戴墨镜在街道上行走，路逢一女士。女士伸出右手，男士与之相握，使用双手。 （　　）

二、情境题

判断以下情境中人物做法的对错。

情境 1 甲男、甲女两人在门口迎候来宾。一辆轿车驶入，乙男下车。甲女上前，道："陈总，您好！"同时，甲女呈上自己的名片，又道："陈总，我叫李菲，是正道集团公关部经理，专程前来迎接您。"乙男道谢。甲男上前，道："陈总好！您认识我吧？"乙男点头。甲男又道："那我是谁？"乙男尴尬不已。

情境 2 乙女陪外公司丙女进入本公司会客厅，本公司丙男正在恭候。乙女首先把丙男介绍给丙女："这是我们公司的刘总。"然后向丙男介绍丙女："这是四方公司的谢总。"

三、选择题

1．（单选）社交场合男女握手时，应当由_____先伸手。

A．男士　　　　　B．女士　　　　　C．无所谓　　　　D．尊者

2．（单选）接受别人递给的名片之后，你应把它放在_____。

A．名片夹或者上衣口袋里　　　　　B．西装内侧的口袋里

C．裤带里面　　　　　D．随便放

3．（单选）在社交场合，下列介绍顺序，错误的是_____。

A．先将男性介绍给女性

B．先将年轻的介绍给年长的

C．先将先到的客人介绍给晚到的客人

D．先将晚辈介绍给长辈

4．（多选）握手原则有_____。

A．女士主动将手伸向男士　　　　　B．男士主动将手伸向女士

C．年轻者主动将手伸向年长者　　　　　D．年长者主动将手伸向年轻者

E．上级主动将手伸向下级

5.（多选）问候原则是＿＿＿＿＿＿。

A．男士主动向女士问候　　　　B．女士主动向男士问候

C．年轻人主动向年长者问候　　D．别人主动伸手时，不应拒绝

E．下级主动向上级问候

6.（多选）握手时应注意＿＿＿＿＿＿。

A．神态、姿态　　B．握手位置、力度　C．时间

D．地点　　　　　E．服饰

7.（多选）名片交换顺序正确的有＿＿＿＿＿＿。

A．客先主后　　B．身份低者先　　　C．身份高者先

D．主先客后　　E．先被介绍方先递

四、简答题

1．在社交活动中，应如何把握说话的分寸？

2．在人际交往中，进行介绍与握手时应遵循哪些规范？

3．在日常生活乃至社交场合中，哪些不雅和冒失的行为会令人难堪、不舒服？

4．为什么说名片是现代人的自我介绍信和社交联谊卡？

五、延伸讨论

文明是社会进步的重要标志，也是社会主义现代化国家的重要特征。和谐是中国传统文化的基本理念，是经济社会和谐稳定、持续健康发展的重要保证。在商务交往中应该去如何去践行文明和谐呢？

项目四
商务活动礼仪

内容标准

项目名称	项目四　商务活动礼仪		学时	7（理论）+7（实践）
知识目标	1．掌握接待工作流程，掌握迎客与送客礼仪规范要求 2．掌握商务会议组织与接待工作中各个流程环节的相关知识 3．了解商务谈判礼仪、办公室礼仪、行进间礼仪、求职面试礼仪规范的相关知识			
素质目标	1．具备维护国际友好形象，和平相处的意识 2．具备礼尚往来，自尊自爱的意识 3．具备团队合作的意识和能力 4．养成文明办公的习惯 5．倡导送礼文明新风尚，强调礼尚往来，做到自尊自爱 6．强调待人文明热情，提升个人素质，展现职业素养 7．倡导诚信守约，文明办公，形成良好风气 8．践行吃苦耐劳精神，遵守职业操守，乐于奉献			
任务	任务一　商务接待、拜访与馈赠礼仪 2（理论）+2（实践）	技能目标	1．能够应用好商务接待、拜访与馈赠礼仪技能，提高现场接待能力	
	任务二　商务会议礼仪 1（理论）+1（实践）		2．能够应用好会议座次安排礼仪技能	
	任务三　商务谈判礼仪 1（理论）+1（实践）		3．能够应用好商务谈判礼仪技能，提高谈判能力	
	任务四　办公室礼仪 1（理论）+1（实践）		4．能够应用好求职面试礼仪技能，提升就业能力	
	任务五　行进间礼仪 1（理论）+1（实践）			
	任务六　求职面试礼仪 1（理论）+1（实践）			

任务一　商务接待、拜访与馈赠礼仪

任务描述

　　商务接待时着装得体，商务拜访时落落大方，这些细节折射出一个企业的文化素质和精神追求。掌握商务接待、拜访与馈赠礼仪对于优化人际环境、开辟沟通渠道、提高工作效率及提升自身素质修养具有重要意义。

在本任务中，我们要了解接待、拜访工作中的各个流程，要掌握迎客、送客礼仪知识，熟练掌握和运用现场接待的技能，学会商务拜访礼仪并能熟练运用，了解如何选择礼品，掌握馈赠和接受与巧拒礼品礼仪知识。

任务导入

某集团公司汪总经理的日程表上清晰地写着：12月23日接待英国的威廉姆斯先生。12月22日下午，汪总经理在着手安排具体接待工作时，电话铃响了，打电话的正是威廉姆斯先生。他说因在某市的业务遇到了麻烦，要推迟到12月25日才能抵达，问汪总经理是否可以，并再三因改期表示歉意。尽管汪总经理12月25日需到省城参加一个会议，时间已经做了安排，但他还是很干脆地答复对方，12月25日一定安排专人接待，12月26日同威廉姆斯先生会面。因为汪总经理知道，威廉姆斯先生拥有众多的国外客户，同他合作，有望使本公司的商品打入更广阔的国外市场。于是，汪总经理把接待威廉姆斯先生的任务交给公关部经理焦小姐。接到任务后，毕业于文秘专业的焦小姐立即着手收集有关资料，并制订了详尽的接待方案。

12月25日下午4点，威廉姆斯先生乘坐的班机准时降落。当威廉姆斯走出机场后，焦小姐便热情地迎了上去，并用一口纯熟的英语进行了自我介绍，这使正在茫然四顾的威廉姆斯先生立即有了一种踏实的感觉。

焦小姐陪同威廉姆斯先生乘轿车离开机场，向城市中心的宾馆驶去。一路上，焦小姐不时向威廉姆斯先生介绍沿途的风光及特色建筑，威廉姆斯先生对焦小姐的介绍很感兴趣。

天色渐暗，华灯闪烁。望着窗外的景色，威廉姆斯先生富有感情地说："在我们国家，今天是个非常快乐的日子。亲人团聚，尽情享受生活的乐趣。"话语中透着几分自傲，又似乎有几分遗憾。焦小姐认真地倾听并不断地点头。轿车抵达宾馆后，服务人员将威廉姆斯先生引入房间，待他稍做整理后，焦小姐请威廉姆斯先生共进晚餐。走入餐厅，威廉姆斯先生被眼前的场景惊呆了：圣诞树被五彩缤纷的灯饰装饰得格外绚丽，圣诞老人在异国慈祥地注视着远方的游子，餐桌上是丰盛的圣诞食品。威廉姆斯先生非常兴奋。进餐过程中，服务人员手捧鲜花和生日贺卡走进来呈给他，威廉姆斯先生更是激动不已。原来，这天正好是威廉姆斯先生55岁的生日。焦小姐举起手中的酒杯，对他说："我代表我们公司及汪总经理，祝您圣诞节欢乐、生日快乐！"威廉姆斯先生兴奋地说："谢谢你们为我举行了这么隆重的圣诞晚宴及生日宴会！你们珍贵的友情和良好的祝愿，我将终生难忘。"

12月26日，汪总经理从省城返回后，与威廉姆斯先生就双方有关合作业务进行洽谈，过程非常顺利。威廉姆斯先生回国时，再三向焦小姐及公司对他的接待表示感谢。

问题：（1）焦小姐组织的这次接待工作为什么取得了良好的效果？

（2）通过分析，你认为这家公司在商务接待工作方面做得怎样？我们应该如何做好商务接待工作？

技能点1 商务接待礼仪

接待工作是商务活动中的一项经常性工作。每个公司都希望客人能乘兴而来，满意而归。严谨、热情、周到、细致的接待工作，会大大增进客人对公司的了解，从而增强其与公司合作的信心，促进双方业务的发展。商务接待时，应遵循商务接待礼仪。

1. 接待工作流程

好的接待工作能给客人留下深刻的印象，并能够有效促进业务的开展，这是提升公司形象的重要途径。接待工作流程如图 4-1 所示。

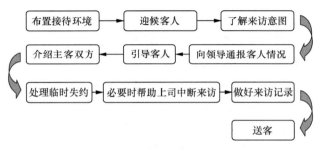

图 4-1｜接待工作流程

2. 迎客、送客礼仪

（1）迎客礼仪。

① 确定迎客规格。认真研究客人的基本资料，准确了解其身份、职务、单位及来访目的，安排与其身份基本对等的人前往迎接。

② 做好迎接准备。根据客人的实际情况，到车站、飞机场、码头等地做迎接准备，同时还要准备接客牌，字迹要清晰，以方便客人辨认。对于本地客人，应主动派车、派人前往客人居所迎接。

③ 迎接到达客人。接到客人后，要表示欢迎或问候，然后互相介绍，通常主人先介绍自己。除客人的随身小包外，一般应主动帮助客人拎行李，但应尊重客人的意愿，不要过分热情。随后引导客人乘坐事先备好的车辆。上车时，应注意座位的安排，通常应将车开到客人跟前，打开右侧车门，以手遮挡上门框，请客人上车；主人应从车后绕到左侧车门上车。如有行李，主人应先放好行李再上车。到达目的地后，主人应协助客人下车。

④ 妥善安排。客人抵达住地后，主人应主动介绍日程安排，征求客人的意见，提供交通路线图等，然后尽早告退，以便客人休息。分别前，应约好下次见面的时间及联

系方法等，以便为客人提供及时的帮助。

（2）送客礼仪。

对远道而来的客人，主人应协助办好返程手续，做好安排。客人离开时，最好由原迎接人员驱车将其送至机场、火车站、汽车站或码头。主人应面带微笑，与客人挥手告别，直到看不见对方时再离开。

3. 现场接待礼仪

做好接待工作，要注意以下几点。

（1）接待人员的素质修养代表组织的形象，应选派具有较高礼仪素养的人员负责接待工作。

（2）如果事先知道客人要来访，要提前清扫门庭、适当整理，将接待场所布置得整齐、美观，给客人留下组织井井有条、充满生气、管理有序的印象。

（3）准备座位、资料、饮料等，使接待工作富有效率。

（4）若客人不期而至，应放下手中工作，起身相迎。

（5）若客人要找的人暂时不在或不便接待，或要办的事需要等待时，接待人员应主动攀谈，或提供报纸、杂志等让客人翻看，避免冷落客人。

（6）将客人引至接待场所后，应安排其就座。一般来讲，离门最远的位置是上座，而靠近门的位置是末座。客人就座后，在开始谈正事前，应给客人敬茶。敬茶的顺序是从上座的客人开始，先客后主。茶水要从人的右后侧递送，每杯斟七分满即可。

（7）接待时，要避免他人干扰，以便专心致志地与客人交流。

（8）客人告辞时，主人要等客人起身告辞后方可站起来相送，并应等客人先伸手再与之握手。送客到电梯口时，应等电梯门关上后再离去；送到门口时，应面带笑容，向客人挥手告别，目送其离去。

4. 商务接待人员的礼仪

（1）接待人员要品貌端正、举止大方、口齿清楚，具有一定的文化素养，受过专门的礼仪、形体、语言、服饰等方面的训练。

（2）接待人员的服饰要整洁、得体、高雅；女性应避免佩戴过于夸张或有碍工作的饰物，化妆应尽量淡雅。

微课：商务接待
人员的礼仪

（3）接待人员要敬业爱岗，热情地接待每一位客人，做好本职工作。例如，在办公室接待一般客人，谈话时应少说多听，最好不要隔着办公桌与客人说话，对客人反映的问题应做简短的记录。

5. 接待过程中的敬茶礼仪

"柴米油盐酱醋茶"是中国人的开门7件事。不论是在日常生活中还是待客之时，茶都是不可或缺的。杜耒在《寒夜》中写道："寒夜客来茶当酒。"可见，一杯茶传递的不仅是情谊，还是待客之道。中国人习惯以茶待客，并形成了相应的饮茶礼仪。按照我国传统习俗，在任何场合，敬茶与饮茶礼仪都是不可忽视的，如图4-2所示。冲泡茶有一定的程序，每一道程序都能体现出茶的艺术。

图 4-2 | 敬茶与饮茶礼仪

（1）嗅茶。主客坐定以后，主人取出茶叶，介绍该茶的品种、特点，客人则依次传递嗅赏。

（2）温壶。先将开水冲入空壶，使壶体温热，然后将水倒入茶盘中。

（3）装茶。用茶匙往空壶内装入茶叶，通常依据茶叶的品种决定投放量。切忌用手抓茶叶，以免影响茶叶的品质。

（4）请茶。茶杯应放在客人右手前方。请客人喝茶时，要将茶杯放在托盘上端出，并用双手奉上。当主客边谈边饮时，要及时添加热水，以体现对客人的敬重。客人则需善"品"：小口啜饮，而不能做"牛饮"姿态。

（5）续茶。续茶水时，左手的小指和无名指夹住杯盖上的小圆球，用大拇指、食指和中指握住杯把，从桌上端下茶杯，腿一前一后，侧身把茶水倒入客人的茶杯中，举止要文雅。

技能点 2 做客及商务拜访礼仪

商务拜访是维系组织与公众关系的活动中最基础的工作，也是联络感情、增进友谊的一种有效方法。商务人员在拜访中的礼仪表现，不仅关系着本人的形象，还关系着所代表的组织的形象。

微课：商务拜访
礼仪

1. 做客拜访礼仪

（1）做客拜访要选择一个对方方便的时间。一般可选择假日的下午或平时晚饭后，要避免在吃饭和休息的时间登门拜访。

（2）拜访前，应尽可能事先告知，约定一个时间，以免扑空或打乱对方的日程安排。约定时间后，不能轻易失约或迟到。如因特殊情况不能前去，一定要通知对方，并表示歉意。

（3）拜访时，应先轻轻敲门或按门铃，当有人应声允许进入或出来迎接时方可入内。

（4）进门后，随身带来的外套、雨具等物品应放到主人指定的地方，不可任意乱放。对室内的人，无论认识与否，都应主动打招呼。如果有孩子或其他人同行，要将其介绍给主人，并教孩子如何称呼。主人端来茶时，应从座位上欠身，双手捧接，并表示感谢。和主人交谈时，应注意掌握时间。有要事与主人商量或向主人请教时，应尽快表明来意，不要东拉西扯、浪费时间。

（5）离开时要主动告别。如果主人出门相送，应请主人留步并道谢，热情地说"再见"。

2．商务拜访礼仪

（1）守时践约。拜访时要注意选择合适的时间，要事先相约，以防扑空或扰乱主人的计划。拜访时间应选择在主人方便的时候。时间一旦约定好，应准时到访。若遇特殊情况不能如期赴约，应事先打招呼。

（2）登门有礼。到达拜访地点应先敲门，主人答应后方可入内。敲门不宜太重或太急，一般轻敲两三下即可。切不可不打招呼擅自闯入，即使门开着，也要敲门或以其他方式告知主人有客来访。当主人开门迎客时，务必主动向对方问好，互行见面礼。若主人一方不止一人时，则应按先尊后卑或由近而远的惯例问候与行礼。

（3）举止有方。进入屋内后，要征得主人同意才可坐下。如果主人是年长者或上级，主人不坐，自己不能先坐。主人让座后，要说"谢谢"，然后采用标准的坐姿坐下。主人递上茶水，要双手接过并表示谢意。主人献上果品，要等年长者或其他客人取用后，自己再取用。

（4）开门见山，主题明确。跟主人谈话，语气要客气，谈话时要开门见山。要注意观察主人的举止表情，适可而止。当主人有不耐烦或为难的表情时，应及时转换话题或改变说话的语气；当主人有结束会见的表示时，应立即起身告辞。

（5）把握时间，适可而止。在拜访他人时，一定要注意在对方办公室或私人住所里停留的时间。时间长短应根据拜访目的和主人意愿而定，通常宜短不宜长。在一般情况下，礼节式的拜访，尤其是初次登门拜访，时间应控制在15分钟至半小时。

（6）告辞有礼。告辞时要同主人和其他客人一一告别，说"再见""谢谢"；主人相送时，应说"请回""留步""再见"。

技能点3　礼品馈赠礼仪

馈赠是商务活动中不可缺少的交往内容。随着交往活动的日益频繁，馈赠礼品因能起到联络感情、加深友谊、促进交往的作用，越来越受到人们的重视。

你会选择什么礼品呢？

假设你的客户是一位女士，马上就是她的生日了，请你从以下4件物品中选择最合适的礼品送给她：鲜花、手机、衣服、羽毛球拍。

问题：（1）如何选择礼品？

　　　　（2）选择礼品时应遵循哪些原则？

　　　　（3）如何送礼？

1．馈赠礼品的目的

（1）以交际为目的的馈赠。礼品的选择要能反映送礼者的寓意和思想感情。

（2）以巩固和维系人际关系为目的的馈赠。这就是人们常说的"人情礼"。"人情礼"强调礼尚往来，以"来而不往非礼也"为基本准则，因此礼品的种类、价值、档次、包装及其蕴含的情意等各方面都呈现出多样性和复杂性。

（3）以酬谢为目的的馈赠。这类馈赠是为了答谢对方的帮助，因此在礼品的选择上十分强调其价值。礼品的贵贱厚薄，取决于对方给予的帮助的性质。

（4）以公关为目的的馈赠。这是一种为达到某种公关目的而进行的礼品馈赠，多发生在对利益的追求中。

2．礼品的选择

因人、因事、因地施礼，是社交礼仪的规范之一。礼品的选择，也应符合这一规范。礼品的选择一般强调纪念性、独特性、便携性、时尚性和对象性。具体来讲有以下几点。

（1）对家贫者，以实惠为佳。

（2）对富裕者，以精巧为佳。

（3）对恋人、爱人、情人，以具有纪念意义为佳。

（4）对朋友，以具有趣味性为佳。

（5）对老人，以实用为佳。

（6）对孩子，以启智、新颖为佳。

（7）对外宾，以特色为佳。

3．礼品馈赠的原则

（1）"投其所好"原则。选择礼品时一定要考虑周全，有的放矢、"投其所好"。可以通过仔细观察或打听受礼者的兴趣爱好，有针对性地精心挑选合适的礼品，如图4-3所示。尽量让受礼者感到送礼者在礼品选择上是花了一番心思的，是真诚的。

（2）"礼轻情义重"原则。礼品是言情、寄意、表礼的，是人们情感的寄托物，因此我们提倡"君子之交淡如水"，提倡"礼轻情义重"。

图 4-3 | 礼品

（3）把握时机原则。送礼一般选择在传统节日、喜庆之日、企业开业庆典及酬谢他人之时。

（4）场合适宜原则。用于酬谢、应酬或特殊目的的礼品，一般情况下不在公开场合送出，只有"礼轻情意重"的特殊礼物才适宜在公开场合赠送。

4．馈赠礼节

要使对方愉快地接受馈赠并不是容易的事情。即便是精心挑选的礼品，如果不讲究馈赠艺术和礼仪，也很难达到预期的馈赠效果。

（1）注意包装。精美的包装不仅可以使礼品更具艺术性和高雅的情调，显示出送礼者的文化艺术品位，而且可以避免给人以俗气的感觉。

（2）注意场合。当众只给一群人中的某一个人送礼是不合适的，给关系密切的人送礼也不宜在公开场合进行。只有具有象征意义的礼品，如锦旗、牌匾、花篮等，才可在众人面前赠送。

（3）注意态度和动作。赠送礼品时，态度要平和友善，动作要落落大方并伴有礼节性的语言，这样才容易让受礼者接受礼品。

（4）注意时机。一般送礼应选择在相见、道别或相应的仪式上。

（5）处理好有关票据。礼品上写有价格的标签一定要清除干净。如果礼品是有保修期的"大物件"，如家用电器等，可以在赠送礼品的时候把发票和保修单一起奉上，以便受礼者享受"三包"服务或方便其处理。

5. 接受与巧拒礼品礼仪

（1）在对方的馈赠是合理合法的，并对双方的人际交往没有影响的情况下，应落落大方地接受礼品，借口推辞反而是失礼的行为。

（2）在接受礼品时，应双手接过，并表示感谢。我国的习惯是不当面打开礼品；西方习俗则是当面打开礼品，并对礼品表示赞叹与欣喜。

（3）来而有往。接受了他人的馈赠，要想办法回礼才算礼貌，中国人崇尚"礼尚往来"，外国人对此同样重视。有礼有节的馈赠活动，有利于拉近双方的距离，增加合作的机会。

（4）别人赠送的礼品你无法接受时，直接拒绝会导致双方尴尬，影响人际交往。此种情况下，通常有以下几种比较礼貌的拒绝方法。

① 先收后退：当面拒绝别人的礼物，无疑会使对方难堪，所以可先将礼品收下，私下里再原封不动地送回。

② 委婉拒绝，说明原因：委婉暗示无法接受礼物，并说明原因，取得对方的理解。

③ 由第三人代为谢绝：本人不便直接回绝时，可请他人代为谢绝，以避免造成尴尬。

 锦囊

锦囊1 如何做到为客有方

（1）限定交谈的内容。

（2）限定交际的范围。

（3）限定交际的空间。

（4）限定交际的时间。

锦囊2　商务接待时笑容的禁忌

（1）假笑，即虚假的笑，皮笑肉不笑。

（2）冷笑，即含有怒意、讽刺、不满、无可奈何、不屑一顾、不以为然等意味的笑。这种笑非常容易使人产生敌意。

（3）怪笑，即笑得怪里怪气，令人心里发麻。它多含有恐吓、嘲讽之意，令人十分反感。

（4）媚笑，即有意讨好别人的笑。它不是发自内心，而是出于一定功利性目的。

（5）怯笑，即害羞或怯场的笑。例如，笑的时候以手掌遮掩口部，不敢与他人有目光交流。

（6）窃笑，即偷偷地笑，多表示洋洋自得、幸灾乐祸或看他人的笑话。

锦囊3　赠送花朵数的含义

（1）1朵表示对你情有独钟。

（2）2朵表示眼中的世界只有我俩。

（3）3朵表示我爱你。

（4）4朵表示山盟海誓。

（5）5朵表示无怨无悔。

（6）6朵表示愿你一切顺利。

（7）7朵表示无尽的祝福。

（8）8朵表示深深的歉意并请求原谅。

（9）9朵表示天长地久。

（10）10朵表示全情投入。

锦囊4　花语

（1）象征爱情的花卉

① 玫瑰。

粉红色玫瑰：初恋。

红色玫瑰：热恋。

橙红色玫瑰：美丽。

白色玫瑰：尊敬。

黄色玫瑰：道歉。

深红色玫瑰：羞怯。

淡绿色玫瑰：青春长驻。

② 郁金香。

红色郁金香：爱的告白。

白色郁金香：失恋。

黄色郁金香：没有希望的恋情。

紫色郁金香：永不磨灭的爱情。

③ 合欢花。合欢花象征夫妻永远恩爱。

④ 秋海棠。秋海棠又名相思红，寓意苦恋，以示安慰。

⑤ 月季。人们多把月季作为爱情的信物、爱的代名词。

（2）象征婚姻幸福的花卉

① 文竹。文竹四季常青，象征永恒。

② 马蹄莲。马蹄莲象征永结同心。

（3）象征高尚品性的花卉

① 中国水仙。在腊月里送一盆水仙给女士，意思是赞美其清新脱俗；若送给男士，则赞美其品格高尚。

② 仙人掌。送仙人掌意味着希望对方上进。

③ 君子兰。君子兰高雅、尊贵、雄壮、秀丽，象征君子之风。

锦囊5　馈赠六要素

馈赠六要素即"5W+1H"，分别是 Who—送给谁、Why—为什么送、What—送什么、When—何时送、Where—什么场合送、How—如何送。

典型案例

典型案例1　"一灯"婚庆公司的接待

以下是"一灯"婚庆公司在接待客户和准客户时制定的礼仪规范。

1. 电话用语

"您好，一灯婚庆，××为您服务。"

2. 接待客人

前台所有人应始终微笑服务。接待时，时常看新人的眉心位置，不允许自顾自低头讲话；不允许只盯着新郎讲或者只盯着新娘讲，话语的最终落脚点应在新娘身上。

分组：1组2个人，A主要负责迎宾、接待客人，B主要负责接单。

3. 客人进门后

（1）问询。A："您好，欢迎光临一灯婚庆，您是咨询婚庆服务还是有预约？"同时，前台其他婚礼顾问（没谈单的顾问）必须在位置上站好，客人目光看到谁，谁就要说"您好"。客人落座后，其他人才可落座。

（2）请客人落座。A说"请这边坐"，同时做出手势（一般情况下伸靠近座位方向的手，手臂微屈）。

（3）饮品。A问客人："您想喝点什么？我们这儿有果汁和咖啡。"如果客人选择其中一种，A再问："我们这儿有××果汁/咖啡，您想喝哪种？"如果客人说来点水就可以了，决不能给客人倒水，要说："要不然您来点果汁（清凉润喉）/咖啡（提神醒脑）吧。"

（4）介绍搭档 B。A 说："给您介绍一下，这是我们的高级策划师××，由她为您服务。"介绍完后，A 去为客人倒水。

（5）B 做自我介绍。B 说："您好，我是一灯婚庆的婚礼策划师，我叫××，您也可以叫我××。"同时，B 双手把名片递上。在坐下的同时，坐垫要垫高，位置要比客人高，目的是增加心理优势。B 在谈单时，首先要了解客人的情况，想办什么样的婚礼。A 倒完水，为 B 拿笔、咨询表等。

（6）A 坐在 B 旁边旁听，辅助 B。

（7）送客。交流完后，客人不起身，接待人员就不能起身。要先客人一步到达门口，为客人开门，寒暄之后说："感谢您的光临。"送客人要送到楼梯下面，客人走了之后再回来。

思考：接待人员应遵循哪些礼仪？

典型案例 2　如此拜访

在公司，我拥有独立的办公室。有一次，由于天气有些闷热，我便打开了办公室的门。几分钟后，我正在专心致志地工作时，突然有个人没有敲门就径直走到我眼前，大声地说："女士，你好！"

当时我一点心理准备都没有，顿时被他吓得愣住了。还没等我开口说话，他马上抢先道："我是××公司的销售员，主要销售办公用品，您看您是否需要……"

他不停地介绍他的产品，根本不给我说话的机会。我当时二话没说，把他请了出去。那人莫名其妙地看着我，说："真没礼貌！"

思考：（1）到底谁没礼貌？

（2）假如你是那位销售员，你会怎样拜访？

典型案例 3　接待失礼，断送生意

A 国某政府机构为一项庞大的建筑工程向 B 国的工程公司招标，经过筛选，最后剩下 4 家候选公司。A 国派遣代表团到 B 国与各家公司商谈。代表团到达 B 国某市时，当地的那家工程公司慌乱中出了差错，没有仔细复核飞机到达的时间，未去机场迎接 A 国客人。A 国代表团尽管初来乍到，不熟悉该城市，但还是自己找到了该城市商业中心的一家旅馆。他们打电话给那位局促不安的经理，听了他的道歉后，A 国代表团同意于第二天 11 时在经理办公室会面。第二天，该经理按时到达办公室等候，直到下午三四点才接到客人的电话，说："我们一直在旅馆等候，始终没有人前来接我们。我们对这样的接待实在不习惯，已订了下午的机票飞赴下一目的地。再见吧！"

思考：请分析本案例中 B 国的这家工程公司接待失败的原因。

典型案例 4　赠送礼品的学问

美国某公司是我国某公司的客户。当这家美国公司的经理到中国考察的时候，该中国公司决定赠送其一套小礼品：中国的折扇和茶叶。因为夏天即将来到，这两样东西都是消夏用品且具有中国特点。折扇采用中国文人喜欢的黑色，上面印有诗词和绘画；茶叶是用精美的竹盒包装的，外面再用包装纸包好。在美国客人回国前，该中国公司的接待人员将礼物送给了客人。

思考：（1）该中国公司接待人员准备的礼品是否合适？

（2）送什么礼品比较好？

实践训练

拜访、馈赠礼仪

A公司业务员刘勇按预约前往B公司与刘总就公司新产品进行商谈，并带了公司对外联络用的礼品。请演练刘勇从敲门至告辞的整个拜访过程。

训练组织：全班分成4组，每组指定1名组长和1名副组长，根据上述情境，组织学生参与训练，其他学生观摩，演示敲门、问候、握手、自我介绍、名片礼仪、交谈礼仪、送礼及告辞等内容。

教学学时：1学时，每小组的展示时间不超过10分钟。

教学评价：考查学生在拜访过程中的馈赠、敲门、问候、握手、自我介绍、名片递送、交谈及告辞的表现；由老师、组长及学生代表共同打分，教师进行综合点评，如表4-1所示。

表4-1 实践训练评分表（1）

考核项目	考核内容	分值	自评分	小组评分	平均得分
拜访馈赠礼仪	资料准备情况	5			
	着装礼仪	5			
	敲门礼仪	5			
	问候、握手礼仪	20			
	自我介绍礼仪	20			
	名片礼仪	10			
	交谈艺术	5			
	告辞礼仪	10			
	馈赠礼仪	20			

任务二 商务会议礼仪

在现代社会里，会议是人们从事各类有组织活动的一种重要方式。在商务交往中，商务会议通常发挥着极其重要的作用。商务会议由于规模和性质不同，类型也有所不同。

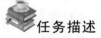

任务描述

公司会议（特别是大中型会议）都有一套完整的工作流程，它保证了会议管理的科学性和规范性。在本任务中，我们需要掌握公司会议流程、公司会议礼仪规范和会议座次安排礼仪。举行正式会议时，通常应事先排定与会者，尤其是身份重要的与会者的具体座次。越是重要的会议，座次的安排往往就越受到社会各界的关注。在实际操办会议时，由于会议的规模不同，具体的座次的安排存在一定的差异。

任务导入

某服装集团为了开拓夏季服装市场，拟召开一个服装展示会，推出一批夏季新款时装。秘书小李拟订了一个方案，内容如下。

（1）会议名称：2022年××服装集团夏季时装展示会。

（2）参加会议人员：上级主管部门领导2人，行业协会代表3人，全国大中型商场总经理或业务经理及其他客户约150人，主办方领导及工作人员20名，另请模特公司服装表演队若干人。

（3）会议主持人：××服装集团负责销售工作的副总经理。

（4）会议时间：2022年5月18日上午9：30—11：00。

（5）会议程序：来宾签到、发调查表、展示会开幕、上级领导讲话、时装表演、展示会闭幕、收调查表、发纪念品。

（6）会议文件：会议通知、邀请函、签到表、产品意见调查表、服装集团产品介绍资料、订货意向书、购销合同。

（7）会址：××服装集团小礼堂。

（8）会场布置：蓝色背景帷幕，中心挂服装品牌标志，上方挂展示会标题横幅；搭设T形服装表演台，安排来宾围绕就座；会场外悬挂大型彩色气球及广告条幅。

（9）会议用品：纸、笔等文具，饮料，照明灯，音响设备，足够的椅子，纪念品（每人赠送1件××服装集团生产的T恤衫）等。

（10）会务工作：安排提前来的外地来宾在市中心花园大酒店报到、住宿，安排交通车接送来宾，展示会后安排工作午餐。

问题：（1）本案例中服装展示会的内容安排是否完整？

（2）你认为会议应该有哪些流程？

知识点1　公司会议流程

按参会人员分类，会议可以简单地分成公司外部会议和公司内部会议。公司外部会议包括产品发布会、研讨会、座谈会等，公司内部会议包括定期的工作例会、年终的总结会、表彰会及计划会等。

1．公司会议会前工作流程

公司会议会前工作流程如图4-4所示。

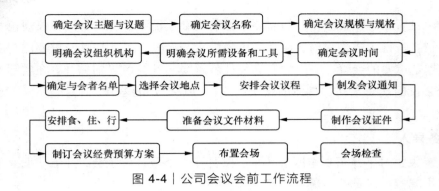

图 4-4 | 公司会议会前工作流程

2. 公司会议会中工作事项

公司会议会中工作事项如图 4-5 所示。

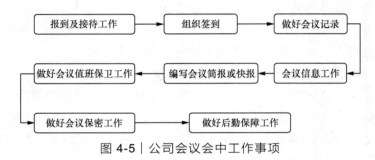

图 4-5 | 公司会议会中工作事项

3. 公司会议会后工作流程

公司会议会后工作流程如图 4-6 所示。

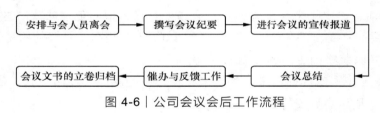

图 4-6 | 公司会议会后工作流程

▌知识点 2　公司会议礼仪规范

1. 会议准备礼仪

现代化的会议离不开各种辅助器材。在召开会议之前，应该把各种辅助器材准备妥当。

（1）桌椅、座位牌、茶水准备。桌椅是最基本的器材，可以根据会议的需要将桌椅摆成圆桌型或报告型。如果参加会议的人数较多，一般采用报告型，此时不需要准备座位牌；如果参加会议的人数较少，一般采用圆桌型，并且要制作座位牌，以方便与会者就座。

会议上的饮料最好用矿泉水，因为每个人的口味不一样，有的人喜欢喝茶，有的人喜欢喝咖啡，所以如果没有特别的要求，矿泉水是最能让所有人接受的选择。

（2）签到簿、名册准备。签到簿的作用是帮助会议组织者了解到会人员多少、分别是谁，一方面使会议组织者能够查明是否有人缺席，另一方面使会议组织者能够安排下一步的工作，如就餐、住宿等。名册可以方便与会者尽快掌握其他与会者的相关资料，从而加深了解，使彼此熟悉。

（3）各种视听器材的准备。投影仪、录像机、激光笔等器材给人们提供了极大的方便。在召开会议前，必须检查各种器材是否能正常使用。

（4）资料、样品准备。如果会议内容为业务汇报或者产品介绍，那么有关资料和样品是必不可少的。例如，在介绍一种新产品时，仅凭口头介绍是不能给人留下深刻印象的。如果能给大家展示样品，结合样品一一介绍产品的特点，那么产品给大家留下的印象就深刻得多。

2．主持人礼仪

会议主持人一般由一定职位以上的人担任，其礼仪表现的好坏对会议能否圆满完成有着重要的影响。

（1）主持人应衣着整洁、大方庄重、精神饱满，切忌不修边幅、邋里邋遢。主持人走上主席台时，步伐应稳健有力，行走速度应根据会议性质而定。一般来说，欢快、热烈的会议应较快，纪念性、悼念性的会议应较慢。

（2）如果主持人是站立主持，应双腿并拢，腰背挺直。持稿时，右手持稿件的底中部，左手五指并拢自然下垂。双手持稿时，应与胸齐高。以坐姿主持时，应身体挺直、双臂前伸，两手轻按于桌沿。主持过程中，切忌出现搔头、揉眼、盘腿等动作。

（3）主持人应口齿清晰、思维敏捷，讲话内容要简明扼要。主持人应根据会议性质调节会议气氛，或庄重，或幽默，或沉稳，或活泼。

（4）主持人不能向会场上的熟人打招呼，更不能寒暄闲谈，会议开始前或会议休息时可点头、微笑致意。

3．会议发言人礼仪

会议发言有正式发言和自由发言两种，前者一般是领导报告，后者一般是讨论发言。正式发言者应衣冠整齐，走上主席台时应步态自然、刚劲有力，体现出成竹在胸、自信自强的风度与气质。发言人在发言时应口齿清，内容讲究逻辑、简明扼要。发言人要时常抬头扫视会场，不能只低头读稿、旁若无人，发言完毕后应对听众的倾听表示谢意。

自由发言较随意，发言人在发言时应讲究顺序和秩序，不能争抢；内容应简明扼要、观点明确；与他人有分歧时，应以理服人、态度平和；听从主持人的指挥，不能只顾自己。

如果有与会者对发言人提问，发言人应礼貌作答，对不能回答的问题，应机智而礼貌地说明理由；对与会者的批评和意见应认真听取，即使其批评是错误的也不应失态。

4．与会者礼仪

（1）与会者应衣着整洁、仪表得体、不卑不亢、落落大方。

（2）遵守时间，准时入场，进出有序。开会时应提前3～5分钟到达会场，以便有充裕的时间签名、领取材料并找到就座之处。前往异地参加会议时，最好提前一天报到，以便熟悉有关情况。

（3）维持秩序。

① 各就各位。出席正式会议时，应在指定位置就座。未获许可，不要另择座位。

② 保持安静。除正常的鼓掌、发言外，不要发出任何声音。中途退场时应轻手轻脚，不能影响他人。

③ 遵守规定。对禁止录音、录像、拍照及使用移动电话等会议的具体规定，要严格遵守。

（4）专心听讲。

① 一心一意。当他人发言时，不要心不在焉，不得公然忙于其他事，不应与旁边的人窃窃私语或肆无忌惮地接打手机、收发短信，也不应打哈欠、皱眉头、摇头晃脑、指指点点。

② 支持他人。当听取他人发言时，除适当地进行记录外，应注视对方，并在必要时以点头、微笑或鼓掌来表达对对方的支持之意。

▌技能点 会议座次安排礼仪

1．小型会议座次安排

小型会议指与会者较少、规模不大的会议。它的主要特征是全体与会者的座位均有安排，不设立专用的主席台。小型会议的排座目前主要有以下3种具体形式。

（1）自由择座。它的做法是不排定固定的座次，而由全体与会者自由选择座位就座。

（2）面门设座。采用这种形式时，一般面对会议室正门的座位为会议主席之座，即尊位。通常会议主席坐在离会议门口最远的位置。会议主席的两边是参加会议的客人和拜访者的座位，或高级管理人员、助理的座位，以方便其帮助会议主席分发有关材料、接受指示或帮助完成其他主席在会议中需要做的事情。面门设座形式如图4-7所示。

（3）依景设座。依景设座形式是指会议主席的座位不面对会议室正门，而背依会议室内的主要景致，如字画、讲台等，如图4-8所示。

2．大型会议座次安排

大型会议是指与会者众多、规模较大的会议，如企业职工代表大会、报告会、经验交流会、新闻发布会、庆祝会等。它的最大特点是会场分设主席台与群众席，前者必须认真排座，后者的座次则可排可不排，如图4-9所示。

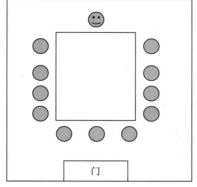

图 4-7 | 面门设座形式

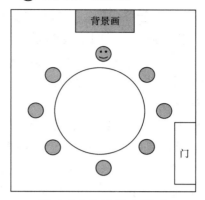

图 4-8 | 依景设座形式

图 4-9 | 大型会议座次安排

（1）主席台排座。大型会议的主席台一般应面对会场主入口。在主席台上就座的人，通常应当与在群众席上就座的人面对面。在主席台上每一名与会者面前的桌上，均应放置双向的座位牌。主席台排座具体又存在主席团排座、主持人座席和发言者席位 3 个方面的问题。

① 主席团排座。主席团，此处是指在主席台上正式就座的全体人员。按照国际惯例，排定主席团座次的基本规则有 3 个：一是前排高于后排；二是中央高于两侧；三是右侧高于左侧，但我国政务会议是左侧高于右侧，如图 4-10 所示。判断左右的基准是顺着主席台上就座者的视线，而不是观众的视线。

主席台人数为单数时

7	5	3	1	2	4	6

主席台人数为双数时

7	5	3	1	2	4	6	8

图 4-10 | 主席团位次的排座规则

② 主持人座席。会议主持人又称大会主席，其具体位置有 3 种：一是居于前排正中央；二是居于前排两侧；三是按其具体身份排座，但不宜就座于后排。

③ 发言者席位。在正式会议上，发言者发言时不宜坐于原处。发言席的常规位置有两种：一是主席台的正前方，二是主席台的右前方。

（2）群众席排座。在大型会议上，主席台之下的座位称为群众席。群众席的具体排座方式有以下两种。

① 自由式择座。它是指不进行统一安排，与会者各自择位而坐。

② 按单位就座。它是指与会者在群众席上按单位、部门或者地位、行业顺序就座。它的具体依据既可以是与会单位、部门的汉字笔画的多少、汉语拼音字母的先后顺序，又可以是约定俗成的序列。按单位就座时，若分为前排与后排，一般前排高于后排；若分为不同楼层，则楼层越高，排序便越低。在同一楼层排座时，又有两种通行的方式：一是以面对主席台为基准，自前往后进行横排；二是以面对主席台为基准，自左而右进行竖排。

锦囊

锦囊 1　商务会议中如何运用肢体语言

如果你希望自己的讲话内容被观众接受，那么你的肢体语言就要像你的讲话内容一样让人信服。千万不要摆出双手紧握或双臂于胸前交叉的防卫姿势，这些动作只能说明你比较保守。为了能使自己的讲话内容被观众理解，你要采取开放的姿势，如让一只手自然地放在一边，或采用手心向上的动作。不要摆出说教式的动作，也就是指指点点、坐在台前交叉握双手、手指撑出一个高塔形状的动作。这些动作都是骄傲自大的表现。无论你讲的内容的主题多么严肃，偶尔微笑，而不是咧嘴大笑，总能帮助你赢得更多的支持。

锦囊 2　商务会议注意事项

（1）发言时不可长篇大论、滔滔不绝（原则上以 3 分钟为限）。

（2）不可从头到尾沉默。

（3）不可选用不正确的资料。

（4）不要尽谈一些期待性的预测。

（5）不可进行人身攻击。

（6）不可打断他人的发言。

（7）不可不懂装懂、胡言乱语。

（8）不可对发言者吹毛求疵。

（9）不要中途离席。

锦囊 3　会议记录的内容

（1）会议基本情况。会议基本情况包括会议名称、会议时间（要写明年、月、日及会议开始时间）、会议地点、出席人（人数不多的会议要把出席者的姓名都写上，人数过多的会议可只写出席范围和人数）、列席人、主持人、记录人。上述内容要在会议主持人宣布开会前写好。

（2）会议内容。会议内容包括会议议题、会议发言、会议结论等。会议内容是会议记录的重点，记录时必须聚精会神，边听边记，耳、脑、手并用，不能因注意力分散而出现疏漏。

 **典型案例**

典型案例1　座次风波

某分公司要举办一场重要会议，邀请了总公司总经理和董事会的部分董事，还邀请了当地政府要员和同行业重要人士。由于出席的重要人物多，领导决定用U形会议桌。分公司领导坐在U形会议桌横头处的下首，其他参加会议者坐在U形会议桌的两侧。在会议当天，贵宾们进入了会场，按安排好的座位牌找到了自己的座位。会议正式开始时，坐在U形会议桌横头处的分公司领导发现会议气氛有些不对劲，有些贵宾相互低语后借口有事站起来要走，分公司领导不知道发生了什么事或出了什么差错，非常尴尬。

思考：（1）为什么有些贵宾相互低语后借口有事站起来要走？

（2）分公司领导为什么非常尴尬？失礼在何处？

典型案例2　请柬发出之后

某机关定于某月某日在单位礼堂召开总结表彰大会，并发了请柬邀请有关部门领导，在请柬上把开会的时间、地点写得一清二楚。接到请柬的几位部门领导很积极，提前来到礼堂，一看会场布置不像是开总结表彰大会的样子，经询问才知道，礼堂即将开报告会，某机关的总结表彰大会换地点了。几位领导感到莫名其妙，个个都很生气：改地点了为什么不通知？一气之下，都回家去了。

事后，大会主办机关的领导解释说，因秘书人员工作粗心，在发请柬之前没有与礼堂负责人取得联系，想当然地认为不会有问题，便把会议地点写在了请柬上。等开会前一天下午去联系时才得知礼堂早已租给别的单位了，只好临时更换大会地点。但由于邀请的单位和人员较多，来不及一一通知，造成了上述失误。尽管领导登门道歉，造成的不良影响也难以消除。

思考：使用请柬应注意哪些事项？

典型案例3　会场的"明星"

小刘的公司应邀参加一个研讨会，该研讨会邀请了很多商界知名人士及新闻界人士参加。老总特别安排小刘和他一道参加，想让小刘见识一下大场面。

开会这天早上，小刘睡过了头。等他赶到时，会议已经进行了20分钟。他急急忙忙推开了会议室的门，"吱"的一声脆响，让他一下子成了会场上的焦点。他刚坐下不到5分钟，肃静的会场上响起了摇篮曲。是谁放的音乐？原来是小刘的手机响了！这下子，小刘可成了整个会场的"明星"……

之后没多久，小刘便离开了该公司。

思考：（1）小刘有哪些失礼之处？

（2）参加各种会议时应该注意哪些礼仪？

 实践训练

1. 小型会议座次安排实训

以下是一个小型会议的参会人员名单，请为这些人员安排座次，把代表人员的字母填入图 4-11 中代表座位的圆圈中。

A：董事长（东道主）

B：公关部经理（东道主）

C：秘书（东道主）

D：翻译（东道主）

E：外联部经理（外方）

F：外联部工作人员（外方）

G：公关部工作人员（外方）

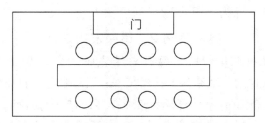

图 4-11 | 小型会议座次安排

2. 商务会议礼仪训练

（1）训练内容：学生的座次安排能力，主持人、发言人及与会者的礼仪技巧运用能力。

（2）情境设置：A 公司为表彰一年来为公司发展做出突出贡献的人员，特举行总结表彰会议，公司 7 位领导将全部出席，会议由分管销售的张经理主持，刘总经理将做重要讲话，有 2 位代表将发言，与会者约 50 人。

（3）训练组织：利用课余时间布置实训场地，指定 7 位学生扮演领导，其他同学扮演与会者，根据上述情境，演练座次安排，训练主持人、发言人及与会者的礼仪技巧运用能力。

（4）考评标准如表 4-2 所示。

表 4-2　实践训练评分表（2）

考核项目	考核内容	分值	自评分	代表评分	平均得分
商务会议礼仪	课前准备	20			
	座次安排	20			

续表

考核项目	考核内容	分值	自评分	代表评分	平均得分
商务会议礼仪	主持人礼仪	20			
	发言人礼仪	20			
	与会者礼仪	20			

任务三　商务谈判礼仪

商务谈判是当事人为实现一定的经济目的,明确相互间的权利和义务而进行协商的行为。其中的礼仪规范是谈判双方在谈判过程中营造和谐气氛、展现自身素质必不可少的要素。商务谈判既是一门科学,又是一门艺术。优秀的谈判人员不仅要精通专业知识,还要掌握社会学、心理学、语言学、礼仪学等方面的知识,这样才能在谈判中得心应手、应付自如。

任务描述

商务谈判是商界人士进行的洽谈,是一种重要的商务活动。另外,谈判座次安排也是重要的内容,一般会有两种情况,一种为横式,另一种为竖式。我们要掌握谈判桌的摆放及座次排列方法。

举止是人际交往过程中的礼仪表现形式,讲究的是动作与表情的礼仪。在商务谈判中,除了语言可以用来表达自己的看法,肢体动作和面部表情都可以用来表达思想感情。谈判代表的仪容、服饰、言谈举止等具体礼仪知识也是我们需要掌握和运用的。

任务导入

A 国的钢铁和煤炭资源短缺,而 B 国盛产钢铁和煤炭。按理说,A 国的谈判地位应较低,B 国在谈判桌上应占据主动。可是,A 国人却把 B 国的谈判代表请到 A 国谈生意。到了 A 国,A 国人非常谨慎、讲究礼仪,让 B 国的谈判代表很满意,因而 A 国和 B 国在谈判中的相对地位就发生了显著的变化。B 国人过惯了富裕、安逸的生活,他们的谈判代表到了 A 国之后没几天就急着回去,所以常常在谈判桌上表现出急躁的情绪。但是 A 国谈判代表却不慌不忙地讨价还价,掌握了谈判的主动权。结果 A 国仅仅花费了少量招待费用就钓到了"大鱼",取得了一般情况下难以取得的大量材料。

问题:(1)A 国取得谈判主动权的原因是什么?

(2)谈判时应掌握哪些技巧?

▌知识点 1　谈判仪表、仪态礼仪

商界素以注重仪表、仪态著称,出席商务谈判时,更要讲究仪表的整洁、服饰的规范、言谈举止的文明得体。良好的礼仪素养能够有效促进谈判目的的顺利达成。商务谈判人员的礼仪规范如表 4-3 所示。

表 4-3　商务谈判人员的礼仪规范

礼仪规范	具体内容
仪表	头发：男性头发长短适当、干净整齐，女性应选择端庄大方的发型； 面部：男性保持干净清爽，女性应化淡妆
服饰	男性应穿深色西装、白色衬衣，打素色或条纹领带，配深色袜子和黑色皮鞋； 女性应穿以冷色调为主的套裙，配肉色的长筒丝袜和黑色的高（中）跟鞋
言谈举止	表达准确、口齿清晰、言辞有礼，要多用敬语和谦语； 举止要自然大方、优雅得体

▌知识点 2　谈判礼仪

1．谈判准备礼仪

（1）人员准备。商务谈判之前首先要确定谈判代表，要与对方谈判代表的身份、职位相当。

（2）技术准备。谈判前一定要详尽地了解对方的形势、目标、意图和退让的幅度，做到知己知彼。

（3）礼仪准备。谈判代表要有良好的综合素质，谈判前应整理好自己的仪表，穿着要整洁、正式、庄重，如图 4-12 所示。

（4）谈判地点的确定。根据谈判地点的不同，商务谈判可以分为以下几种。

① 客座谈判，即在谈判对手所在地进行谈判。

② 主座谈判，即在我方所在地进行谈判。

③ 客主轮流谈判，即谈判地点按客主轮流安排。

④ 第三地点谈判，即不在谈判双方所在地进行谈判。

谈判地点应通过各方协商确定。

图 4-12｜良好的仪表

（5）谈判会场的布置。使用长方形或椭圆形的谈判桌，会场大门右手座位或对面座位为尊，应让给客方。

（6）谈判前应对谈判主题、内容、议程做好充分准备，制订计划、目标及谈判策略。

2．谈判之初的礼仪

第一印象十分重要，谈判之初要尽可能创造出友好、轻松的谈判气氛。

进行介绍时要自然大方，不可流露出傲慢之意。被介绍的人应起立并微笑示意，可以礼貌地道"幸会""请多关照"。询问对方时要客气，如"请问尊姓大名"等。如有名片，要双手接递。介绍完毕，可选择双方都感兴趣的话题进行交谈，寒暄片刻，以沟通感情，创造良好的气氛。

谈判之初，谈判代表的姿态动作也对谈判气氛有着重要影响。注视对方时，目光应停留在对方双眼至前额区域，这样能使对方感到被关注，觉得你诚恳、严肃。手心朝上比朝下好，手势自然，不宜乱用手势，以免给人轻浮之感。切忌双臂在胸前交叉，否则会显得十分傲慢无礼。

谈判之初的重要任务是摸清对方的底细，因此要认真听对方讲话，细心观察对方的举止、表情，并适当给予回应。这样既可以了解对方的意图，又可以表现出尊重与礼貌。

3．谈判之中的礼仪

这是谈判的实质性阶段，主要任务是报价、查询、磋商、解决矛盾、处理冷场。

（1）报价。报价要明确无误、守信用、不欺骗对方。在谈判中报价不得随意变换，对方一旦接受价格，即不再更改。

（2）查询。事先准备好有关问题，选择在气氛和谐时提出。切忌在气氛比较冷淡或紧张时询问，言辞不可过激或追问不休，以免引起对方反感甚至恼怒。针对原则性问题，应当据理力争。对方回答时不宜随意打断，答完后要向解答者表示谢意。

（3）磋商。讨价还价事关双方利益，此时双方容易因情急而失礼，因此更要注意保持风度，应心平气和，求大同存小异。发言时措辞应文明礼貌。

（4）解决矛盾。要就事论事，保持耐心、冷静，不可因发生矛盾而怒气冲冲，甚至进行人身攻击。

（5）处理冷场。冷场时主方要灵活处理，可以暂时转移话题，稍做放松。如果确实已无话可说，则应当机立断，暂时中止谈判，稍做休息后再重新开始。主方要主动提出话题，不要让冷场的持续时间过长。

4．谈判之后的签约礼仪

签约仪式上，双方参加谈判的全体人员都要出席，共同进入会场，相互致意、握手，一起落座。双方都应设有助签人员，分立在本方的签约人外侧，其余人排列站立在本方签约人身后。

助签人员要协助签约人打开文本，用手指明签字位置。双方代表分别在本方的文本上签字，然后由助签人员交换，签约人再在对方的文本上签字。

签约完毕后，双方应同时起立，交换文本，并握手、相互祝贺。其他人员则应该以热烈的掌声表示喜悦和祝贺。

▌技能点　谈判座次安排礼仪

1．双边会谈

双边会谈通常用长方形或椭圆形的桌子，宾主相对而坐。桌子的摆放主要有两种形式。

（1）横桌式。横桌式是指谈判桌在谈判室内横放，客方人员面门而坐，主方人员背门而坐。除双方主谈者居中就座外，其他人员应依其具体职位的高低，先右后左、自高而低地分别在己方一侧就座，如图 4-13 所示。双方主谈者的右侧位置，在国内谈判中可坐副手，在涉外谈判中则应坐译员。记录者一般安排在后面就座。

（2）竖桌式。竖桌式是指谈判桌在谈判室内竖放。具体排位时，以进门时对着的方向为准，右侧由客方人员就座，左侧则由主方人员就座，如图 4-14 所示。在其他方面，则与横桌式相仿。

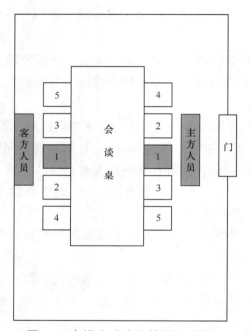

图 4-13｜横桌式座次排列示意图

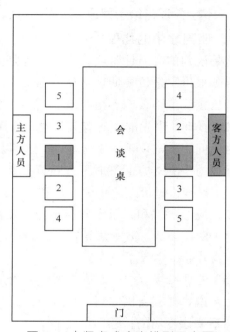

图 4-14｜竖桌式座次排列示意图

2．多边会谈

举行多边会谈时，为了不失礼，按照国际惯例，一般以圆桌为谈判桌，即所谓的圆桌会议，这样可以淡化界限，如图 4-15 所示。

图 4-15｜圆桌会议

无论何种谈判，有关各方与会人员都应尽量同时入场、同时就座。至少，主方人员不应在客方人员之前就座。

锦囊

锦囊1 谈判接待礼仪

谈判代表衣着应美观、大方、整洁，气质应热情、豁达，应给人以良好的印象。接待对方谈判代表时，接待方的人员级别应与对方相当。对方的重要代表，接待方应派人前往机场、车站或码头迎接。己方代表应在谈判会场门口迎接对方代表，之后握手、寒暄，友好地引其入场。

锦囊2 谈判语言礼仪

谈判时最好以中性话题开始，不宜"开门见山"，以免冷场。例如，可以先谈天气、新闻、个人爱好、彼此的渊源等，然后逐渐进入正题。

谈判时应以协商性语言和语气为主，适当运用发问、应答、拒绝等方法和技巧。发问要有理、有力、有节，忌用威胁性、讽刺性的语言和盘问式、审问式的语气。应答应机敏，同意对方的观点时可以明确表示同意，如意见相左，可委婉地提出。拒绝对方时，忌用教训、嘲弄的口气和批判性、挖苦性的言辞。

锦囊3 商务谈判中的注意事项

一忌欺诈隐骗，二忌盛气凌人，三忌道听途说，四忌攻势过猛，五忌含糊不清，六忌以我为主，七忌枯燥呆板。

典型案例

典型案例1 正确手势应用的重要性

一天，王经理正在办公，家具公司的李经理上门推销座椅，一进门便说："哇！好气派。我很少看见这么漂亮的办公室。如果我也有一间这样的办公室，这一生就满足了。"李经理就这样开始了他的谈话。然后，他又摸了摸办公椅扶手，说："这不是香山红木吗？难得一见的上等木料呀。""是吗？"王经理的自豪感油然而生，接着说，"我这整个办公室是请装潢厂家装修的。"于是，王经理带着李经理参观了整个办公室，兴致勃勃地向他介绍了装修材料、色彩调配。

思考：（1）在商务谈判中，应注意哪些语言表达技巧？

（2）交往中应如何表达赞美？

典型案例2 环节决定成败

星期天，一对年轻的夫妇带着他们可爱的小宝宝逛商场。小宝宝看着琳琅满目的商品，用小手胡乱指着，显出兴致勃勃的神态。来到儿童玩具专柜前时，售货员笑脸相迎，热情地向小宝宝的父母打招呼："您二位想买点儿什么？想给孩子买个玩具吧？"夫妻俩看了看玩具的标价，抱歉地摇了摇头，抱着孩子就想离开。突然，小宝宝哭闹起来：

"我要玩具！我要玩具！"夫妻俩只好赔着笑脸又劝又哄，却无济于事。售货员好像悟出了什么，立即挑出了几件高级电动玩具，打开开关让玩具动起来给孩子看，并亲切地问道："小宝宝，你想要哪件玩具呀？阿姨给你拿。"孩子立即停止了哭闹，语气干脆地说："机器狗！"这时售货员看了这对年轻夫妇一眼，见他们犹豫了一下，交换着眼神，终于买了机器狗。

　　思考：（1）售货员运用了什么样的谈判策略？她为什么会成功？

　　　　　（2）这种策略的特点是什么？在商务谈判中适用于什么对手？

　　提示：售货员运用的是以柔克刚的策略，找到了对方的薄弱环节，通过诱导孩子的需求，从感情上打动了顾客；这种策略利用的是对方的感情弱点，使用这种策略时自己要保持耐心，要善于表达友好的态度，以获得对方的好感；在商务谈判中，这种策略适用于那些强硬、自大又存在明显感情弱点的对手。

 实践训练

1．情境设置

　　B工程公司委托A公司代理与C公司的工程设备交易谈判。C公司根据B工程公司的报价，建议对方考虑市场的竞争力和第一次进入本地市场的情况，降低价格。作为代理商的A公司做了一番解释后，不降价，并说其委托人的价格是合理的。C公司对B工程公司的报价又做了分析，A公司又做解释。

2．训练组织

　　全班分成4组，每组指定6位学生参与情境演练，分别代表A公司和C公司进行模拟谈判，主要考查学生在整个过程中的礼仪表现。

3．点评要点

　　按表4-4所示标准，考查学生对谈判礼仪的掌握程度。

表4-4　实践训练评分表（3）

考核项目	考核内容	分值	自评分	小组评分	平均得分
座次安排	主、客方座次安排	15			
	谈判人员座次安排	15			
礼仪规范	仪表礼仪	10			
	服饰礼仪	10			
	言谈礼仪	10			
	举止礼仪（含问候、握手、递接名片、自我介绍等）	40			

任务四　办公室礼仪

任务描述

办公室礼仪是指办公人员在办公室工作中尊敬他人、讲究礼节的规范和程序。办公室是日常办公的地方，一个人良好的办公室礼仪能体现出其具备良好的素质和个人修养。良好的办公室礼仪不仅能树立个人和公司的良好形象，还同个人的事业发展息息相关。

通过本任务的学习，学生应了解办公室空间环境礼仪、办公室人文环境礼仪、办公室仪表礼仪等知识，并掌握办公室言谈举止礼仪等。

任务导入

任明纹是 A 商业集团旗下物流公司某办公室秘书，朱慧是她的指导老师。平时，朱慧总是每天早上提前 10 分钟到公司，把上司办公室的窗帘拉开、窗户打开，把桌上的文件按照框架上贴的标签分类摆好，整理电脑桌，还把上司要审阅的重要文件放在办公桌中间；然后擦拭办公桌上的电话话筒、传真机磁头，清洁自己的办公区域等。做完这些，上司和同事们也就陆续来到公司，开始一天的工作了。

一天，朱慧因事请假，任明纹准时到达公司时发现客户已经来了。她急忙把客户引入会客室，却发现前一天客户喝剩的茶水还留在桌上，杂志也凌乱地堆在报刊架上。任明纹急忙整理好会客室，再给客户端上茶水，这时客户已经干坐了好一会儿。

问题：（1）假如你是任明纹，你该怎么办？

（2）作为物流公司办公室秘书，应该掌握哪些办公室礼仪知识？

知识点 1　办公室空间环境礼仪

在个人办公区，办公桌要保持清洁，办公桌上的物品要分门别类地摆放，物品摆放要顺手、方便、整洁、美观，这样有利于提高工作效率，如图 4-16 所示。非办公用品不外露，办公桌上最好不摆放茶杯，招待客人的茶具应放到专门的饮水区。若文具种类比较多，应放进笔筒，而不能零散地放在桌上。当有事离开办公座位时，应将座椅推入办公桌内。

办公室中的书架和文件柜应靠墙，这样比较安全。沙发的摆放位置最好远离办公桌，以免谈话时干扰别人办公。

办公室应保持清洁、舒适。地面要经常清扫、擦洗，地毯要定期除尘。办公室的墙壁切忌乱刻乱画，不可将电话号码记在墙上，也不可张贴记事的纸张。墙上可以悬挂地图以及与公司有关的图片。

宽敞的办公室可以放置盆花，但盆花要经过认真挑选，要经常浇灌和整理，不能让其枯萎或出现黄叶。办公室一般不宜摆放盛开的鲜花。

图 4-16｜整洁、美观的办公区

▌知识点 2　办公室人文环境礼仪

办公室人文环境是指影响办公人员工作心理的环境因素，包括普通同事关系、上下级关系、异性关系等。

1. 与普通同事共处

与普通同事共处时，应该做到以下几点。

（1）真诚合作。同事之间属于互帮互助的关系，俗话说"一个好汉三个帮"，只有真诚合作，才能共同进步。

（2）同甘共苦。同事有困难时，应主动问询，对力所能及的事应尽力帮忙，这样能增进双方之间的感情，使同事关系更加融洽，如图 4-17 所示。

图 4-17｜融洽的同事关系

（3）公平竞争。同事之间竞争是正常的，有助于共同成长，但是要公平竞争，不能做损害他人的事情。

（4）宽以待人。同事之间相处，发生小摩擦在所难免。如果错在自己，应主动向对方道歉，取得对方的谅解；如果同事对自己产生误会，应主动向对方说明，不可小肚鸡肠、耿耿于怀。

2. 与下级共处

与下级共处时，强调平等相待，不可颐指气使，表现得高高在上。

（1）要领导有方，增强聚群性和提高社交能力。养成合群、待人热情、平等、乐于交往的良好品质，提升人际感知能力、理解能力、人际表露能力和有效交往的能力。

（2）必须具备服务意识。上级应该树立服务观念，关心下级的生活，及时倾听下级的意见，为其排忧解难，创造良好的工作、生活、学习、成才的条件。

（3）要任人唯贤。作为上级，应当善于发现人才和使用人才。在用人上，应用其长而舍其短，以实现科学合理的分工。要尽可能发挥每个人的长处，避免下级产生压抑心理，以充分发挥其创造性和积极性。同时，也应尽可能地满足个体自我实现和自我发展的需要，使全体成员心情舒畅。

（4）守信践诺。作为上级，应言而有信，不轻易许诺，凡已许下的诺言应做到"言必信，行必果"。

3．与上级相处

与上级相处的礼仪有很多，核心要义是尊重。

（1）在口头上、行动上要努力维护上级的形象和声誉，服从命令、听指挥。

（2）要多请示，在工作中不越权、不添乱。

（3）要及时汇报，多接受上级的指导和批评建议。

（4）开会或讨论问题时，不要夸夸其谈、喧宾夺主。

（5）要公私分明，不可混淆工作和社交之间的关系，胡乱攀认。在上级的办公室里，未经允许，不可随意翻阅文件。

（6）在正规场合遇见上级时，应礼貌地点头致意。

（7）要学会赞扬、知情重义，在上级给予关怀和帮助时要及时致谢。

（8）要自尊自爱，面对上级时，不可盲目屈从和无原则地妥协，那样会丧失自我。

4．与异性共事

在一起工作的男女同事要相互尊重，在工作中要注意男女平等，如图4-18所示。俗话说："男女搭配，干活不累。"男女同事在交往中要把握好尺度，具体而言要注意以下几点。

（1）不在隐蔽空间或私密空间里共处，例如，男女同事同在办公室里时不要锁上房门。

（2）行为举止要讲究分寸，例如，男士不可随便触碰女士，女士不要在男士面前梳理头发等。

图 4-18 | 男女同事之间相互尊重

（3）语言要掌握分寸。女士在恭维或夸赞男士时，要掌握分寸，不要让对方产生误解。

（4）交际要掌握分寸。在办公室里，女同事要注意掌握与男同事交往的分寸。

▍知识点 3　办公室仪表礼仪

办公室工作人员必须仪表端庄、整洁，如图4-19所示，具体要求如下。

图 4-19 ｜ 端庄、整洁的办公室仪表

（1）头发。办公室工作人员的头发要经常清洗，保持清洁，做到无异味、无头皮屑。男士的头发前边不能过眉毛，两边不能过长；女士在办公室时尽量不要留披肩发型，刘海不能过眉毛。

（2）指甲。指甲不能太长，应注意经常修剪，女士涂指甲油时要尽量用淡色。

（3）面部。女士要化淡妆上岗；男士不能留胡须，胡须要经常修剪。

（4）口腔。口腔要保持清洁，上班前不能喝酒或吃有异味的食品。

（5）服饰。服饰要协调，以体现权威、声望和精明强干为宜。男女着装都要庄重大方、整洁文雅。男士可以西服为主，也可以穿商务休闲夹克，颜色以黑、灰、蓝、白为主色调，注意不要穿印花或大方格的衬衫，可以有少量颜色搭配、镶嵌，但不能花哨。男士不能在办公场所随意脱解衣物，不能戴帽子和墨镜，不能穿背心、短裤、凉鞋或拖鞋，更不能赤脚、赤膊。女士则最好穿西服套裙、连衣裙或长裙。年轻女性的裙子不能过短，中老年女性的裙子以盖住膝盖为宜。女士不宜穿过于短、小的衣服。工作场合的服装应清洁、方便，不应有过多修饰。

▍知识点 4　办公室言谈举止礼仪

1. 办公室举止礼仪

（1）准时到岗，养成守时的习惯。不管打卡还是开会，总是迟到几分钟的人会给上级留下拖拖拉拉、不敬业、不干练的印象。准时守约是职场人士的基本素质。

微课：公共场所禁止的不文明行为

（2）体态优雅。办公室人员的行为举止应稳重、自然、大方、有风度；走路时应身体挺直、步速适中、稳重、抬头挺胸，以给人留下正直、积极、自信的好印象；不要风风火火、慌慌张张，让人感到自己缺乏工作能力；坐姿要优美，腰挺直、头摆正，不要趴在桌子上或歪靠在椅子上；有人来访时，应点头或鞠躬致意，不能不理不睬。

（3）保持安静。在办公室讲话时声音要轻，不能在办公室、过道里大声呼喊；不要用力开关门窗、推拉抽屉，以免影响别人工作。

（4）爱护公共财产、不公为私用、不滥用手中权力。办公区的设施设备是为工作所设的，不可把办公设备带回家，不可在办公室复印自己的资料、打私人电话等，也不可擅自使用他人的私人物品。

（5）办公时间不要离开办公桌，不要看书报、吃零食、打瞌睡，不要坐在办公桌上办公或将腿跷到办公桌上，更不要当众化妆。

（6）到别人的办公室拜访时同样要注意礼貌。一般需要事先联系，准时赴约，经过许可后方可入内。在别人的办公室里，没有主人的提议，不能随便脱下外套，也不要随意解扣子、卷袖子、松腰带；未经同意，不要将衣服、公文包放到桌子和椅子上；不要乱动别人的东西。在别人的办公室停留的时间不宜太久，初次造访以 20 分钟左右为宜。

2．办公室语言礼仪

（1）不要人云亦云，要学会发出自己的声音。如果你经常人云亦云，那么你在办公室里就很容易被忽视，在办公室里的地位也就不会很高。

（2）不要在办公室里当众炫耀自己。就算你的专业技术过硬，是办公室里的"红人"，上级也非常赏识你，也不能当众炫耀。

（3）不可公开谈论薪资、探听同事的薪资。同事之间的薪资往往有差别，打听别人的薪资或说出自己的薪资有可能既得罪上级，又惹恼同事。

（4）应对同事使用正式的称呼，不可呼其小名和外号，也不能使用昵称。对上级和前辈可以用"先生"或其职务来称呼，最好不同他们在大庭广众之下开玩笑。

（5）不要把办公室当作诉说心事的地方。虽然这样能够很快拉近人与人之间的距离，使你们之间很快变得友善、亲切起来，但心理学家调查研究后发现，事实上只有很少的人能够严守秘密。

锦囊

锦囊 1　指正上级的方法与技巧

（1）在引述、认同上级的某些观点时提出自己的看法。如果是在讨论问题，相比于上级的观点，你有更好的建议，可先引述、认同上级的某些观点，再发表自己的看法。

（2）不要站在上级的对立面说话。有些人面对上级出现的错误，往往会控制不住自己的情绪，全盘否定上级的意思，这种做法是不正确的。

（3）不要在公众面前指出上级的错误。上级的方案或想法刚说出口，你立即表示反对，这会使上级非常难堪；不要当众指出上级的错误，使上级感到尴尬；也不要当场逼迫上级表态，而应该在上级情绪平稳时，找一个单独的机会，提出自己的不同想法。

锦囊2　办公室人员的语言技巧

不卑不亢、活泼俏皮的说话态度，以及自信的表达、优雅的肢体语言都是办公室人员的语言技巧。娴熟地运用这些语言技巧，能促进你与同事之间的关系。

锦囊3　七种不受欢迎的办公室女士

（1）喜欢在办公室里交头接耳的女士。

（2）一边工作，一边对工作不停抱怨的女士。

（3）从来不搞卫生、不做吃苦受累的事的女士。

（4）总喜欢要求男士请客的女士。

（5）工作心不在焉的女士。

（6）浓妆艳抹、衣着不规范的女士。

（7）献媚的女士。

锦囊4　办公室"六不要"

（1）不要将工作和个人的生活混在一起。

（2）不要把各种情绪带到办公室。

（3）不要把粗俗的话带到办公室。

（4）不要在办公室大哭、大叫或做其他冲动的事。

（5）不要不打招呼就闯到别人的办公室里。

（6）不要抱怨、发牢骚或讲一些不该讲的话。

 典型案例

典型案例1　小杨的办公室礼仪

24岁的小杨进入了一家新的单位，工作比以前好很多，工资待遇有了很大提高。由于工作性质的关系，小杨经常和老板一起外出公干。每次和老板一起外出时，小杨都特别卖力，极尽所能地展现自己的公关才干，总是没等老板搞清楚情况就结束了谈判。小杨非常满意自己的表现。另外，新的工作让小杨有了使用各种办公设备的机会。他经常趁同事不在时使用办公设备复印自用资料，或用办公电话给远在异乡的家人打电话；有时更是将办公设备（如数码相机）带回宿舍，和其他室友一起摆弄，借以炫耀自己获得的工作特权。一次，小杨的朋友来公司找小杨，小杨就在办公室里和朋友高谈阔论起来。老板经过时，小杨并没有停止聊天去和老板打招呼，也没有向朋友引荐自己的老板，因为他认为自己和老板很熟悉，不需要客套。半年后，小杨被公司辞退了。

思考：（1）分析小杨被辞退的原因。如果你是小杨，你会怎样做？

　　　（2）办公室言谈举止的礼仪有哪些？

典型案例2　不规范着装的后果

在一家公司工作的陈小姐平时比较时尚，上班时穿的裙子过短，弄得同办公室的两位男同事常常感到非常尴尬，而来联系业务的客户总是往他们办公室跑，借故和陈小姐

说话，影响了大家的工作。后来，李科长只好把陈小姐安排到打字室上班。

思考：（1）李科长为什么要把陈小姐安排到打字室上班？

（2）在办公室应注意哪些着装礼仪？

实践训练

实践训练 1

同在业务部工作的小宋和小姚都业绩斐然、表现优异。他们既是同事，又是工作中互相比拼、暗中竞争的对手。一天，小宋正在写一份销售计划书，突然接到一个电话后就匆匆离开了座位，走出了办公室。这时，小姚刚好从小宋的办公桌旁边路过，看到销售计划，心中不禁暗暗称赞……过了好一会儿，小宋回来了，小姚心里好像有点儿不安……

演练组织：请 2 位学生上台，一人扮演小宋，一人扮演小姚，分别演示小姚和小宋该怎么做。

点评要点：看 2 位学生的处理方法是否妥当，注意他们在表演中的言谈举止。

实践训练 2

（1）小陈（女）有要事找刘总（男），此时刘总办公室的门是半开的……

（2）小陈（女）有要事找刘总（男），刘总此时正伏案工作……

演练组织：请 2 位学生上台，一人扮演小陈，一人扮演刘总，演示上述情境。

点评要点：看 2 位学生的言谈举止是否合理。

任务五　行进间礼仪

行进间礼仪主要强调行进中的位次排列，即人们在步行时的位次排列。在陪同、接待来宾或领导时，行进位次十分重要。

任务描述

在商务活动中，任何一个组织都要经常与外界打交道，要接待来宾。接待工作做得如何，直接关系到组织形象及后续工作的开展。因此，接待者要讲究一定的礼仪规范。在本任务中，需要掌握各种行进间场合的礼仪规范，如路上、电梯里、走廊上、客厅里及出入房间等。另外，接待过程中乘车的座次安排也是要学习的重要内容。

任务导入

刘某是 A 公司的秘书。一天，办公室主任李某让他代表自己安排 B 公司赵总经理一行 3 人的来访接待工作。刘某开车陪同公司孙副总经理到机场迎接他们时，看到赵总经理一行人从机场走了出来，就马上上前问候，然后带着他们来到公司安排的轿车前。

刘某安排赵总经理坐在前排视野开阔的副驾驶座位上，但赵总经理犹豫了一下，然后说他有些不舒服，想坐在后排休息一下，便与孙副总经理一起坐到了后排。赵总与孙总一路谈笑风生，没有一点儿不舒服的迹象。刘某这才意识到，刚才他在座次的安排上做得有些不妥。为怕再出问题，刘某一直在思考后面接待、引领过程中的礼仪要点……

问题：（1）刘某是不是真的做错了什么？假如是你，你会怎样安排？

（2）后面的接待工作中，刘某应怎样做呢？

技能点 1 电梯礼仪

微课：楼梯、电梯引导礼仪

1．等电梯礼仪

等电梯时，要面带微笑地向熟人打招呼。按按钮时，轻轻按下按钮即可，不要反反复复地按。要在出口处右边等候，以方便其他乘客出电梯。

2．与不相识者同乘电梯礼仪

（1）与不相识者同乘电梯，进入时要讲究先来后到。走进电梯后，应该给别人让地方。正确的站法：先进电梯的人要靠两侧站，不要背对着别人，可站成"n"字形，最后进电梯的人站在中间。

（2）出电梯时应由外向里依次而出，即站在门口的人应该先出去，以免妨碍后面要出电梯的人，不可争抢，如图 4-20 所示。

图 4-20 | 有序出入电梯

3．与熟人同乘电梯礼仪

与熟人同乘电梯，尤其是与尊长、女士、客人同乘电梯时，如果是有人管理的电梯，如图 4-21 所示，应主动后进先出；如果是无人管理的电梯，则应当先进后出（先进去是为了控制电梯，后出来也是为了控制电梯）。

图 4-21 | 有人管理的电梯

4．与客人或长辈共乘电梯礼仪

（1）与客人或长辈来到电梯门前时，应先按电梯呼梯按钮。轿厢到达、厅门打开时，若客人或长辈不止1人，可先行进入电梯，一只手按"开门"按钮，另一只手挡住电梯侧门，礼貌地说"请进"，请客人或长辈进入电梯轿厢。

（2）进入电梯后，按下客人或长辈要去的楼层按钮。若电梯行进间有其他人员进入，可主动询问要去几楼，帮忙按下按钮。

电梯内可根据情况决定是否寒暄。例如，没有其他人员时可稍做寒暄；有外人或其他同事在时，可斟酌是否有必要寒暄。在电梯内尽量侧身面对客人。

（3）到达目的楼层时，一只手按住"开门"按钮，另一只手做出"请出"的动作，可说："到了，您先请！"客人或长辈走出电梯后，自己立刻走出电梯，并热情地引导行进的方向。

5．电梯内的其他礼仪

（1）在电梯中不小心触碰到别人要马上道歉。

（2）在电梯内不要大声讨论事情或大声笑闹。

（3）在写字楼上班时，每天都和同一个大厦的人一起乘坐电梯，会遇到一些熟悉的面孔，进出电梯时说一句问候语，可以增加亲和力，提升形象指数。

6．使用电梯"三忌"（见图4-22）

（1）忌"铜墙铁壁功"：使用电梯时应遵循"先下后上"原则，不要堵住门口。

（2）忌"目中无人术"：随意地抛扬背包、甩长发，都会影响他人。

（3）忌"九阴白骨爪"：等候时不自觉地点按按钮是不礼貌的行为。

图4-22│使用电梯"三忌"

▌技能点2　行进次序礼仪

行进次序是指人们行走时的位次。商务人员在陪同领导、来宾时，要特别注意这个问题，不可违反相关礼仪，否则会显得不礼貌。

（1）二人同行：前后行走时，前为尊，后为次；左右行走时，右为上，左为下。

（2）三人并行：中为尊，右为次，左为下。

（3）多人同行：走在最前方的是长辈或职位较高者，其右后方次之，资历较浅者应位于左后方。

（4）男女同行：女在右，男在左；或女在内侧，男在外侧，如图4-23所示。

（5）行进到需要开门才能进入的场所时，男士或职位较低者应先快步走上前开门，等同行的女士或职位较高者通过门口之后再通过。

（6）搭乘自动扶梯时，应保持良好的姿势，并握住扶手、靠边站立，让出一侧给急需快速通过的人。

（7）如果几个人同时搭乘自动扶梯，不要并排站立把扶梯占满，应该遵循靠边站立原则，如图4-24所示。若携带大件物品，应将其放在自己前面。

（8）在道路上行走时要按惯例自觉走在右侧，有人行进时不要占用左侧。

图 4-23 | 男女同行礼仪

图 4-24 | 靠边站立原则

▌技能点 3　引导礼仪

自己位于客人左前两三步，侧转 130° 朝向客人；用左手示意方向；要配合客人的行走速度；保持职业性的微笑和认真倾听的姿态；如客人带有物品，可以礼貌地为其服务；途中注意引导提醒；拐弯或有楼梯台阶的地方应使用手势表明，并提醒客人"这边请""注意楼梯""有台阶，请走好"等。

在公共场合以右为尊，陪同者最好走在客人的左前方；陪同者在陪同客人参观游览的过程中，应该走在客人的左手边。这样既可以同客人进行自由交流，又可以体现以右为尊的原则，如图4-25所示。

上楼梯时，客人走前面，陪同者紧跟在后面；下楼梯时，陪同者走前面，并将身体转向客人。楼梯的中间

图 4-25 | 以右为尊的原则

位置是上位，但若有栏杆，应让客人扶着栏杆走；如果是螺旋梯，则应该让客人走内侧。上下楼梯时，要提醒客人注意安全。

通过走廊时，应当靠右走，单排行进，至多两人并排行走。在通过仅允许一人通过的走廊与人相遇时，应面向墙壁，侧身相让，请对方先通过。若对方先这样礼让，要向其道谢。接待人员应在客人的左斜前方，如图 4-26 所示，距离两三步远，配合其步调。若左侧是走廊的内侧，应让客人走在内侧。

当客人走入客厅时，接待人员应用手指示，请客人坐下，看到客人坐下后，才能行点头礼离开，如图 4-27 所示。

图 4-26 | 引导客人通过走廊

图 4-27 | 客厅里的引导方法

出入房间时，要用手轻推、轻拉、轻关房间门，不能用身体其他部位推门。进门时，如果已有人在里面，应始终面朝对方，不能反身关门，背向对方。出门时，如果房间有人，应在到达房门、关门的过程中尽量面朝房间里的人，不要背对他们。一般情况下，应请长者、女士、来宾先进入房间；若率先走出房间，应主动替对方开门或关门。若出、入房间时正巧有他人入、出房间，应侧身礼让。具体做法是：房内之人先出，房外之人后入。若对方是长者、女士、来宾，可让其先行。

▌技能点 4　乘坐轿车的礼仪

乘坐轿车时，座次的安排方法如下。

（1）双排、三排座小型轿车的第一种情况：如果主人亲自驾驶，一般前排为尊。若一个人乘车，则必须坐在副驾驶座上；若多人乘车，则必须推举一个人（一般是关系密切的）坐在副驾驶座上，不然就是对主人的失敬。

（2）双排、三排座小型轿车的第二种情况：如果由专职司机驾驶，通常后排为尊；以右为尊。这时副驾驶座是随员座、安保座。

（3）在双排五座轿车上（主人亲自驾驶），其他 4 个座位由尊至卑依次为：副驾驶座、后排右座、后排中座、后排左座，如图 4-28 所示。

（4）在双排五座轿车上（专职司机驾驶），其他 4 个座位由尊至卑依次为：后排中座、后排右座、后座左座、副驾驶座；副驾驶座是助手、接待或陪同人员坐的，如

图 4-29 所示。

（5）在三排七座轿车（中排为折叠座）上（主人亲自驾驶），其余 6 个座位由尊至卑依次为：副驾驶座、后排右座、后排中座、后排左座、中排右座、中排左座，如图 4-30 所示。

（6）在三排七座轿车（中排为折叠座）上（专职司机驾驶），其余 6 个座位由尊至卑依次为：后排中座、后排右座、后排左座、中排右座、中排左座、副驾驶座，如图 4-31 所示。

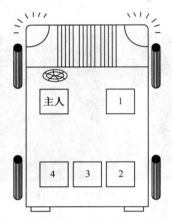

图 4-28｜双排五座轿车座次安排（1）

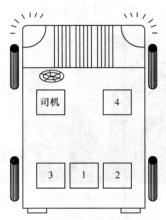

图 4-29｜双排五座轿车座次安排（2）

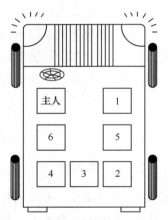

图 4-30｜三排七座轿车座次安排（1）

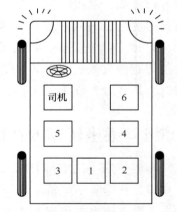

图 4-31｜三排七座轿车座次安排（2）

（7）多排座的中型轿车或大型轿车，无论由何人驾驶，均以前排为上、后排为下，右尊左卑。乘坐四排座或四排座以上的中型或大型轿车时，通常应以距离前门的远近来确定座次，离前门越近，座位等级越高；而各排座位又讲究右尊左卑，如图 4-32 所示。

（8）对于轻型越野车，不管由谁驾驶，其座次尊卑依次为：副驾驶座、后排右座、后排左座。简单地讲，可以归纳为由前至后、由右至左，如图 4-33 所示。

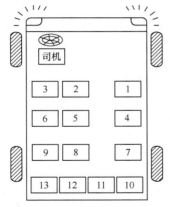

图 4-32 | 多排座中型轿车座次安排

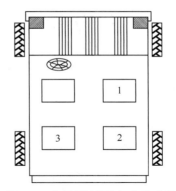

图 4-33 | 轻型越野车座次安排

 锦囊

上下轿车的先后顺序

上下轿车的先后顺序通常为：尊长、来宾先上后下，秘书或其他陪同人员后上先下。即请尊长、来宾从右侧车门先上，秘书或其他陪同人员再从车后绕到左侧车门上车。下车时，秘书应先下，并帮助尊长、来宾开启车门。在轿车抵达目的地时，若有专人恭候并负责开启轿车的车门，则位尊者亦可率先下车。

典型案例

刘光的座次安排

某公司员工刘光代表他的领导开车到机场迎接来公司考察的 6 人。双方见面后，刘光安排考察团李团长坐在三排七座轿车最后排的右边，可李团长却执意要坐到副驾驶的位置上。几经争让后，李团长不太情愿地坐到了最后排右座。之后，李团长似乎不太高兴，刘光也感到委屈。

思考：（1）李团长为何不高兴？

（2）刘光有错吗？根据本任务中的知识点，你认为刘光该怎样做？

 **实践训练**

实践训练 1

小王等 4 位学生今天在四楼某公司办事，事已办妥，准备乘电梯下楼。此时，电梯从上层下来且门已打开，但里面已有 7 人（电梯可载 8 人），其中有 2 人准备出电梯。请演练电梯内、等电梯、进出电梯礼仪。

演练组织：A 组派 4 位学生（2 男 2 女）、B 组派 7 位学生（其中有 2 名以上女生）参与，C 组和 D 组观摩并派代表点评。

点评要点：可对 7 人电梯内的站位、礼让及 A 组 4 位学生的表现情况进行评判。

实践训练 2

刘总到公司后，领导派小王接待并引领参观。

（1）现在正走在小路上……（演练位序）

（2）马上拐弯……（演练手势、语言，如说"这边请"等）

（3）现在上楼梯……（演练语言和位序，如说"注意楼梯""当心""有台阶，请走好"等）

（4）现在下楼梯……（演练手势、语言和位序）

（5）楼梯有栏杆，假如栏杆在右……（演练位序）

演练组织：请2位学生扮演情境中的人物，其他学生观摩并点评。

点评要点：位序是否准确，手势及语言是否规范等。

实践训练 3

演练出入房间礼仪。

（1）请1人上台，演练进入房间。门是虚掩的，里面有人……出门时，里面有人……

（2）请3人上台（1男2女），演练从门外正想进入房间，而此时房间内1人准备出来……

演练组织：请4名同学扮演情境中的人物，其他同学观摩并点评。

点评要点：敲门、推门、关门、告辞时的朝向，以及语言、握手、进入顺序等。

实践训练 4

小王和小赵是要好的朋友，平时经常并排走。现在他们要去二楼主任办公室，正走在走廊上，迎面走来1人。

（1）演练走廊横向可容纳2人并行情况下的避让情境……

（2）演练走廊横向仅能容纳1人情况下的避让情境……

演练组织：请3名同学扮演情境中的人物，其他同学观摩并点评。

点评要点：走廊上的行进礼仪、礼让表现。

实践训练 5

（1）今天上级单位刘总来你单位考察，由单位3位主要领导陪同。演练他们正走在小路上……

（2）演练2人（职位不同）、3人（职位不同）、2人（职位相同、性别不同）同行在小路上……

（3）放假了，3位学生（都带有一包）结伴回家。进入车站后，他们正乘坐自动扶梯。演练站位和包的放置。

演练组织：D组派3位学生（1男2女）、C组派1位学生参与，A组和B组观摩并派代表点评。

点评要点：位序是否准确，手势、语言、包的放置等是否规范。

任务六　求职面试礼仪

任务描述

在本任务中，首先，要掌握求职信及个人简历（中英文）的写法；其次，要掌握和熟练运用面试准备阶段、进行阶段和后续阶段的礼仪技能。这些对于求职者来讲都是非常重要的，应准确把握。

任务导入

研究生毕业那年，就业形势相当严峻，我连续几次应聘失败，但还得鼓起勇气继续找工作。有一天，我看到一家银行门口贴着招聘广告。因为银行工作稳定、福利好，很多同学都想去。我想，反正不交报名费，就试试吧。同学们知道我去参加了银行的应聘，都嘲笑我，可一周以后，我接到了银行的面试通知。

参加面试的人很多，"砰！砰！"的关门声加剧了紧张的气氛。前面面试出来的人，有的喜形于色，有的万分沮丧。排在我前面的那个女孩长得很漂亮，我想我可真够倒霉的，排在她后头。

女孩笑着从主考官办公室走出来，随着"砰"的关门声，下一个该轮到我了。我整整衣裳，大着胆子往里走……很幸运，问题挺简单，在自我介绍后，只问了几个简单的小问题。我回答完后，主考官点点头，面无表情地说："你可以走了。"没有看到微笑，我心想也许没戏了，就朝门口走去。我正准备开门时，出于礼貌又返身朝他们鞠了一躬，说了声"谢谢"，然后轻轻开门，又随手轻轻关上了门。从银行大厦里走出来后，我安慰自己，银行的工作太刻板了，不来也好。

20 天后，银行打来电话通知我，我被录取了，我格外高兴。第一天上班，我去领制服的时候，碰到了那天面试我的一个主考官，他向我表示祝贺。我奇怪地问他在几百人中他怎么会记得我。他回答说："那天我们接待了约 300 个应聘者，你是唯一一个向我们鞠躬，并且关门关得那么有礼貌的人。我们是服务行业，礼貌待人是我们对员工的基本要求。"

这是我的一次求职经历，虽说误打误撞成功了，却让我明白了一个道理：也许我们不是最优秀的，但是在失意时也要讲礼貌，也要向人们展露我们的微笑。

问题：（1）那名女孩为何面试失败？

（2）本案例中的主人公为何能面试成功？

（3）我们应掌握哪些面试技巧？

在应聘过程中，掌握面试技巧是很重要的。按先后顺序，面试可分为准备阶段、进行阶段和后续阶段 3 个阶段，下面分别对其礼仪进行分析。

▍知识点1　面试准备阶段礼仪

面试前要做好心理准备；收集应聘单位的相关资料；准备好相关物品，包括公文包、求职记录本、多份打印好的简历、面试准备的材料、个人身份证、登记照等。

写简历是一门艺术，可根据自己应聘单位的条件、要求及自己的强项等有的放矢，一定要站在对方的角度考虑问题，重点突出与所应聘单位及职位相关的经验与技能。

面试时的服饰要符合求职者的身份。面试时，合乎自身形象的着装会给人以干净利落、专业的印象，男士应显得干练大方，女士应显得庄重俏丽。

1．个人简历的写法

（1）个人基本信息。个人基本信息包括姓名、性别、年龄、籍贯、政治面貌、家庭住址、电话号码、E-mail等。

（2）教育背景及培训经历。如果已经有工作经验，一定要把工作经历放在此项前面；如果刚刚毕业，就把教育背景放在第一位，从最高学历写起，依次往下推，并列举出接受过的相关培训。

（3）工作经历及业绩情况。从最近的工作经历写起，一一列出曾经就职过的公司名称、担任过的职务、主要工作内容、起止时间等。在填写这一项时，刚毕业的学生可以把在校期间参加社会实践、兼职打工、参加社团活动、担任学生干部等经历写上去。

（4）求职意向。求职意向即求职目标或个人期望的工作职位，表明你通过求职希望得到什么样的职位，以及未来3～5年的奋斗目标。

2．求职信的写法

求职信用于表达本人希望获得工作机会的意愿。求职信中的文字一定要简洁，篇幅控制在2页以内，基本内容应该包括以下几方面。

（1）写明招聘信息的来源及自己希望从事的工作。

（2）愿望动机。这是求职信的核心内容，说明自己的求职理由和今后的目标。

（3）所学专业与特长。将大学所学的重要专业课程写入，但不要面面俱到，自己熟悉的、感兴趣的，特别是与招聘单位所需人才知识体系关系紧密的，可多写一些。兴趣与特长要写得具体、真实。

（4）表示面试的愿望。

（5）提醒用人单位留意你附带的个人简历，并请求对方做进一步回应。

3．面试着装礼仪

求职者去面试前，在着装打扮上应注意，要使自己有一个好的形象，以给招聘者留下好的印象。

（1）女士面试着装应注意的问题

① 化淡妆，这显得对人尊重，并可以显示出积极向上的生活态度。作为求职者，头发不要染成黑色以外的颜色。女士面试时最适宜的发型如图4-34所示。

图 4-34 | 女士面试时最适宜的几种发型

② 女士面试时穿着要得体、整洁、大方。服装最好选择西服套裙，这是最通用、最稳妥的着装。一套剪裁合体的西服套裙搭配一件颜色相宜的衬衣，会使女性求职者显得优雅而自信，会给招聘方留下良好的印象，如图 4-35 所示。

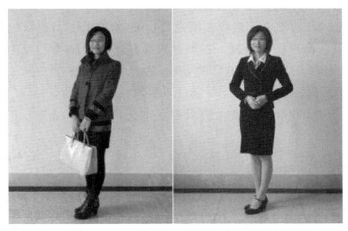

图 4-35 | 女士面试通用着装

③ 面试时穿中、高跟皮鞋能使人显得挺拔、自信，穿套裙时要穿长筒袜，不能露腿，袜子不能有脱丝。为保险起见，应在包里另放一双长筒袜，以备不时之需。

（2）男士面试着装应注意的问题

① 男士的头发应清洁且不宜留得太长，面部要修饰整洁，不留胡须，注意口腔卫生，清除口腔异味。

② 服饰要稳重、正式、整洁、得体。男士在面试时，穿西装是最佳选择，以深色西装为宜，搭配素色衬衣、黑色皮鞋，鞋面要保持亮洁。

③ 一条高品质的领带，可以提升一套西装的档次，如图 4-36 所示。

图 4-36 | 男士面试着装

▍知识点 2　面试进行阶段礼仪

1．到达礼仪

要比面试约定时间早到 5～10 分钟，以调整好状态，准时参加面试，这是最基本的要求。这关系到用人单位对求职者的第一印象。为了做到这一点，一定要牢记面试的时间、地点，有条件者最好能提前考察一下，以熟悉环境，便于掌握路程耗时，以免正式面试时因一时找不到地方或途中延误而迟到。

微课：遵守时间
礼仪

2．敲门、入座礼仪

进入面试房间之前，一定要有礼貌地通报。如果门关着，则轻叩门两三下，当听到允许进入的回答后，再轻轻地推门进入。见面时要向面试官主动打招呼并问好致意，称呼应得当。在面试官没有让座时，切勿急于落座。落座后，要说"谢谢"。面试时的坐姿可以选择正襟危坐式，在面试官面前不宜坐满椅面，以占 2/3 左右为宜，以示对面试官的尊敬。女士如果带有手袋，可以放在椅子后面，男士携带的手袋可以靠放在座位右边。男士的双手平行搭放在双腿上，女士的双手手掌交叠轻放在左腿上，如图 4-37 所示。

图 4-37｜面试就座礼仪

3．言谈举止礼仪

在整个面试过程中，举止要文雅大方，谈吐要谦虚谨慎，态度应积极热情。如果是"一对一"的情况，则求职者的目光要自然、真诚，既不要死盯对方的眼睛，又不要东张西望、左顾右盼，要取得对方的信任。在"一对多"的情况下，求职者的目光不能只注视其中的一位面试官，而要兼顾在场的所有面试官。

面试时要注意面带微笑。真诚、自然的微笑能够向面试官传递真诚、友好、自信的信息，能够缓和面试过程中的紧张气氛，能够获得面试官的认同。

回答问题时，尽量做到口齿清晰、语言流利、文雅大方，表达含蓄、机智、幽默，语气平和、语调恰当、音量适中。回答问题时，要把握重点、简洁明了、条理清晰、有理有据。

4．适时告辞

面试不是闲聊，也不是谈判，是陌生人之间的一种沟通。谈话时间的长短因面试内容而定。面试官认为该结束面试时，往往会说一些暗示的话语，如"很感谢你对我们公司的关注""感谢你对我们招聘工作的关心""我们做出决定后一定会通知你"等。求职者在听到诸如此类的暗示之后，就应该主动告辞，轻声起立并将座椅推回到原位置。告辞时应该感谢对方，也可主动握手致谢。出公司门时还应对接待人员表示感谢。

▌知识点 3　面试后续阶段礼仪

面试结束后，在接到面试结果通知以前，应向某一具体负责人打电话或写信，感谢他为你所花费的时间、精力和为你提供的面试机会，同时应表示出对应聘岗位的极大兴趣，希望早日听到对方的回应，希望能为对方单位的发展做出贡献。这样做，不仅是出于礼貌，也是为自己再次争取机会，也许你的一封信或一个电话会产生意想不到的结果。

要明白，被用人单位拒绝也是一种经验。面试结束后，应该及时对本次面试进行回顾和总结，尽量回顾面试的过程和细节，找出失误的地方。对面试中遇到的难题要重新考虑，如果下一次遇到，自己该如何做出更好的回答。如果没有被录用，也不要灰心，要虚心地向招聘者请教自己到底有哪些欠缺。这样可以知道自己到底为什么会落选，以便改进，为下一次面试做准备。

▌知识点 4　入职礼仪

当通过重重考试、面试而被录用时，你仅仅成功了一半。接下来，你需要了解一些未来的工作岗位在礼仪方面的要求，为成功就业做好充分的准备。

1．按时报到

第一天上班时，无论是否有试用期，你都必须按时到就业单位报到。俗话说："好的开始是成功的一半。"

2．签订就业合同

就业合同是用人单位和职工依法订立的有关权利与义务的协议，对双方当事人都具有约束力。

3．遵守规章制度

加入某个单位后，必须遵守该单位的各项规章制度。

4．沟通感情

来到一个新单位、新岗位后，你要积极主动地与上下级沟通感情，建立良好的人际关系。在工作中要有团队合作精神，为自己营造一个良好的工作氛围。

5．履行岗位职责

树立责任观念，要脚踏实地、吃苦耐劳、有所追求，是你履行岗位职责、胜任工作的根本。

▌技能点　面试问题回答礼仪

1．面试时常见的 10 个问题

（1）你是一个什么样的人？

（2）为什么你要应聘这个岗位？

（3）你能为我们做些什么？

（4）你有什么长处？

（5）你有什么弱点？

（6）你最喜欢哪种类型的领导？

（7）你取得过哪些值得骄傲的成绩？

（8）你有其他问题吗？

（9）你要求的薪酬是多少？

（10）你为什么认为你是做这份工作的适当人选？

2．面试时如何回答问题

在面试过程中，面试官会提出一些问题，应聘者要提前做好准备。毕业生在面试中经常遇到的问题及分析如下。

问：**请介绍一下你自己。**

分析：这个问题看似简单，但回答时不能平铺直叙。用人单位主要是想通过你对这个问题的回答来判断你的概括和表达能力。因此，你必须以精练的语言，简明扼要地介绍自己在校期间学习并掌握的知识、技能及取得的成绩，并表示以自己的能力能为用人单位做出的贡献。叙述时，应扬长避短，尽量突出自己的强项，淡化自己的弱点，同时要强调自己的职业忠诚度。

问：**你在学校学了哪些课程？成绩如何？**

分析：回答这个问题时不能面面俱到，应该把学习的主要课程，如主要的基础课、专业基础课、专业课等，特别是与应聘的工作有关的课程讲出来，并做详细介绍。这个问题也是在考查你在学校时的学习效果、对学校学习所持的态度和将来的职业意向等。

问：**你是否有出国、考研的打算？**

分析：有的单位希望你将来继续学习深造，有的单位则希望你安心工作，因此回答这个问题时，可以表明你有进一步深造的愿望，但必须表示将以工作为重，如有需要可以在工作中学习，不一定要脱产深造。

问：**你有什么特长和爱好？**

分析：这个问题要据实回答，有什么特长就讲什么特长，有什么爱好就讲什么爱好，不要无中生有，也不要过分谦虚。

问：**你如何评价你的大学生活及室友？**

分析：这个问题主要是在考查你处理人际关系的能力。有的毕业生会在不经意间流露出对他人的不满和抱怨，这会给面试官留下不好的印象，他们可能会因此判断你的团队合作能力不强，而这一点正是几乎所有用人单位都非常重视的。

问：**你懂何种语言？熟悉程度如何？**

分析：这个问题主要考查你的语言能力是否符合某种工作岗位的要求，一定要据实回答。

问：你从事过何种社会工作？组织或者参加过什么社会活动？

分析：这个问题主要考查你的动手能力、组织协调能力和工作积极性。

问：如果单位的安排与你本人愿望不一致，你是否愿意服从？

分析：这有可能是暗示你应聘的职位已经招满了，而你又比较优秀，不想放弃你，也有可能是考验你的组织纪律性和忠诚度。

问：如果工作安排与你的专业无关，你怎样考虑？

分析：这是在考查你对专业、工作和再学习三者之间关系的看法。

问：如果本单位与另一个单位同时聘用你，你如何选择？

分析：这是在考查你对人是否诚实、对事是否忠诚。

问：谈谈你的家庭。

分析：和睦的家庭对于培养一个人的健康心理和人格有重要作用，而且与家人和睦相处、关系融洽能体现出一个人的健全人格，以及关心他人、与人相处的能力。一个与亲人关系都很紧张的人在工作中将会感到更多无形的压力。

问：你还有什么想问的？

分析：这实际上是告诉你面试将要结束，对方的目的已经达到了，再给你一个自由发挥的机会，来提出之前没有提及但有意义的问题。你应把握住机会，通过提问或表态来强化对方对你的印象，表现出你对这个单位、这个职位的兴趣，但你的发言不要离题，更不能长篇大论，回答完这个问题就应该主动道谢告辞。

锦囊

锦囊 1　影响面试第一印象的因素

（1）外貌与着装（占 50%）：虽然美丽和魅力都很吸引人，但二者的差异很大。

（2）语气与声音（占 40%）：音调、语气、语速、节奏都将影响第一印象的形成。

（3）言谈与举止（占 10%）：言谈与举止是一个人精神面貌的体现；一个人的站、坐、走等姿势都应遵照"横平竖直"的原则，这样看上去才有自信和有荣誉感，才会给人以良好的印象。

锦囊 2　很快被淘汰的 9 种求职者

（1）开口言钱者；（2）纠缠不休者；（3）沟通不畅者；（4）面试迟到者；（5）穿着邋遢者；（6）自吹自擂者；（7）没有诚意者；（8）弄虚作假者；（9）简历啰唆者。

锦囊 3　面试秘诀

（1）少说为妙；（2）以静制动；（3）随机应变。

典型案例

典型案例 1　请另谋高就

休息室里坐满了等候面试的人，有人充满自信、志在必得；有人紧张异常，一遍遍地背自我介绍。面对众多的求职竞争者，李小倩毫不在意地笑了笑，从包里拿出化妆盒

补妆，又用手拢了拢头发，心想：我有高挑的个子、白皙的皮肤，还有这身够时尚的打扮，白领丽人味道十足，这份工作舍我其谁？

主考官叫到李小倩的名字后，李小倩从容进入考场。按面试官的要求，李小倩开始做自我介绍："各位好！我是师大中文系毕业生李小倩。在校期间，我的学习成绩优良，曾担任两届学生会文艺部部长……我还有很多业余爱好，如演讲、跳舞。我还拿过奖呢！对于我的公关才能和社交手腕，我是充满自信的。"

一边说着，李小倩一边从包里拿出交谊舞大赛和校演讲比赛的获奖证书，这时化妆盒不小心跟着掉了出来，各式化妆用品散落一地。她乱了手脚，慌忙捡起东西，抬头对面试官说："不好意思！"

面试官们不满地摇头。面试官甲说道："麻烦你出去看一下我们的招聘条件，我们这里是研究所，你还是另谋高就吧。"

思考：（1）为什么面试官请李小倩另谋高就？

（2）她的求职准备是否充分？

典型案例2　我只当一张红桃A

阿智大学毕业时，在宣传广告栏的一张海报上看到了一则招聘销售主管的广告，他决定去试一试。

他首先制作了一份个人简历，简历中他表明自己大学本科毕业，品学兼优，在大学阶段已有丰富的工作经验。做好简历后，他用软件将自己满意的一张照片进行加工，将照片的背景变为扑克牌中的红桃A。这样，他就置身于一片"红桃A"之中。他又在照片底部写道："我将是您手中的一张好牌。"这一切都做好后，他用扫描仪把这份简历和照片扫到计算机上，传送到了那家公司的电子邮箱里，同时他又将介绍信和照片邮寄到那家公司。

一天之后，阿智来到该公司人事部。参加面试的似乎只有他一个人，他很奇怪。面试官问了他一些问题，他对答如流。最后，面试官叫他写点东西，他想到刚才在办公楼外看到的一些现象：员工们的自行车、摩托车乱放；门卫迎接客人时懒洋洋的，一句招呼也不打；走道上灰尘很多……他下笔如有神，很快就写出一篇题为"管理公关之我见"的文章。

很快，他就被面试官请到了总经理办公室。总经理很随意地和他聊起天来："知道为什么今天就你一个人来面试吗？"他摇摇头。"我们最先收到你的个人资料，你可能是唯一通过 E-mail 发送个人简历的应聘者！"他恍然大悟。"你的照片背景为什么不是王牌，却是一张红桃A呢？"总经理问。阿智镇定地站着，胸有成竹地说："你们的招聘广告上不是写着'招纳贤士，共创大业'吗？我不想做王，只希望为老总你横刀立马、冲锋陷阵！"

三天后，阿智收到了聘书，成了销售主管。

思考：（1）"我只当一张红桃A"体现了阿智什么样的求职理念？

（2）为什么该理念得到了招聘者的欣赏？

典型案例3　面试过程中的聆听艺术

T去面试市场部助理一职，该公司是她企盼已久的公司。一进去看到装修精美的大堂，她兴奋不已，开始幻想来这里上班的情境，同时开始担心自己不够出色而不会被录用。等待面试的几分钟里，T满脑子胡思乱想，直到面试开始时也未能集中精神。面试官介绍了岗位职责后问她有什么想法，T也没注意听，只好一脸疑惑地看着面试官。

思考：（1）T的面试会成功吗？

（2）T犯了面试礼仪中的哪些错误？

典型案例4　您认错人了

某公司招聘总经理助理，总经理亲自面试。应聘者小钱来到总经理办公室。总经理一见到小钱就说："咱们好像在一次研讨会上见过，我还读过你发表的文章，很赞赏你提出的关于拓展市场的观点。"小钱一愣，知道总经理认错人了，但转念一想，既然总经理对那人那么有好感，不如将错就错，对自己肯定有好处。于是，他接着总经理的话说："对，对。我对那次研讨会也记忆犹新，我提出的观点能对贵公司有帮助，我感到很高兴。"

第二个来应聘的是小高，总经理对他说了同样的话。小高想：真是天助我也，他认错人了。于是，小高说："我对您也非常敬佩，您在那次研讨会上是最受关注的对象。"

第三个来应聘的是小孙。总经理再次说了同样的话。但小孙一听就站了起来，说："总经理先生，对不起，您认错人了。我从来没有参加过那样的研讨会，也没提出过拓展市场的观点。"总经理一听就笑了，说："小伙子，请坐下。我要招聘的就是你这样的人。你被录用了。"

思考：（1）小孙为什么会应聘成功？

（2）求职时为什么要诚实？

实践训练

面试模拟

1．训练内容

面试模拟实训。本次实践训练要求掌握求职信息的获取方法，熟悉面试的流程，了解面试的基本礼仪，掌握面试技巧。具体来说，就是考查学生在敲门、问候、自我介绍、入座、回答问题、应变、告辞等方面的综合表现。

2．情境设置

××生物科技集团人力资源总监邓小姐今天将到××学院为企划部招聘营销企划专员一名。为了更好地参与应聘工作，教师提前带领学生演练面试过程。

3．训练组织

（1）采取统一练习的方式，全班分成2组，每组指定组长和副组长各1名，让5位学生扮演面试官，其他同学上台模拟应聘。按任务考核和评价要求做好应聘前的准备工作，随机抽取提问样例中的 2 个问题进行提问，最后评定成绩。可以采取老师及时纠正或点评的方式，也可采取同学之间互评的方式。

（2）学时为 1 学时，每个人的演练时间不超过 4 分钟。

4．训练评价

按表 4-5 所示的考核标准，由扮演面试官的学生共同打分，老师进行综合点评。

表 4-5　实践训练评分表（4）

测试项目	面试要求及分值（100 分）	提问样例	评价
礼仪要求	1．仪容整洁（5 分） 2．穿着得体（5 分） 3．走路、敲门、坐姿、站姿符合礼仪要求（25 分） 4．问候礼貌（10 分）	1．请你介绍一下你的家庭情况。 2．你希望在什么样的领导下工作？ 3．你交友时最注重什么？ 4．请简单描述一下朋友对你的看法。 5．假如同时被两家单位录用，你将如何选择？	
面试准备	1．简历的准备（5 分） 2．内容及相关资料的准备（5 分） 3．面试心理的准备（5 分）	6．如果单位的安排与你本人愿望不一致，你是否愿意服从？ 7．你为什么应聘本岗位？	
面试过程中的语言表达能力	1．语言清晰、简洁明了（7 分） 2．能够吸引人、打动人、说服人（5 分） 3．有较强的理解能力和表达能力（5 分） 4．有较强的反应能力（5 分） 5．有较灵活的应变能力（8 分） 6．有较扎实的专业知识（5 分） 7．有较强的团队合作意识（5 分）	8．你在学校学了哪些课程？成绩如何？ 9．你参加过哪些活动？你在其中担任何种角色？ 10．谈谈你最成功（失败）的一次工作经历。 11．介绍一下自己的成绩和擅长的专业知识。 12．你有何特长？具备何种资格？ 13．谈谈你从事这份工作的优势或特长。	

要点巩固

一、判断题

1．面试前应收集招聘公司的相关材料。　　　　　　　　　　　　　　（　　　）

2．按照国际惯例，会议排定主席团位次的基本原则有三：一是前排高于后排、二是中央高于两侧、三是右侧高于左侧。我国政务会议中，也是右侧高于左侧。（　　　）

3．谈判桌横放时，面对正门的一方为上，应属于客方；背对正门的一方为下，应属于主方。　　　　　　　　　　　　　　　　　　　　　　　　　　（　　　）

4．迎接宾客时，要表示欢迎或慰问，然后互相介绍。通常先将宾客介绍给主人。　　　　　　　　　　　　　　　　　　　　　　　　　　　　　　　（　　　）

5.在双排五座轿车上（主人亲自驾驶），其他4个座位的座次由尊至卑依次为：副驾驶座、后排右座、后排中座、后排左座。　　　　　　　　　　（　　）

二、选择题

1.（单选）敬茶礼仪中，为客人奉茶应斟_____分满表示敬意。

　　A．三　　　　　　　B．四　　　　　　　C．五　　　　　　　D．七

2.（单选）商务谈判时，形象应_____。

　　A．自信　　　　　　B．时尚　　　　　　C．随便　　　　　　D．活泼

3.（单选）男女同行时，女方应在_____。

　　A．左　　　　　　　B．右　　　　　　　C．中间

4.（单选）以下选项中不属于商务拜访基本礼仪的是_____。

　　A．到达要按时　　B．登门应礼貌　　C．进门要问候　　D．挽留要真诚

5.（单选）为做好接待准备，除了应准备好相关的资料及整理好会客室，还应准备好_____物品。

　　A．茶具、茶叶及饮料　　　　　　　　B．卡拉OK设备

　　C．话筒　　　　　　　　　　　　　　D．香槟酒

6.（单选）客人到达公司后，在客人不认识路的情况下，陪同人员要在前面带路，标准位置是在左前方_____米处。

　　A．0.5～1　　　　B．0.8～1.2　　　　C．1～1.5　　　　D．1.2～1.8

7.（单选）在与客人见面时行握手礼，然后引领客人进入会客室之外，还应_____。

　　A．将你的名片递送给客人

　　B．为公司领导和客人做好相互之间的介绍

　　C．引领客人进行参观

　　D．为客人安排宿舍

8.（单选）在带领宾客参观时，作为一名引领者，在进出电梯时（无专人控制）你应_____。

　　A．放慢脚步，先让宾客进入，出电梯则相反

　　B．加快脚步，自己先进入电梯，出电梯则相反

　　C．保持脚步，谁先进出都无所谓

　　D．同时进出

9.（多选）面试时应避免的习惯动作有_____。

　　A．挠头　　　　　　　　　　　　　　B．揉眼睛

　　C．玩弄手指　　　　　　　　　　　　D．双手交叉在胸前

10.（多选）会议的准备工作包括_____。

　　A．明确主题　　B．明确分工　　C．发放纪念品

　　D．确定与会人数　E．确定会议规模

11.（多选）主持人座位的具体位置可供选择的有：一是_____，二是_____，三是_____。

  A．居于前排正中央   B．居于前排两侧

  C．按其具体身份排座   D．坐于后排

12.（多选）以下属于拜访预约工作内容的是_____。

  A．明确拜访的目的及目标   B．了解拜访对象情况

  C．注意时间的选择   D．准备拜访时所用的资料

  E．注意服饰的选择

13.（多选）以下属于商务接待应遵循的原则有_____。

  A．平等相待 B．热情接待 C．交心接待

  D．真诚接待 E．以礼相待

14.（多选）接待的准备工作包括_____。

  A．了解客人信息   B．确定接待规格

  C．安排乘车座次   D．整理接待场所

  E．整理仪容仪表

15.（多选）接待工作遇多人同时握手时应避免_____。

  A．交叉握手   B．伸出双手与两人同时握手

  C．使用左手握手   D．等别人握完后再握手

  E．依次握手

16.（多选）在商务活动中，送礼品是不可避免的，下列做法中不正确的是_____。

  A．为表心意，礼品越贵重越好

  B．关键是礼品好，因此无须注重包装

  C．应了解对方的偏好，投其所好

  D．最好把礼品送到对方家里，以表尊重

  E．应注意相关禁忌

三、简答题

1．简述馈赠礼节的内容。

2．与同事共处时，应遵循哪些原则？

3．商务拜访礼仪有哪些？

4．面试时应注意哪些礼仪？

四、延伸讨论

商务活动中如何传承中国传统文化？

项目五
商务宴请礼仪

内容标准

项目名称	项目五　商务宴请礼仪	学时	5（理论）+2（实践）
知识目标	1．掌握中餐宴会的类型、中式宴请准备及邀请礼仪等知识 2．了解西式宴请中刀叉等餐具的使用方法，用餐时酒、菜的搭配技巧及用餐礼仪等知识		
素质目标	1．具备应变能力和沟通表达能力 2．具备注重仪态，尊重他人，文明就餐，提升形象的意识 3．具备人类命运共同体意识 5．具备细节产生效益的意识 6．倡导廉洁自律、节约光荣的思想 7．提倡中西文化交融，传播中国传统文化		
任务	任务一　中式宴请礼仪 学时：3（理论）+1（实践）	技能目标	1．能够应用好中式宴请中餐具的使用方法和相关的进餐礼仪技能，以及宴请时如何进行位次排序的技能，包括桌次排序和座次排序，塑造好自己的就餐形象，提高交际能力
	任务二　西式宴请礼仪 学时：2（理论）+1（实践）		2．能够应用好西式宴请中刀叉等餐具的使用方法，以及宴请时如何进行位次排序的技能，包括桌次排序和座次排序，塑造好自己的就餐形象，提高对外交往能力

 # 任务一　中式宴请礼仪

 任务描述

　　在中餐宴请礼仪的学习过程中，首先应了解中餐宴会的分类、中式宴请的准备及邀请礼仪等知识；其次，要系统地学习和掌握中餐餐具的使用方法及相关进餐礼仪；最后，要掌握宴请时的位次排序方法，包括桌次排列方法和座次排序方法等。

任务导入

　　下午回到办公室，南茜再次落实了酒店的宴会厅和菜单，为晚上的正式宴请做准备。算了算宾主双方共有 8 位，南茜安排了桌卡，因为是熟人，又只有几个客人，所以没有送请柬，可是她还是不放心，就又拿起了电话，找到了对方公关部李经理，详细说明了晚宴的地点和时间，又认真地询问了他们老总的饮食习惯。李经理告诉说他们老总是山西人，不太喜欢海鲜，非常爱吃面食。南茜听后，又给酒店打电话，重新调整了晚宴的菜单。

　　南茜提前半个小时到酒店，了解晚宴安排的准备情况。到了酒店南茜找到领班经理，

再次讲了重点事项，又和他共同检查了宴会的准备。宴会厅分内外两间，外边是会客室，是主人接待客人小坐的地方，已经准备好了鲜花和茶点，里边是宴会的房间，中餐式宴会的圆桌上已经摆放好各种餐具。

南茜知道对着门口桌子上方的位子是主人位，但为了慎重从事，还是征求了领班经理的意见。从带来的桌卡中挑出自己老板名字的桌卡放在主人位上，再将对方老总的桌卡放在主人位子的右边，想到客户公司的第二把手也很重要，就将他放在主人位子的左边。南茜又将自己的顶头上司市场总监的桌卡放在桌子的下首正位上，再将客户公司的两位业务主管，分放在他的左右两边。为了便于沟通，南茜就将自己的位子与公关部李经理放在了同一方向的位置。

应该说晚宴的一切准备工作就绪了，南茜看了看时间还差一刻钟，就来酒店的大堂内等候。提前 10 分钟看到了总经理一行到了酒店门口，南茜就在送他们到宴会厅的时间段简单地汇报了安排。南茜随即又返身回到了酒店大堂，等待着张总裁一行人的到来。几乎分秒不差，她迎接的客人准时到达。

晚宴顺利进行着，宾主双方笑逐颜开，客户不断夸奖菜的味道不错，正合他们的胃口。这时领班经理带领服务员像表演节目一样端上了山西刀削面。客人看到后立即哈哈大笑起来，高兴地说道，你们的工作做得真细致。南茜的总经理也很高兴地说，这是南茜的功劳。

看到宾主满意，南茜心里暗自总结着经验，下午根据客人的口味调整菜单去掉了鲍鱼等名贵菜，不仅省钱，还获得了客人的好感。

看来，一个重要商务活动要想成功，关键是要充分准备，沟通好是前提，通晓必要的商务礼仪更是制胜法宝！

问题：（1）要做好哪些中式宴请的准备及邀请礼仪工作？

（2）如何注意饭桌上的气氛和交流？

（3）如何安排座次？

▌知识点 1　中式宴会的分类

1. 宴会

宴会，是指宾主在一起饮酒、吃饭的聚会，是比较正式、隆重的设宴招待。宴会是正餐，出席者应按主人安排的席位入座进餐，由服务员按专门设计的菜单依次上菜。宴会按规格又有国宴、正式宴会、便宴、家宴之分。

（1）国宴。国宴特指国家元首或政府为国家庆典或为招待国宾、其他贵宾或在重要节日为招待各界人士而举行的正式宴会，在宴会中规格最高。按规定，招待外国元首或政府首脑举行国宴的宴会厅内应悬挂两国国旗，安排乐队演奏两国国歌及席间乐，席间主、宾双方有致词、祝酒。

（2）正式宴会。正式宴会一般指通过正式的邀请函向邀请对象发出邀请，并要求出席人员按请柬要求着装、赴宴、入座，宾主一起饮酒吃饭的宴会。宴会当中通常配有背景音乐或穿插文艺表演，调节宴会气氛。

（3）便宴。这是一种非正式宴会，常见的有午宴、晚宴，有时也有早宴。其最大特点是简便、灵活，可不排座次，不做正式讲话，菜肴可丰可俭。

（4）家宴。这是指在家中招待客人的便宴。

2．招待会

招待会是一种仅备一些食品和饮料，不备正餐，席间不安排座次，较为灵活、自由的宴请方式。常见的如茶话会和自助餐会等。

（1）茶话会。茶话会是一种非常经济简便、轻松活泼的宴会形式，多在社会举行纪念和庆祝活动时采用。茶话会上一般备有点心、数样风味小吃、水果等。

（2）自助餐会。自助餐会是一种自己选取食物的餐会形式。由于其形式不拘一格，来宾可边吃边走动和交谈，因此越来越受到欢迎。自助餐会可分为两种，一种是安排座位的，另一种是不安排固定座位的。

知识点 2　中式宴请的准备及邀请礼仪

1．宴请准备

宴请前的准备工作包括确定宴请的对象、形式、时间、地点、菜谱等。

（1）确定宴请对象：确定邀请哪些人参加。

（2）确定宴请形式：根据宴请的目的和对象的要求、习惯，确定宴请形式是正式宴会、便宴还是招待会等。

（3）确定宴请时间：一般公务性的宴请安排在白天，商务性的宴请安排在晚上。

（4）确定宴请的地点。

（5）确定菜谱：选菜时应考虑宾客的年龄、性别、风俗习惯、健康状况、喜好与禁忌，要特别注意宴请对象的饮食忌讳。地方特色菜肴中如有特别选材，要加以说明，以供来宾选择。

2．邀请礼仪

在完成宴请准备工作的具体事项后，应向宴请对象发出邀请。邀请分为口头邀请和书面邀请。口头邀请是直接口头告知或打电话邀请，书面邀请要写请柬或邀请卡。邀请时应提前知会对方，以便被邀请者有充分的准备时间。邀请不论以何种形式发出，均应真心实意、热情真挚。正式宴会的邀请要发请柬。请柬的内容包括宴请的时间及地点、形式、主人姓名，行文不用标点符号，其中人名、单位名、活动名称都应采用全称。

知识点 3　中餐赴宴礼仪

宴请与赴宴是相互依存的两个方面，赴宴的宾客应当具备良好的气质风度和礼仪修养。因此，赴宴的宾客应注意赴宴礼仪。

1．认真准备

接到邀请后，应尽早答复对方能否出席，以便主人做出安排。答应邀请后不要随意改动，万一遇到特殊情况不能出席时，尤其是作为主宾时，要尽早向主人解释、道歉，甚至亲自登门表达歉意。

出席宴会前，一般应梳洗打扮。女士要化妆，男士应梳理头发并剃须。衣着要整洁、大方、美观。这将给宴会增添隆重、热烈的气氛。

若参加家宴，则可给主人准备礼品，在宴会开始前送给主人。礼品的价格不一定很高，但要有意义。

2．准时赴宴

要准确掌握赴宴的时间，按照请柬上标明的宴会开始时间准时到场。所谓适时、准时，一般情况下是指在宴会开始前 3～5 分钟到达。如因故不能准时赴宴，应提前打电话通知主人，诚恳地说明原因。同样，赴宴也不宜去得过早。如果宴会已开始，则迟到的宾客应向其他宾客致歉，并适时招呼主人，表示已经到达。

3．礼貌入座

应邀出席宴会活动时，应听从主人的安排。在进入宴会厅之前，要先知道自己的桌次和座次，入座时注意桌上的座位卡是否写有自己的名字，不可随意入座。如邻座是长者或女士，应先主动协助他们坐下。入座后坐姿要端正，应把双脚放在本人的座位下，不可随意伸出，以免影响他人。

在社交场合，无论天气多么炎热，都不可当众解开纽扣、脱下衣服。在小型家宴上，若主人请宾客宽衣，男宾可脱下外衣搭在椅背上。

4．注意交谈

坐定后，如自己有茶，可轻轻饮用。应与同桌的人交谈，不可只与几位熟人或一两人交谈。谈话要掌握时机，内容要视交谈对象而定。

5．文雅进餐

宴会开始后，一般主人先致祝酒辞。此时应停止谈话，注意倾听，不可吃东西。致辞完毕，主人招呼后，即可开始进餐。进餐时举止要文雅。

（1）入座后姿态应端正，脚放在本人的座位下，手肘不得靠在桌边，或将手放在邻座的椅背上。

（2）夹菜礼仪。一道菜上桌后，通常需等主人或长辈动手后再去取食。若需使用公筷或母匙，则应先用公筷或母匙将菜肴置于自己的盘中，再用自己的筷子慢慢食用。夹菜时，要等到菜转到自己面前时再动筷。夹菜时一次不宜过多，也不要把夹起的菜放回菜盘后伸筷夹另一道菜。遇到邻座夹菜时要避让，谨防筷子"打架"。同桌中如有外宾，不用反复劝菜，也不要为其夹菜，因为外宾一般没有这种习惯。以前，在宴会中为宾客夹菜可表示好客之情，现在让宾客依自己的喜好取用菜肴较合时宜，也比较卫生。

（3）骨、刺要吐出时，应用餐巾或右手遮口，将其隐秘地吐在左手掌中，再轻置于骨盘中，不可抛置于桌面或地上。有骨或壳的食物，应避免用手拿着剥咬，可用筷子或汤匙取食。对于很烫的食物，不可用嘴吹凉后匆忙送入口中，应等其稍凉后再取食。

（4）通常，宾主入座后服务员就会斟酒，先斟烈性酒，再斟果酒、啤酒等。斟酒时一般从主人右侧先斟给主宾，然后斟给女宾，再斟给主人，随后按顺时针方向逐一斟酒。斟酒至七八分满即可。敬酒时，自主人按顺序一路敬下。敬酒者不需要将酒杯里的酒喝干，每次喝一小口即可。男士向长辈敬酒时，应双手捧杯，起立敬酒；女士则无论辈分，右手握杯，左手轻扶杯底，点头致意，轻啜一口即可。喝酒时宜随意，敬酒以礼到为准，切忌劝酒、猜拳、吆喝。

（5）遇到意外，如不慎将酒、水、汤汁溅到他人衣服上，应立即致歉、及时处理，但不必恐慌赔罪，那样反而会使对方难堪。

（6）尽量避免在餐桌上咳嗽、打喷嚏、打嗝、放屁等。万一出现，应说声"对不起"。

（7）用餐的时候不要离开座位四处走动。如果有事要离开，要先和旁边的人打招呼，说声"失陪了""我有事先行一步"等。

（8）用餐完毕后，必须等主人开始送客之后才能离座。

（9）主人餐后不宜当着宾客的面结账，宾客也不宜拉拉扯扯抢着付账。如真要抢着付账，应找适当的时机悄悄地结账。

技能点1 中餐桌次安排礼仪

1. 由两桌组成的小型宴请

这种情况又可以分为两桌横排和两桌竖排。当两桌横排时，桌次以右为尊，以左为卑，如图5-1所示。这里所说的右和左，是依据进入房间后面对正门时的方向来确定的。当两桌竖排时，桌次以远为上，以近为下，如图5-2所示。这里所说的远近，依据的是与正门的距离。

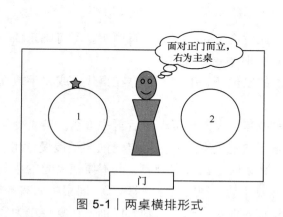

图 5-1 | 两桌横排形式

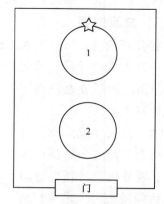

图 5-2 | 两桌竖排形式

2. 由多桌组成的宴请

在安排多桌宴请的桌次时，除了要遵循"面门定位""以右为尊""以远为上"等规则外，还应兼顾其他各桌距离主桌的远近。通常，距离主桌越近，桌次越高；距离主桌越远，桌次越低。同时，在安排桌次时，所用餐桌的大小、形状要基本一致。除主桌可以略大外，其他餐桌都不要过大或过小，如图 5-3 和图 5-4 所示。

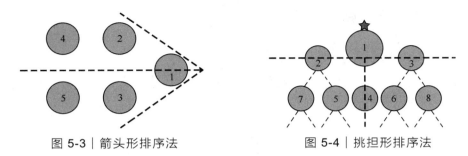

图 5-3 │ 箭头形排序法　　　　　　图 5-4 │ 挑担形排序法

为了确保在宴请时来宾及时、准确地找到自己的位置，可以在请柬上注明来宾所在的桌次，在宴会厅入口处悬挂宴会桌次排列示意图，安排引位员引导来宾按桌就座，或者在每张餐桌上摆放桌次牌（用阿拉伯数字书写）。

▌技能点 2　中餐座次排序礼仪

1. 单主人宴请时的座次排序

在这种排法中，以主人为中心，主方其余人员和客方人员各自遵照"以右为贵"的原则依次按"之"字形飞线排列，同时要做到主客相间，如图 5-5 所示。

2. 男女主人共同宴请时的座次排序

男女主人共同宴请时的座次排序是一种主副相对、"以右为贵"的排序方式。男主人坐上席，女主人位于男主人的对面。宾客通常随男女主人按右高左低的顺序依次对角飞线就座，同时要做到主客相间。国际惯例是将男主宾安排在女主人右侧，女主宾安排在男主人右侧，如图 5-6 所示。

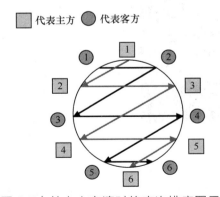 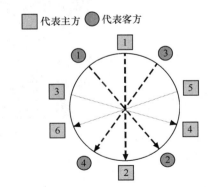

图 5-5 │ 单主人宴请时的座次排序图示　　　图 5-6 │ 男女主人共同宴请时的座次排序图示

3. 同性别双主人宴请时的座次排序

这种排法是第一、第二主人为同性别人士或正式场合下宴请时用的座次排序方法，是一种主副相对、"以右为尊"、顺时针排列、主客相间的排序方法，如图5-7所示。

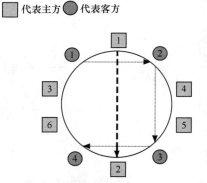

图 5-7 ｜ 同性别双主人宴请时的座次排序图示

▌技能点3　中餐餐具使用礼仪

中餐餐具包括筷子、汤匙、盘、碗等，如图5-8和图5-9所示。

图 5-8 ｜ 筷子、汤匙

图 5-9 ｜ 盘、碗

1. 筷子

使用筷子取菜时，需要注意下列问题。不论筷子上是否残留着食物，都不要去舔它。当暂时不用筷子时，可将它放在筷架上或放在自己所用的碗、碟边缘。另外，也不要拿筷子当叉子去叉取食物。与人交谈时，应暂时放下筷子。切不可用其敲击碗、盘，指点对方，或拿着它停在半空中，好像迫不及待地要去夹菜。不要用筷子代劳其他事，如剔牙、挠痒、梳头或夹取食物以外的东西等。

2. 汤匙

在一般情况下，尽量不要单用汤匙取菜。用汤匙取菜时，不宜过满，以免溢出来弄脏餐桌或自己的衣服。必要时，可在舀取食物后，在原处停留片刻，待汤汁不再滴流后，再移向自己。使用汤匙时，要注意下列4点事项。

（1）使用汤匙时要用右手。右手执筷的同时执汤匙是最忌讳的。

（2）用汤匙取用食物后，应立即食用，不要把食物倒回原处。

（3）若取用的食物过烫，不可用汤匙将其翻来翻去，也不要用嘴对着它吹气。

（4）食用汤匙里盛放的食物时，尽量不要将汤匙塞入口中或反复吮吸汤匙。

3. 盘

盘在中餐中主要用来盛放食物，盘在餐桌上一般应保持原位，不要挪动，而且不宜多个叠放在一起。盛放的菜肴不要过多，否则看起来既杂乱不堪，又有"欲壑难填"之嫌。不要将多种菜肴堆放在一起，弄不好它们会相互串味，这样既不好看，也不好吃。对于不宜入口的残渣、骨头、刺不要吐在地上、桌上，而应将其轻轻放在盘前端，必要时再由侍者取走。要注意的是，不要让废弃物与菜肴交错。

4. 碗

碗在中餐里主要用于盛放主食、羹汤。在正式场合用碗的注意事项如下：不要端起碗来进食，尤其不要双手端起碗来进食；食用碗内盛放的食物时，应以筷子、汤匙辅助，切勿直接下手取用，或以嘴吸食；碗内若有食物剩余，不可将其直接倒入口中，也不能用舌头伸进去舔；暂时不用的碗内不宜乱扔东西。

5. 辅助工具牙签

牙签主要用来剔牙。用餐时，尽量不要当众剔牙。非剔不可时，应以一只手掩住口部。剔牙之后，不要长时间叼着牙签。取用食物时，不要用牙签扎取。

锦囊

锦囊1　自助餐会礼仪

自助餐会上不必就座，以方便交流。因为没有固定座位，要站着吃饭，所以要格外注意礼仪。在自助餐会上，要与他人广泛交流，不要在餐台一直霸占着椅子；不要在一个地方停留太久，也不要与好友长时间聊天，更不要放弃难得的交际机会而默默地站在墙角。

即使是自助餐会，也应该按照冷盘、主菜（热）、甜点的顺序取食物，一般情况下按照顺时针方向取食物。每次取食物量不要太多，餐盘应空出1/4的位置，以便放置酒杯。这样，站着吃东西一样很斯文。吃完后，应将空餐盘放回餐台。

锦囊2　筷子礼仪

（1）筷子出现一长一短的情况有"三长两短"之意，应成双对齐。

（2）拿筷子时食指伸出，不停地指向别人，有"骂大街"之意。伸出食指指对方大多带有指责的意思，会显得目中无人。

（3）举着筷子对于夹哪道菜犹豫不决，来回在桌子上的菜盘里"巡探"，用筷子在碗盘里翻找挑拣、不停地扒拉，这些都是很不礼貌的。

（4）把筷子竖插在食物上面，有祭奠、上香之嫌。

（5）在夹汤汁多的菜肴时，不要抖掉汤汁，或者将菜汤滴落到其他菜里或桌子上。

（6）用筷子夹起食物后又放回去是很不礼貌的。

（7）用筷子敲打碗盘的边缘，会让人联想到乞丐要饭的行为。

（8）用舌头舔掉筷子上的残留物或用嘴巴含着筷子是很不礼貌的。

（9）用筷子在汤碗中夹取食物或不断地在其中搅拌是很不礼貌的。

（10）与人交谈时，一边说话一边挥舞筷子，甚至用筷子指着别人，都是很不礼貌的。

（11）用筷子剔牙、挠痒或夹取食物之外的东西是很不礼貌的。

 **典型案例**

典型案例1　用餐者的修养

郭先生是外贸公司的业务经理。有一次，郭先生出于工作上的需要，在国内设宴招待一位来自英国的生意伙伴。有意思的是，那顿饭吃下来，令对方最为欣赏的倒不是郭先生专门为其准备的丰盛菜肴，而是郭先生在用餐时的一处细小的举动。那位英国客人的原话是："郭先生，你在用餐时一点儿响声都没有，使我感到你的确具有良好的教养。"

思考：（1）英国客人为什么欣赏郭先生的举动？

（2）这说明了一个什么问题？

典型案例2　自助餐风波

周小姐有一次代表公司出席一家商社的周年庆典活动。正式的庆典活动结束后，那家商社为全体来宾安排了丰盛的自助餐会。在此之前，周小姐并未接触过正式的自助餐会。用餐开始之后，她发现其他用餐者表现得非常随意，便也像别人一样放松了下来。

在餐台上排队取菜时，周小姐看到了自己平时最爱吃的北极甜虾。于是，她毫不客气地盛了满满一大盘。当时，她的想法是：这东西好吃，但不便多次来取，否则旁人就会嘲笑自己没见过世面；再说，这会儿不多盛一些，没准一会儿就没有了。

令周小姐脸红的是，她端着盛满了北极甜虾的盘子从餐台离开时，周围的人个个都用异样的眼光盯着她。事后一打听，周小姐才知道自己当时的行为是有违自助餐会礼仪的。

思考：（1）请问周小姐错在哪儿？

（2）如何用自助餐？

 **实践训练**

中餐实训

1．训练内容

进行中餐就餐礼仪训练。我们需要在本实践训练中掌握宴请时的位次排序，包括桌次排序和座次排序两部分内容；另外，还要掌握接待赴宴人员的礼仪及就餐过程中的礼仪。

2．情境设置

康复公司与辉映公司平时有业务往来。一天，康复公司副总裁一行 4 人来辉映公司洽谈业务。洽谈很成功，为了庆贺，辉映公司准备晚上宴请康复公司的 4 人。

3．训练组织

将全班分成 4 组，每组指定 1 名组长和 1 名副组长。根据上述情境，每组选择成员参与训练，其他学生观摩。演练座位安排、祝词、敬酒、餐具使用、就餐过程中的礼仪等内容。

4．教学安排

（1）教学场地：标准实训室一间。

（2）教学设备：桌椅、台布、餐具等。

（3）教学学时：1 学时，每组的展示时间不超过 10 分钟。

（4）教学评价：由老师、组长及学生代表共同打分，老师做综合点评。

5．训练评价

实践训练评分表如表 5-1 所示。

表 5-1　实践训练评分表（1）

考核项目	考核内容		分值	自评分	小组评分	平均得分
中餐礼仪	座次安排		10			
	就餐过程中的言谈礼仪		20			
	餐具使用情况	筷子的使用	10			
		餐巾的使用（餐前、上洗手间、餐后）	10			
		碗、盘的使用	20			
	席间的仪态表现		30			

6．判断

请判断图 5-10～图 5-12 中座次的正误。

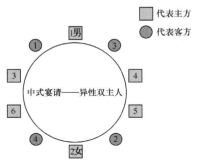

图 5-10｜判断题（1）

图 5-11｜判断题（2）

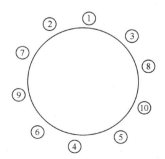

图 5-12｜判断题（3）

任务二　西式宴请礼仪

在国际商务宴请中，通常以西餐为主。吃西餐讲究"4M"：Menu（精美的菜单）、Mood（迷人的气氛）、Music（动听的音乐）和Manners（优雅的进餐礼仪）。西餐又分为法式西餐、英美式西餐和国际式西餐，基本要领是一致的。

 任务描述

通过本任务的学习，学生应掌握西式宴请时的位次排序，包括桌次排序和座次排序两部分内容，还要系统地学习刀叉等餐具的使用方法，用餐时酒、菜的搭配方法及优雅的用餐礼仪。

 任务导入

老张的儿子留学回来，还带了一位洋媳妇回家。为了讨好公公，这位洋媳妇一回国就请老张一家到当地最好的四星级饭店吃西餐。

用餐开始了，老张为在洋媳妇面前显得自己也很讲究，就用桌上的一块很精致的布仔细擦了自己的刀叉。吃饭的时候，老张学着他们的样子使用刀叉，虽然既费劲又别扭，但觉得自己挺得体的，总算没有丢脸。用餐快结束了，吃饭时喝惯了汤的老张盛了几勺精致小盆里的"汤"放到自己碗里，然后喝下。洋媳妇先是一愣，紧跟着也盛着喝了。

问题：（1）老张闹了几个笑话，分别是什么？

（2）你认为应如何吃西餐？

知识点1　西餐用餐言谈、举止、服饰礼仪

1．言谈礼仪

用西餐时，无论是主人、陪客还是宾客，都应与同桌其他的人交谈，特别是左右邻座。不要只同几个熟人或其中的一两个人说话。邻座如果互不相识，可先自我介绍。交谈时声音不要过大，不然可能会引起其他人的不满。交谈时切勿用刀叉对着对方，否则是对对方的不尊敬，这会让人反感。

2．举止礼仪

入座时应从椅子左方就位，离席时应从椅子右方离开。男宾应帮助右边的女宾挪动椅子，等女宾坐好后，自己再就座。坐下后坐姿要端正，身体要直，不可伸腿，不能跷起"二郎腿"，也不要将胳臂肘放到桌面上。

取菜时，不要盛得过多。盘中食物吃完后，如不够可以再取。如由招待员分菜，需增添时，应待招待员送上时再取。对于本人不能吃或不爱吃的菜肴，当招待员上菜或主人夹菜时，不要拒绝，可取少量放在盘内，并表示"谢谢，够了"。对不合口味的菜肴，

勿显露出难堪的表情。

吃东西时应细嚼慢咽，嘴里不要发出很大的声响。如果菜肴太烫，可待其稍凉后再吃，切勿用嘴吹。嘴内的鱼刺、骨头不要直接外吐，要用餐巾掩嘴后用手取出，或轻轻吐在叉上，然后放在盘内。

饮酒时酒杯不宜斟满，可以举杯致意，但不要劝酒。干杯时，即使不喝，也应将酒杯在嘴唇边碰一下，以示礼貌。

吃剩的菜和用过的餐具、牙签，都应放在盘内，勿置于桌上。剔牙时，要用手或餐巾遮口。

3. 服饰礼仪

应穿着正式服饰参加西餐宴席。再昂贵的休闲服，也不宜穿到高档西餐厅中。去高档的西餐厅，男士要穿得整洁，如果指定穿正式服装，那么男士必须打领带。女士要穿晚礼服或套装和有跟的鞋子，化妆要稍浓，因为餐厅内的光线较暗。女士出席隆重的晚宴时应避免戴帽子及穿高筒靴；不宜喷洒过浓的香水，以免香水味盖过菜肴的味道；用餐前应先将口红擦掉，以免在杯子或其他餐具上留下唇印，给人不洁之感；进餐时如遇意外之事，切勿花容失色、情绪失控，以免影响别人的食欲。西方文化中讲究女士优先，进餐时要求男士对女士尽显礼节。女士在享有这些礼节时要从容淡定，不要装腔作势、夸张炫耀。

知识点 2 西餐进食方法

1. 肉类的吃法

肉类应从左边开始切，调味酱应放在盘子内侧。放在肉旁边的蔬菜不只是为了装饰，而是出于营养均衡的考虑添加的，因此应与肉交替着吃完，如图 5-13 所示。不可一开始就将肉全部切成一块块的，否则可口的肉汁会全部流出来。

2. 鱼类的吃法

西餐中吃鱼时，首先用刀在鱼鳃附近划一条直线，刀尖不要刺透，刺入一半即可。将鱼的上半身挑开后，从头开始，用刀叉在贴近骨头处往鱼尾方向划开，把骨

图 5-13 | 营养均衡的西餐

头剔掉后挪到盘子的一角。最后把鱼尾切掉。由左至右，边切边吃。吃完鱼的上层后，切勿将鱼翻身，应用刀叉剥除骨头再吃下层的鱼肉。鱼类菜肴上都会有柠檬，切成圆形的柠檬可用刀压一下，以使柠檬的香味渗进鱼中；半月形的柠檬切片可用叉子轻轻刺在果肉部位，用右手轻轻捏住柠檬，挤一两滴在鱼上。调味酱不应直接淋在鱼上，应放在盘子的外侧。这类菜的盘子里一般有些生菜，往往是用于点缀和增加食欲的，吃不吃均可，不用强吃下去。

3．喝汤的方法

西餐中喝汤时不能吸着喝，应先用汤匙从里向外将汤舀起，然后将汤匙的底部放在下唇的位置将汤送入口中。汤匙与嘴部呈 45° 角较好，上半身略微前倾。盘中的汤不多时，可用手将盘略微抬高。如果汤用的是有握环的碗装，可直接拿住握环端起来喝，但不可发出声响。

4．面包的吃法

西餐中吃面包时一般先用手将其撕成小块，再用左手拿着吃。吃硬面包时，用手撕不但费力，而且面包屑会掉得满地都是，此时可先用刀将面包切成两半，再用手撕成块来吃。为避免像用锯子一样切割面包，应先把刀刺入面包的中央部分，将靠近自己身体的那部分面包切下，再将其转过来切断另一半。切面包时可用手将其固定住，以免发出声响。

5．喝酒的方法

西餐中喝酒时应先轻轻摇动酒杯，让酒与空气接触，以增加酒味的醇香，品闻香味，但不要猛烈地摇晃杯子。喝酒时绝对不能吸着喝，而应倾斜酒杯，像是将酒放在舌头上似的。此外，一饮而尽、边喝边透过酒杯看人、拿着酒杯边说话边喝酒、吃东西时喝酒、将口红印在酒杯沿上等，都是失礼的行为。如果不慎将口红印在酒杯沿上，不要用手指擦杯沿上的口红印，用面巾纸擦较好。

6．甜点的吃法

冰激凌一般配有专用小勺；当和蛋糕、馅饼一起作为主餐时，则要使用甜点叉和甜点勺。

吃馅饼时，如是水果馅饼，通常要使用甜点叉。但如果主人仅提供了一把叉子和一把甜点勺的话，那么就用叉固定馅饼，用勺挖着吃。如果馅饼是带冰激凌的，则叉、勺都要使用。如果吃的是奶油馅饼，则最好用叉而不要用勺，以防止馅料从另一头漏出。

果汁冰糕如果作为肉食的配餐，则可以用叉；如果作为甜点，则应用勺。

7．咖啡的喝法

餐后最适合饮用蒸汽加压的浓缩咖啡，因为浓缩咖啡含咖啡因很少，即使在晚上也可以安心饮用。喝咖啡时先喝一小口，品尝一下，再依喜好放入适量的糖与牛奶。

▌知识点 3　西餐饮酒常识

1．西餐中的餐前酒——鸡尾酒

喝鸡尾酒时需用鸡尾酒杯，通常是呈倒三角形的高脚玻璃杯，不带任何花纹。因要保持鸡尾酒的冰冷度，所以手应接触其高脚部位，不能直接触摸杯壁，以免使酒变暖而影响味道。

2．西餐中的佐餐酒——葡萄酒

在宴会上选择佐餐酒时，有一条非常重要的原则，即"白酒配白肉，红酒配红肉"。

这里所说的"白肉",指鱼肉、海鲜、鸡肉,吃这类肉时,须以白葡萄酒搭配;这里所说的"红肉",指牛肉、羊肉、猪肉,吃这类肉时,应配以红葡萄酒。此处所说的白酒、红酒均指葡萄酒。葡萄酒杯为高脚杯,喝葡萄酒时应用手拿住下面的杯脚部分,不要用手包围上壁。要求加酒时,可把杯子放在桌上;不想再喝时,只需将右手掌按在杯子上即可。

3．西餐中的餐后酒——白兰地

餐后酒指的是在用餐之后,用来帮助消化的酒。最有名的餐后酒是白兰地。白兰地的优劣、价格的高低大都依其储藏时间长短,即酒水装于橡木桶内的窖藏时间而定。

知识点4　饮酒与食物的搭配

饮酒时应该搭配什么食物时常困扰着人们。几百年来,饮酒时搭配的食品似乎已经形成了一定的规律。但是,随着现代社会中新食品和新型酒的不断涌现,这些规矩逐渐显得陈旧,越来越不适用了。

饮酒时搭配的食物应根据口味而定。食物和酒类可以分为4种口味,这也就界定了酒和食物搭配的范围,即酸味、甜味、苦味和咸味。

1．酸味

你可能听说过酒不能和沙拉搭配,原因是沙拉中的酸味会极大地破坏酒的醇香。但是,如果沙拉和酸味酒同用,酒里的酸味就会被沙拉里的乳酸分解,这当然是一种绝好的搭配。所以,可以选择酸味酒和酸味食物一起食用。酸味酒与咸味食品共用,味道也很好。

2．甜味

用餐时,可以依个人口味选择甜点。一般来说,甜点会使甜味酒的味道变淡。但是,如果在鱼上放上沙拉,酒里的果味就会减淡不少。吃甜品时应该选择略甜一点的酒类,这样酒才能保持合适的口味。

3．苦味

苦味酒和带苦味的食物一起食用,食物的苦味会减少。如果想减淡或除去食物中的苦味,可以将苦味酒与其搭配食用。

4．咸味

一般没有咸味酒,但有许多种酒能使食品的咸味减淡。世界上许多国家和地区的人们在食用海产品(如鱼类)时,都会配柠檬汁或酸味酒,主要原因是酸味能降低海产品的咸度,搭配食用时,味道会更加鲜美可口。

技能点1　西餐桌次及座次排序礼仪

1．西式长条餐桌桌次排序

如果西式宴请中涉及3桌及3桌以上的桌数,国际上的习惯是桌次的高低以离主桌的远近而定：距离主桌越近，桌次越高；距离主桌越远，桌次越低，如图 5-14 所示。这种规则也称为"主桌定位"。在安排桌次时，所用餐桌的大小、形状应大体相仿。除主桌可略大之外，其他餐桌不宜过大或过小。

2．西式长条餐桌座次排序

西式宴请时多采用长条餐桌，座次排序类似中式圆桌，要让陪同人员或主人坐在长桌的两端，尽量注意别让客人坐在长桌两端的座位上，如图 5-15 所示。排序时还应考虑客人习惯、文化传统等的差异性，不要出现不协调的局面。

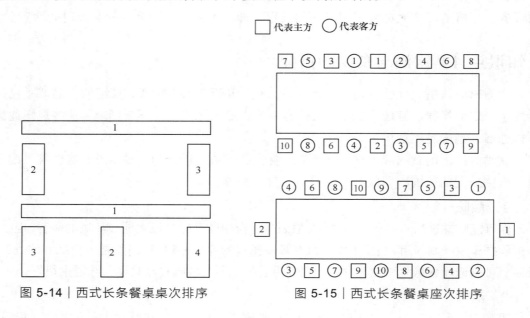

图 5-14｜西式长条餐桌桌次排序　　　图 5-15｜西式长条餐桌座次排序

▌技能点 2　西餐餐具使用礼仪

西餐餐具的正确摆放方式如图 5-16 所示。

图 5-16｜西餐餐具的正确摆放方式

1．西餐刀叉的使用

在正式的西餐宴会上，通常吃一道菜要换一副刀叉，不可以从头至尾只用一副刀叉。使用刀叉进餐时，应从外侧往内侧取用食物，要左手持叉，右手持刀；切东西时左手拿叉按住食物，右手执刀将其切成小块，然后用叉子送入口中。使用刀时，刀刃不可向外。

刀叉的摆放可以向侍者暗示用餐者想表达的意思。若刀右、叉左，刀口向内、叉齿向下，呈"八"字形摆放在餐盘边上，则它的含义是此菜尚未用毕；若刀口向内、叉齿向上，刀右叉左地并排纵放，则它的含义是侍者可以连刀叉带餐盘一起收掉；等等，如图 5-17 所示。

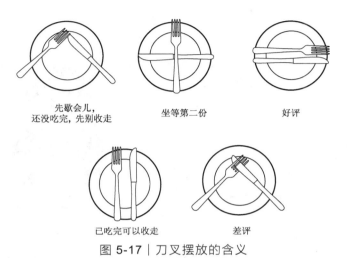

先歇会儿，
还没吃完，先别收走　　　　坐等第二份　　　　好评

已吃完可以收走　　　　差评

图 5-17 | 刀叉摆放的含义

欧洲人使用刀叉时不换手，即从切割到送食物入口均以左手持叉。美国人则在切割后，会将刀放下，换右手持叉送食入口。

2. 西餐餐匙的使用

在西餐的正餐里，一般至少有两把餐匙，如图 5-18 所示。它们形状不同，用途不一，摆放的位置按规定也有所不同。

甜品匙

汤匙

图 5-18 | 西餐餐匙摆放

（1）汤匙。汤匙个头较大，通常被摆放在用餐者右侧的最外端，与餐刀并列纵放。喝汤时，要用汤匙从里向外舀；汤盘里的汤快喝完时，可以用左手将汤盘的外侧稍稍抬起，用汤匙将汤舀净。喝完后，应将汤匙留在汤盘里，匙把指向自己。

（2）甜点匙。甜点匙主要用于吃甜点（如冰激凌），个头较小，一般情况下被横向摆放在吃甜点所用叉子的正下方，并与其并列。

3. 西餐餐巾的使用

餐前准备时，餐巾会被折叠成很多花式，用来装点餐桌。用餐时，一般把餐巾叠成长条形或三角形铺在腿上。也可把餐巾的一角压在餐盘的垫盘之下，使餐巾搭在腿上，以防止进餐时油渍直接洒落在衣服上。

图 5-19 | 餐巾的使用

餐巾可以用来擦嘴，但不能用来擦刀叉，也不能用来擦脸和手。使用时应拿起餐巾的一角擦拭嘴部，如图 5-19 所示。不能把餐巾围在脖子上、系在腰上、掖在腰带里或放在其他地方。

餐巾除了具有使用功能，还有寓意。在正式宴请中，当女主人还没有打开餐巾时，其他人就不能自行取下餐巾使用；女主人把餐巾铺在腿上是宴会开始的标志；女主人把餐巾放在桌子上是宴会结束的标志，应停止用餐。如果自己用餐完毕，也应把自己的餐巾放置于桌前；如果要中途暂时离开，应将餐巾放在椅子上，以示即将回来继续用餐。

 锦囊

锦囊1 西餐入门小知识

"西餐"是我国对欧美地区菜肴的统称。西餐大致可以分为两类：一类是以英、法、德、意餐等为代表的"西欧式"，又称"欧式"，其特点是选料精纯、口味清淡，以款式多、制作精细而享有盛誉；另一类是以俄餐为代表的"东欧式"，也称"俄式"，其特点是味道浓、油重，以咸、酸、甜、辣皆具而著称。此外，有在英国菜的基础上发展起来的"美式"。如进一步细分，可分为英国菜、法国菜、俄国菜、美国菜、意大利菜及德国菜等。各国的菜系自成风味，其中以法国菜最为突出。

锦囊2 祝酒

作为主宾参加宴请时，应了解对方的祝酒习惯，即为何人祝酒、何时祝酒等，以便做必要的准备。一般来讲，碰杯时，主人和主宾先碰；人多时可同时举杯示意，不一定碰杯。祝酒时注意不要交叉碰杯。在主人和主宾致辞、祝酒时，应暂停进餐，停止交谈，注意倾听。主人和主宾讲完话与贵宾席人员碰杯后，往往要到其他各桌敬酒，遇此情况应起立举杯。碰杯时，要目视对方致意。

宴会上相互敬酒表示友好，可活跃气氛，但切忌过量饮酒，饮酒过量容易失言甚至失态。

锦囊3　西餐座次礼仪

（1）座位有尊卑，一般而言，背对门的位置座次是最低的，主人自己坐，而面对门的位置则是上位，由最重要的客人坐。

（2）使用长形桌时，如图5-20所示，男女主人分坐两头，门边是男主人，另一端是女主人，男主人右手边是女主宾，女主人右手边是男主宾，其余依序排列。

（3）当桌子是"T"字形或"门"字形时，横排中央位置是男女主人位，其身旁分别是女主宾、男主宾座位，其余依序排列。

（4）西餐排座位时，通常男女间隔而坐，用意是男士可以随时为身边的女士服务。

图 5-20｜长形桌排列

锦囊4　食用水果、甜点的礼仪

（1）蛋糕及派、饼用叉取食，较硬者用刀切割后，再用叉取食。

（2）冰激凌、布丁等用匙取食。小块的硬饼干用手取食。

（3）粒状水果如葡萄，可用手取食。如需吐籽，应吐于掌中再将其放在碟里。多汁的水果如西瓜、柚子等，应用匙取食。

（4）西餐中在吃完水果后，常会端上水盂，其内所盛的水供洗手用。但只能用来洗手指，勿将整只手伸进去。

锦囊5　西餐一桌菜的构成

一餐齐全的西餐一般有七八道菜，主要由以下几部分构成。

（1）饮料（果汁）、水果或冷盆，又称开胃菜，目的是增强食欲。

（2）汤类（即头菜），需用汤匙，此时一般配有黄油、面包。

（3）蔬菜、冷菜或鱼（也称副菜），使用垫盘两侧相应的刀叉食用。

（4）主菜（肉食或熟菜）。肉食主菜一般配有熟蔬菜，要用刀叉分切后放在餐盘内取食。如有沙拉，需要使用沙拉匙、沙拉叉等餐具。

（5）餐后食物，一般为甜点、水果等。最后为咖啡，喝咖啡时应使用咖啡匙、长柄匙。

 **典型案例**

典型案例1　小张错在哪儿？

刘小姐和小张在一家西餐厅就餐，小张点了海鲜大餐，刘小姐则点了烤羊排。主菜上桌后，两人的话匣子也打开了。小张一边听刘小姐聊童年往事，一边吃着海鲜，心情愉快极了。正在陶醉时，他发现有根鱼刺塞在牙缝中，让他不舒服。小张想用手去掏太不雅观，就用舌头舔，但舔也舔不出来，还发出"啧啧""喳喳"的声音。好不容易将它舔出来了，小张随手将它放在了餐巾上。之后他在吃虾时又在餐巾上吐了几个虾壳。刘小姐对这些都不太计较。可这时小张想打喷嚏，拉起餐巾遮住嘴，用力打了一个喷嚏，餐巾上的鱼刺、虾壳飞了出去，其中一些正好飞落在刘小姐的烤羊排上。这下刘小姐有些不高兴了。接下来，刘小姐的话也少了许多，饭也没怎么吃。

思考：（1）请指出本例中小张的失礼之处。

（2）你认为应如何文明用餐？

典型案例2　李先生剔牙

小王夫妇为答谢好友李先生一家，在家设宴。女主人的手艺不错，做了清蒸鱼、炖排骨、烧鸡翅……李先生一家吃得津津有味。这时有肉丝钻进了李先生的牙缝，于是李先生拿起桌上的牙签，当众剔出了牙缝中的肉，还将剔出来的肉丝吐在了桌子上。看着桌子上的肉丝，小王夫妇一点儿胃口都没有了。

思考：（1）李先生的不文明行为表现在哪儿？

（2）假如你是李先生，你会如何处理？

典型案例3　"绅士"的迷惑

有位绅士独自在西餐厅享用午餐，风度优雅，吸引了许多目光。侍者将主菜送上来后不久，这位绅士的手机突然响了，他只好放下刀叉，把餐巾放在餐桌上，然后起身去接电话。几分钟后，当他重新回到餐桌时，桌上的酒杯、主菜、刀叉、餐巾全都被侍者收走了。

思考：这位绅士在就餐中存在什么问题？正确的做法是什么？

典型案例4　司马小姐第一次吃西餐

司马小姐至今依然记得自己第一次吃西餐时的情形。走进餐厅后，她看到了豪华而气派的装饰，而且整个餐厅很安静，若有若无的音乐轻轻回荡，这些让司马小姐心动，同时也不免有些紧张。她走到餐桌边，伸手去拖餐椅，这时侍者赶紧过来，帮她轻轻挪动椅子。司马小姐同时发现自己站在了椅子的右边，脸一下子就红了。进餐过程中，她牢记左叉右刀的原则，但其实她是左撇子，而且第一次用刀叉，心里很紧张，因此更显得笨拙。整个进餐过程中，司马小姐觉得自己像是在受罪，音乐、环境对她而言都不曾留下什么印象，只有紧张与小心翼翼，以及小心翼翼后的笨拙，这令她终生难忘。

思考：司马小姐第一次吃西餐时犯了哪些错误？

 **实践训练**

西餐实训

1．训练内容

进行西式宴请礼仪训练。我们在本实践训练中，首先需要掌握西式宴请时的座次排序方法；其次，要系统地学习刀叉的使用方法、餐具的摆放方法、餐巾在不同情境下的放置方法；最后，要了解进食西餐时各餐具的用法，演练西餐的进餐礼仪。

2．情境设置

某生物工程公司想在美国发展，该公司老总邀请了几位美国客人前来洽谈，并准备共进晚餐。

3．训练组织

（1）全班分成4组，每组指定1名组长和1名副组长，根据上述情境，选择成员参与训练，其他学生观摩。老师准备好西餐的基本餐具，演示如何摆放；播放西餐宴会的视频，使学生直观、生动地感受西餐宴会的格调和一些基本礼节；准备简单的西餐食物，如面包、沙拉、汤等，让学生练习正确的吃法；让学生演练刀叉的使用方法及餐巾在不同情境下的放置方法。

（2）1课时，每组的展示时间不超过10分钟。

4．训练评价

按表5-2所列标准，由老师、组长及学生代表共同打分，老师进行综合点评。

表5-2　实践训练评分表（2）

考核项目	考核内容		分值	自评分	小组评分	平均得分
西餐礼仪	西餐的座次安排		20			
	餐具的摆放	用餐前	5			
		中途休息	5			
		用餐完毕	5			
	西餐的吃法	喝汤的动作	10			
		切食物的动作	10			
		叉食物的动作	10			
	餐巾的使用情况	用餐时	5			
		上洗手间时	5			
		用餐结束	5			
	席间的仪态表现		20			

5. 西餐餐具的摆放及持刀叉训练

西餐餐具的摆放及持刀叉的方法如图 5-21 所示。

图 5-21 | 西餐餐具的摆放及持刀叉的方法

要点巩固

一、判断题

1. 宴会通常安排在晚上 8:00—9:00。 （   ）

2. 宴会时，通常距主桌越近，桌次越低。 （   ）

3. 宴会规格一般应根据宴会出席者的最高身份、人数、目的、主人情况等因素决定。 （   ）

4. 西餐桌上，通常酒杯的摆放顺序是从右起依次为葡萄酒杯、香槟酒杯、啤酒杯（水杯）。 （   ）

5. 穿着正式服饰参加西餐宴席，入座时应从椅子的左方就位，离席时应从右边离开。 （   ）

二、选择题

1．（单选）人体表情最丰富的部分是_____。

    A．手部   B．面部   C．腿部   D．上肢

2．（单选）当女主人将餐巾放到桌上时，应_____。

    A．致辞   B．喝汤   C．举杯   D．停止用餐

3．（单选）确定菜谱时要特别注意的是对方的_____。

    A．年龄   B．性别   C．喜好   D．饮食忌讳

4．（多选）用中餐时，如果比较讲究的话，会为每位用餐者上一块湿毛巾，不可以用它来_____。

    A．擦嘴   B．擦脸   C．抹汗   D．擦手指

    E．擦桌子

5．（多选）西餐餐具主要有_____。

    A．刀与叉   B．汤匙   C．餐巾   D．酒杯

    E．筷子

6．（多选）在交际场合，下列属于不良姿势的有_____。

    A．双手叉在腰间   B．双手抱在胸前

    C．手插裤袋   D．双腿并拢

三、简答题

1．简述中式宴请准备工作的主要内容。

2．简述中餐餐巾及水盂的使用方法。

3．简述西餐的座次礼仪。

4．吃西餐时怎样使用餐巾？

四、延伸讨论

文明就餐可体现一个人的素质和涵养，那么我们应如何倡导就餐文明呢？

项目六

特定商务活动礼仪

内容标准

项目名称	项目六　特定商务活动礼仪	学时	5（理论）+3（实践）
知识目标	1．掌握签字仪式和剪彩仪式的程序 2．了解开业庆典的相关知识 3．掌握展览会的礼仪运用知识 4．掌握新闻发布会的基本礼仪要点		
素质目标	1．具备对相关特定商务活动进行策划的能力 2．具备进行有效沟通的能力 3．具备组织协调的能力 4．自信、自爱、讲诚信、工作严谨、尊重他人，具备合作共赢的态度和团队合作的精神，塑造良好形象，弘扬传统文化精神，扩大国际影响力		
任务	任务一　签字仪式礼仪 学时：1（理论）+1（实践） 任务二　开业庆典礼仪 学时：1（理论）+课外集中实习 任务三　剪彩仪式礼仪 学时：1（理论）+1（实践） 任务四　展览会礼仪 学时：1（理论）+课外集中实习 任务五　新闻发布会礼仪 学时：1（理论）+1（实践）	技能目标	1．能够应用好特定商务活动中签字仪式和开业庆典等工作的礼仪技能，展示组织能力 2．能够应用好开展剪彩、会展、新闻发布会等活动的礼仪技能，培养交际能力、适应能力和应变能力 3．具备一定的组织协调能力、沟通表达能力和其他综合素质

任务一　签字仪式礼仪

签字仪式通常是指签订合同、协议等重要文本时举行的仪式，如图 6-1 所示。签字仪式应规范严格，要求策划者全面、精细地安排各个环节。

图 6-1｜签字仪式

任务描述

我们需要在本任务中准备好经双方商定的中外文本，商定签字的时间、地点、双方主签人，通知出席签字仪式的双方代表及新闻记者，准备签字仪式用的大厅并进行有关布置。在仪式开始前检查签字厅的布置，如中外文本、签字笔等文具、横幅内容、鲜花盆景、话筒和扩音设备、香槟、合影用的台阶等。最终组织来宾完成整个签字仪式。签字仪式的各个环节如图6-2所示。

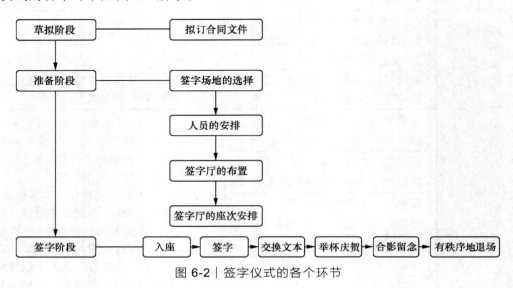

图 6-2 | 签字仪式的各个环节

任务导入

中国 A 公司和美国 B 公司经过友好协商，就购买合同的关键问题已达成一致，开始进入合同起草阶段。该合同的商务部分参照国际通行的货物采购合同，有标准文本可以参考，该部分的文本由翻译林某负责审定。技术部分是该合同的关键，主要涉及技术指标、检查方法和标准、验收和交付程序等一系列技术问题，由总工程师王某负责中文文本，林某负责翻译，同时王某负责翻译稿的技术词汇审定。财务总监马某负责支付条件、索赔等条款的审定，由 A 公司提供英文稿供双方签订。除了本公司全体谈判人员，A 公司还特别邀请了某市主管工业的副市长参加签字仪式。考虑签字仪式后马上举行新闻发布会，故签字仪式被安排在一个可以容纳 100 人的会议大厅举行。会场悬挂着"××××签字仪式暨新闻发布会"的横幅。签字仪式由营销总监张某主持。陈先生和布朗先生分别代表 A 公司和 B 公司在合同文本上签字。签字结束后，全体人员鼓掌表示祝贺。服务员端上香槟酒，大家相互碰杯，预祝双方的合作取得圆满成功。

问题：（1）本案例对你有何启发？

（2）签字仪式应遵循怎样的程序？

▌知识点 1　签字文本准备礼仪

1．文本定稿

一般谈判的过程就是定稿的过程。谈判结束之后，双方应指派专人按达成的协议做好文本的定稿、翻译、校对、印刷、装订、盖印等工作。因为文本一旦签署即具备法律效力，因此签字文本的准备工作要慎重、严肃，不可马虎。

2．确定使用的文字

涉外双方缔约时，如双方使用不同的语言文字，签字文本应当用双方的文字写成，必要时还可以使用第三种文字。

3．确定正本和副本

签字文本分正本（即签字文本）与副本。正本在签字后由各方各自保存，或由专门的机构保存；副本不用签字、盖章，或者只盖章、不签字。

4．盖章

为了保证文本在签字后立即生效，一般在举行签字仪式前在签字文本上盖上双方的公章，外交方面的签字文本需事先加盖火漆印。

5．装订

待签文本应该装订成册，并以真皮、仿皮或其他高档材料作为封皮，以示郑重。其规格一般是大 8 开，所使用的纸张务必高档，印刷要精美。

▌知识点 2　签字厅的选择与布置

1．签字场地的选择

举行签字仪式的场地，一般根据参加签字仪式的人员、人数及协议中商务内容的重要程度来确定。多数选择在客方所住的宾馆、饭店或主方的会客厅、洽谈室。

2．人员安排

在举行签字仪式之前，有关各方应确定参加签字仪式的人员，并向有关方面通报。客方尤其要将出席签字仪式的人数提前报给主方，以便主方安排。按照规定，签字人、助签人及随员在出席签字仪式时，应当穿着符合签字仪式礼仪规范的服装。

3．签字厅的布置

签字厅布置的原则是庄重、整洁。标准的签字厅应当铺满地毯。正规的签字桌应为长桌，桌上最好铺设深色的桌布。在它的后面，可根据签字仪式的人数摆放适量的座椅。

在签字桌上，应事先安放好待签文本，以及签字笔、吸墨器等签字时所用的文具。签字桌上可放置各方签字人的席卡，涉外签字仪式上应当用中外文两种文字标示，并在签字桌上插放有关各方的国旗。插放国旗时，其位置与顺序必须依照礼宾序列确定。

4．会标

签字仪式的会标要醒目。

5．香槟酒

有时在签字仪式结束后，会举行小型酒会，举杯共庆会谈成功。工作人员应事先准备好香槟酒、酒杯等。

▌技能点 1　签字座次安排礼仪

从礼仪上讲，举行签字仪式时，在力所能及的情况下，一定要郑重、认真。其中最为重要的，当属举行签字仪式时座次的安排。签字厅的桌台设置和人员位次应符合礼仪的要求，通常有以下几种设置和排位方式。

（1）在签字厅内设置一张长条桌作为签字桌，桌后为签字人员准备两把或多把座椅。注意按照国际惯例，排位方式为"主左客右"。如果是涉外签字仪式，还应在签字桌中央摆放一个旗架，上面悬挂或插摆签字双方的国旗。其余参加签字仪式的人员依身份分站于己方签字人的座位后面。在我国，涉外签字仪式多采用图 6-3 所示的形式。

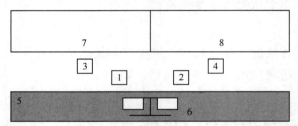

1．客方签字人；2．主方签字人；3．客方助签人；4．主方助签人；5．签字桌；
6．双方国旗；7．客方参加签字仪式的人员；8．主方参加签字仪式的人员

图 6-3｜签字仪式座次安排（1）

（2）在签字厅内设置一张长条桌作为签字桌，桌后为签字人员准备两把或多把座椅。注意按照国际惯例，排位方式为"主左客右"。与第一种方式不同的是，双方的国旗分别悬挂在各自签字人员座位后面，其余参加签字仪式的人员依身份分坐于己方签字人的对面，如图 6-4 所示。

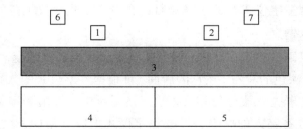

1．客方签字人；2．主方签字人；3．签字桌；4．客方参加签字仪式的人员；
5．主方参加签字仪式的人员；6．客方国旗；7．主方国旗

图 6-4｜签字仪式座次安排（2）

（3）在签字厅内设置两张或多张桌子作为签字桌，按照国际惯例，排位方式为"主左客右"，双方签字人各坐一桌，国旗分别悬挂在各自的签字桌上。参加签字仪式的人员依身份分坐于己方签字人的对面，如图6-5所示。

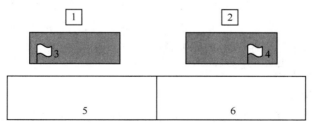

1. 客方签字人；2. 主方签字人；3. 客方国旗；4. 主方国旗；
5. 客方参加签字仪式的人员；6. 主方参加签字仪式的人员

图 6-5 │签字仪式座次安排（3）

（4）多方签字时，只签一份正本。签字人员的座次按国家英文名称首字母顺序排列。排在最前的国家居中，之后按顺序先右后左向两边排开。参加人员按身份高低从前向后就座，如图6-6所示。

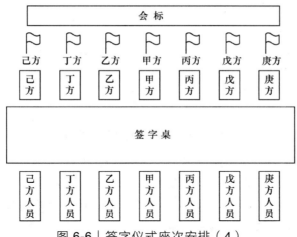

图 6-6 │签字仪式座次安排（4）

技能点 2　签字仪式的流程

这一阶段是双方最为关注的阶段。虽然签字仪式的时间不长，但它是整个活动的高潮。其程序应规范、庄重而热烈，所以参加签字的每一个人都要格外重视自己当时的仪表、仪态。

1. 签字仪式开始

签字仪式开始时，有关各方人员进入签字厅，在既定的座位上坐好。双方助签人分别站在己方签字者的外侧，协助翻揭文本，指明签字处，并为已签署的文件吸墨。

2．签字人签署文本

签字人签署文本时，通常的做法是首先签署应由己方保存的文本，再签署应由他方保存的文本。依照礼仪规范，每一位签字人在己方保留的文本上签字时，应当名列首位。因此，签字人应首先签署由己方保存的文本，然后交由他方签字人签署。此种做法通常被称为"轮换制"。它的含义是，在文本签名的具体顺序上，应使有关各方均有机会居于首位一次，以示各方完全平等。

微课：签字人签署
文本过程

3．交换合同文本

交换合同文本即双方签字人正式交换已经由有关各方正式签署的文本。交换后，各方签字人应热烈握手、互相祝贺，并相互交换各自方才使用过的签字笔，以示纪念。这时全场人员应该鼓掌表示祝贺。

4．合影留念

有的签字仪式从头至尾都允许拍照，但有的只允许拍摄其中某一个场面。不论是哪种要求，在安排双方人员合影留念时，一般应请双方人员列成一行，客方人员按其身份自左至右居于右侧，主方人员按其身份自右至左居于左侧。如一行站不开，则可参照"前高后低"原则，排成2～3行。

5．有秩序地退场

双方最高领导者及其他客方人员先退场，然后主方人员再退场。整个签字仪式时长以半小时为宜。

锦囊

锦囊1 如何做好签字仪式的准备工作？

（1）必要的准备工作。要准备好签字文本、签字用的文具、国旗等物品。

（2）签字厅的布置。我国一般在签字厅内设置一张长方桌作为签字桌。桌面覆盖深色桌布，桌后放两把椅子，作为双方签字者的座位，面对正门按照"主左客右"就座。座前摆的是各自的文本，文本上端分别放置签字用的文具。涉外签字仪式的签字桌中间会摆一个旗架，用于悬挂签字双方的国旗。

锦囊2 签字仪式中应注意哪些礼仪？

（1）要布置好签字厅，并做好签字仪式的有关准备工作。确定好签字人和其他参加签字仪式的人员，签字人的身份必须与待签文件的性质相符，并且双方签字人的身份和职位应当大体相当。

（2）要安排好双方签字人的位置，并确定签字仪式的程序。我国的惯例是：主方签字人的座位位于签字桌左侧，客方签字人的座位位于签字桌右侧。双方助签人员分别站立于各方签字人的外侧，其任务是翻揭待签文本，并向签字人指明签字处。双方其他参加签字仪式的人员则应分别按一定的顺序排列于各方签字人员之后。

典型案例

签约失礼的结果

A 国一家公司前往 B 国寻找合作伙伴，到了 B 国之后，经过多方努力，找到一家很有声望的大公司。经过长时间的谈判，双方决定草签一份协议。正式签协议那天，A 国公司一方的人员由于有事耽误了几分钟，结果到达签字厅的时候，B 国公司一方的人员正衣着整齐地恭候着他们的到来。但是，当 A 国公司一方的人员进来后，B 国公司一方的人员毕恭毕敬地鞠了一个 90° 的躬，随后集体退出了大厅。合作就此功亏一篑。

思考：请分析 A 国这家公司的失礼之处。

实践训练

签字仪式

1. 训练内容

我们需要在本实践训练中了解签字厅的布置知识，重点演练签字座次安排，掌握并运用签字仪式礼仪。具体来说，即在仪式开始前检查签字大厅的布置，如签字文本、签字笔等文具、横幅、鲜花盆景、话筒和扩音设备、香槟、合影用的台阶等，在座次安排环节演练 4 种排位方式。另外，掌握签字仪式的流程也是本实训的重点。

2. 情境设置

A 公司与 B 公司通过长期谈判，就合作事项达成了共识，计划草签一份协议，双方都有经理参与，各 8 人。

3. 训练组织

根据上述情境，全班 16 位学生扮演两家公司签字仪式的代表，2 位学生扮演助签人员，4 位学生扮演接待人员，部分学生扮演记者，其他学生作为评委。在座次安排环节演练 4 种排位方式，并演练签字仪式。

4. 教学安排

（1）教学场地：标准实训室一间。

（2）教学设备：签字文本、签字笔等文具、横幅、鲜花盆景、话筒和扩音设备、国旗、香槟、合影用的台阶等。

（3）教学学时：1 学时。

（4）教学评价：由老师及观摩学生代表共同打分，老师进行综合点评。

5. 训练评价

实践训练评分表如表 6-1 所示。

表6-1　实践训练评分表（1）

考核项目	考核内容	分值	自评分	小组评分	平均得分
签字厅座次安排	理论知识的掌握	10			
	几种不同形式的座次安排	20			
签字厅布置	人员的选择及场地的布置	10			
接待人员	接待人员的礼仪	10			
签字参与者的礼仪要求	签字者的礼仪	10			
	助签者的礼仪	10			
团队表现	准备工作	10			
	表演中的合作	20			

任务二　开业庆典礼仪

开业庆典，是指为了表示庆贺或纪念，按照一定程序隆重举行的仪式。

任务描述

开业庆典包括两项基本内容：一是开业庆典的筹备，二是开业庆典的具体运作。

从仪式礼仪的角度来看，开业庆典在不同的场合还有其他一些名称，如开幕仪式、开工仪式、奠基仪式、破土仪式、竣工仪式、下水仪式、通车仪式、通航仪式等。

其筹备的具体流程学生应该熟知，如图6-7所示。

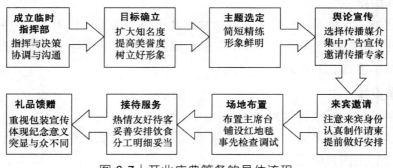

图6-7｜开业庆典筹备的具体流程

任务导入

2021年8月8日，是某市新建的××大酒店隆重开业的日子。

这一天，酒店上空彩球高悬，四周彩旗飘扬。身着鲜艳旗袍的礼仪小姐站立在店门两侧，她们的身后是整齐摆放的花篮。所有员工服饰整洁、精神焕发，整个酒店沉浸在喜庆的气氛中。开业庆典在店前广场举行。

上午 11 时许，应邀前来参加庆典的有关领导、各界友人、新闻记者陆续到齐。举行剪彩仪式时，突然下起了倾盆大雨，庆典只好移至大厅内。一时间，大厅内聚满了参加庆典的人员和避雨的行人。庆典在音乐和雨声中隆重举行，整个厅内灯光明亮，使得庆典别具特色。

庆典完毕，雨仍在下着，大厅内避雨的行人短时间内根本无法离去，许多人焦急地盯着大厅外。于是，酒店经理当众宣布："今天到酒店的都是我们的嘉宾，希望大家能同酒店共享今天的喜庆。我代表酒店真诚邀请诸位到餐厅共进午餐。当然，一切全部免费。"顿时，大厅内响起了雷鸣般的掌声。

虽然该酒店在开业庆典额外花了一笔午餐费，但酒店的名字被迅速传播开来，而后酒店的生意格外红火。

问题：（1）该酒店开业庆典如此成功的原因是什么？

（2）成功的开业庆典必须具备哪些要素？

知识点 1　开业庆典的准备

1．传播媒介的选择

开业庆典的消息可以利用报纸、杂志等媒介传播；可以自制广告散页传播，可同时向公众介绍或宣传本企业、本单位的服务宗旨等；可以运用电台、电视台等媒体传播；也可以在企业建筑物周围设置醒目的条幅、广告、宣传画等传播。

2．选择邀请方式

邀请对象：上级主管部门与地方职能管理部门的领导、合作单位与同行单位的领导、社会团体负责人、社会知名人士和新闻媒体等。

邀请方式：电话邀请、制作通知、发传真、发请柬或派专人当面邀请。

3．布置庆典场地

庆典场地可以是正门之外的广场，也可以是正门之内的大厅；典礼台应为长方体，宾主一律站立，一般不设置主席台或座椅；现场应铺设红地毯，摆放花篮，悬挂标语横幅、彩带、宫灯、牌匾等，如图 6-8 所示。

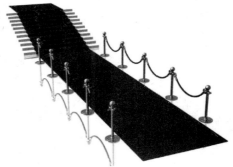

图 6-8 | 庆典场地铺设红地毯

知识点 2　各种庆典的流程

1．开业庆典

开业庆典通常是指宾馆、商店、银行等正式启用之前，或各类商品展示会、博览会、订货会正式开始之前，所举行的相关仪式，如图 6-9 所示。依照常规，举行开业庆典需要有较为宽敞的活动空间，所以门前广场、展厅门前、室内大厅等处均可作为开业庆典的举行地点，具体流程如图 6-10 所示。

图 6-9 │ 开业庆典

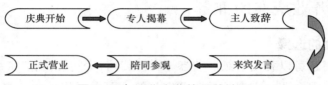

图 6-10 │ 开业庆典的具体流程

2. 开工仪式

开工仪式，即工厂准备正式生产产品、矿山准备正式开采矿石等时，所专门举行的庆祝性、纪念性活动，地点一般选择在工厂的主要生产车间、矿山的主要矿井等，具体流程如图 6-11 所示。

图 6-11 │ 开工仪式的具体流程

3. 竣工仪式

竣工仪式，有时又称落成仪式或建成仪式，是指某一建筑或某项设施建设、安装完成之后，或者某一纪念性、标志性建筑物（如纪念碑、纪念塔、纪念堂、纪念像、纪念雕塑等）建成之后，专门举行的庆贺性活动。竣工仪式举行的地点一般选择在新建成的厂区之内、新落成的建筑物之外，以及刚刚建成的纪念碑、纪念塔、纪念堂、纪念像、纪念雕塑等的旁边。纪念堂竣工仪式的具体流程如图 6-12 所示。

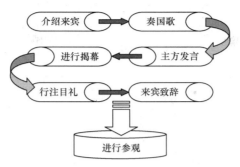

图 6-12 | 纪念堂竣工仪式的具体流程

4．奠基仪式

奠基仪式通常是指一些重要的建筑物，如大厦、场馆、亭台、楼阁、园林、纪念碑等，在动工修建之初正式举行的庆贺性活动，如图 6-13 所示。奠基仪式的举办地点一般是建筑物的施工现场。具体地点按常规应选择在建筑物正门的右侧，具体流程如图 6-14 所示。

图 6-13 | 奠基仪式

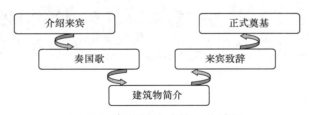

图 6-14 | 奠基仪式的具体流程

5．破土仪式

破土仪式，也称破土动工，是指在道路、河道、水库、桥梁、电站、厂房、机场、码头、车站等正式开工之际，专门举行的动工仪式。破土仪式举行的地点大多选择在工地的中央或某一侧，现场要进行认真的清扫和装饰，具体流程如图 6-15 所示。

6．通车仪式

通车仪式大多是在重要的交通建筑，如公路、铁路、地铁及重要的桥梁、隧道等完工并验收合格之后，正式举行的启用仪式。通车仪式举行的地点为公路、铁路、地铁等某一端，新建桥梁的某一头，或者新建隧道的某一侧。通车仪式现场附近，以及沿线两旁，应当适量插上彩旗、挂上彩带；装饰重点应当是在该通车路段上第一次行驶的汽车、火车或地铁列车，车头一般应系上红花，车身两侧可酌情插上彩旗、系上彩带，并且悬挂醒目的大幅宣传性标语。通车仪式的具体流程如图6-16所示。

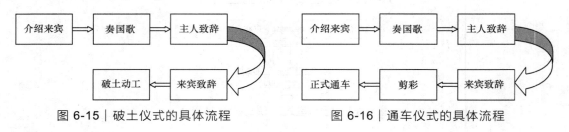

图 6-15｜破土仪式的具体流程　　　　图 6-16｜通车仪式的具体流程

7. 下水仪式

下水仪式是指在新船建成下水之时举行的仪式，如图 6-17 所示。按照目前国际上通行的做法，下水仪式基本上是在新船所在的码头举行。在船舱口与干道两侧，应装饰有彩旗、彩带；在新船所在的码头附近，应设置供来宾观礼或休息等用的彩棚；在船头扎上用红绸扎成的大红花；在新船的两侧船舷上扎上彩旗，系上彩带。下水仪式的具体流程如图 6-18 所示。

图 6-17｜新船下水仪式

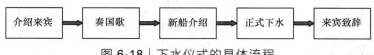

图 6-18｜下水仪式的具体流程

锦囊

开业庆典的筹备

开业庆典的筹备要遵循热烈、节俭、缜密的原则。热烈是指要想方设法地在开业庆典的过程中营造一种欢快、喜庆、隆重的氛围。节俭是指主办单位在举办开业庆典及对其进行筹备的整个过程中，在经费支出方面要节制、省俭、量力而行。缜密是指主办单位在筹备开业庆典时既要遵循礼仪惯例，又要具体情况具体分析，认真策划、注重细节、力求周密。

 **典型案例**

典型案例1　某酒店失败的庆典

某酒店为庆祝开业，在酒店门口举行了隆重而盛大的开业庆典。该酒店邀请了全市的重要领导及知名人士，同时还请了电视台记者对现场进行报道。庆典开始时，主持人热情洋溢地念着祝辞，音箱却不断产生啸叫声，令现场人员直捂耳朵。主持人话还没讲完，话筒突然从支架上掉到地上摔坏了。等换好话筒后，又下起了大雨，庆典只好中途暂停。待庆典移到酒店大厅后，又突然停电，整个现场一片混乱，该酒店总经理只好宣布庆典延后举行。

思考：如何组织好开业庆典活动？

典型案例2　某酒店成功的庆典

某酒店开始筹建时，酒店的经营者们就在寻找开展公共关系活动的机会。他们利用的第一个机会便是奠基仪式。活动当天，他们邀请了数百位社会各界人士参加。宾客入场时，受到了热情的接待，并且每人得到了一个印有"××大酒店动工纪念"字样的小手包。奠基仪式上，宾客们欢声笑语。主持人在介绍了酒店的建设规模、未来发展及酒店经营目标后，筹建酒店的负责人宣布："两年后，酒店建成之时，持有纪念手包的客人住店，均享受八折优惠。"话音刚落，便立即赢得了满堂喝彩。

思考：该大酒店庆典活动成功的原因是什么？

 **实践训练**

开业庆典

1．训练内容

进行开业庆典礼仪训练。通过开业庆典礼仪训练，学生可了解开业庆典筹备工作的内容和开业庆典的具体运作过程，掌握各种庆典活动的流程并能将其运用于实践。

2．情境设置

组织学生观摩×××开工仪式。

3．训练组织

方式一：利用课余时间组织学生观摩开工仪式（校外拓展）。

方式二：全班分成4组，每组指定1名组长和1名副组长，根据上述情境，各组学生通过各种途经收集相关资料，做成PPT，为开工仪式策划一个方案；组长上台展示本组成果，其他组点评。

4．训练评价

实践训练评分表如表6-2所示。

表 6-2　实践训练评分表（2）

考核项目	考核内容	分值	自评分	小组评分	平均得分
知识点	知识点的掌握	20			
资料	资料收集的质量	20			
团队	合作意识	10			
PPT	PPT 的设计	20			
	PPT 的内容	30			

任务三　剪彩仪式礼仪

剪彩仪式，指的是有关单位为了庆贺公司成立、企业开工、银行开业、大型建筑物启用、道路开通或展会开幕而隆重举行的一种礼仪性活动。

任务描述

剪彩仪式的主要内容是约请专人使用剪刀剪断被称为"彩"的红色缎带，故被人们称为"剪彩"。

在本任务中，主要介绍了剪彩的人员，包括剪彩者和助剪者的选择，剪彩者在剪彩时的位次排定和相关的礼仪要求，还应该熟知剪彩仪式的流程。

任务导入

在一次涉外商务活动中，A 国企业代表在与 B 国商务代表协商签订了一份商务合同后，举办了一场相关商品的剪彩仪式。在仪式中，A 国企业代表致辞："先生们，女士们，大家下午好！我非常高兴……"此时，B 国商务代表中有两位女士、三位男士，他们均表现出不愉快的表情，但没有太大的举动。后来，在剪彩过程中，这位 A 国企业代表不小心把剪下的红缎带大花掉落在了主席台上。虽然他一再解释这是由自己的疏忽造成的，但 B 国商务代表仍然非常生气，离席而去。

问题：（1）为什么 B 国商务代表在 A 国企业代表致辞时会露出不愉快的神情？

（2）B 国商务代表为何会离席而去？A 国企业代表在剪彩仪式上有何不妥之处？

知识点 1　剪彩仪式的准备

1．剪彩场地的布置

在正常情况下，剪彩仪式应在即将启用的建筑工程或者展销会、博览会现场举行。正门外的广场、正门内的大厅，都是可以优先考虑的场地。场地应进行布置，搞好环境卫生，准备好灯光和音响，写有剪彩仪式具体名称的大型横幅更是必不可少的。

2. 剪彩时"彩"的安排

剪彩时"彩"的安排如图 6-19 所示。

图 6-19 | 剪彩时"彩"的安排

3. 剪彩工具的准备

剪彩仪式要使用某些用具,如红色缎带、新剪刀、白色手套、托盘及红地毯,如图 6-20 所示。红色缎带应扎成大彩球;白色手套要干净,大小要适合剪彩人员;托盘尽可能用新的,颜色要与仪式气氛协调,一般棕色较合理;红地毯不仅要干净,而且铺设长度及铺设位置要符合礼仪规范。要特别强调的是,剪彩用的剪刀的刀口要锋利,以便剪彩人员使用。

图 6-20 | 剪彩仪式的用具

4. 剪彩人员的选定

剪彩人员是剪彩仪式上的关键人物,必须认真选择,并事先对其进行必要的培训。剪彩人员主要由剪彩者与助剪者构成。剪彩者多由上级领导、单位负责人、合作伙伴、社会名流、员工代表或客户代表担任。根据惯例,剪彩者可以是一个人,也可以是几个人,但是一般不应多于 5 人。助剪者主要负责引导宾客、拉彩带、捧花、递剪刀等。助剪者一般要求文雅、大方、庄重,穿着打扮尽量整齐、统一。

知识点 2　剪彩仪式的流程

剪彩仪式宜紧凑、忌拖沓,所耗时间越短越好,短则一刻钟,长则不超过一个小时。剪彩仪式的流程如图 6-21 所示。

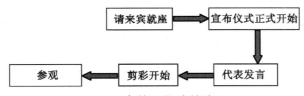

图 6-21 | 剪彩仪式的流程

1．请来宾就座

在剪彩仪式上，通常只为剪彩者、来宾和本单位负责人安排座位。在剪彩仪式开始时，应请这些人在已安排好的座位上就座。

2．宣布仪式正式开始

在主持人宣布仪式正式开始后，现场应演奏音乐，全体到场者应热烈鼓掌。此后，主持人应向全体到场者介绍到场的重要来宾。

3．代表发言

发言者应依次为东道主单位代表、上级主管部门代表、地方政府代表、合作单位代表等。发言内容应言简意赅，每人发言不超过 3 分钟，重点应为介绍、道谢与致贺。

4．剪彩开始

剪彩开始时，全体应热烈鼓掌，必要时还可奏乐。

5．参观

剪彩之后，东道主单位应陪同来宾参观。仪式至此宣告结束。随后，东道主单位可向来宾赠送纪念品，并以自助餐款待全体来宾。

▌技能点 1　剪彩人员的礼仪要求

1．剪彩者的礼仪要求

剪彩者是剪彩仪式的主角，由于他们身份特殊，因此易于被人们和媒体关注。他们在仪式上的仪表仪态，应做到符合礼仪规范。按照常规，剪彩者应着套装、套裙或制服，并将头发梳理整齐，不允许戴帽子、墨镜，也不允许着便装。

剪彩者若不止一人，则登台时应排成一行，令主剪者行进在前。在主持人向全体到场人员介绍剪彩者时，后者应面含微笑地向大家欠身或点头致意。在正式剪彩前，剪彩者应向拉彩者、捧花者示意，待其有所准备后，集中精力，右手持剪刀，表情庄重地将红色缎带一刀剪断。若多名剪彩者同时剪彩，其他剪彩者应注意主剪者的动作，应与其协调一致，力争同时将红色缎带剪断。

按照惯例，剪断以后，红色花团应准确无误地落入托盘者手中的托盘里，切勿使之坠地。剪彩者在剪彩成功后，可以右手举起剪刀，向全体到场人员致意；然后将剪刀、手套放于托盘内，举手鼓掌；接下来，可依次与主人握手道喜，并在引导者的引导下依次退场。退场时，一般从右侧下台。

2．助剪者的礼仪要求

（1）仪容要高雅。助剪者即礼仪小姐，最佳装束应为化淡妆，盘起头发，穿款式、面料、色彩统一的单色旗袍，配肉色连裤丝袜、黑色高跟皮鞋；除戒指、耳环或耳钉外，不佩戴其他首饰，如图 6-22 所示。

图 6-22 | 助剪者的装束

礼仪小姐的基本条件是：相貌姣好、身材高挑、年轻健康、气质高雅、音色甜美、反应敏捷、机智灵活、善于交际。

（2）举止行为要规范。当主持人宣布剪彩之后，礼仪小姐应率先登场。上场时，礼仪小组应排成一列行进，从两侧同时登台，或从右侧登台。登台之后，拉彩者与捧花者应当站成一行。拉彩者处于两端，拉直红色缎带；捧花者各自双手捧一个花团。托盘者需站立在拉彩者与捧花者身后 1 米左右，并且自成一行。在剪彩者登台时，引导者应在其左前方进行引导，使之各就各位。当剪彩者均到达既定位置之后，托盘者应前行一步，到达剪彩者的右后侧，以便为其递上剪刀、手套。最后，剪彩者退场后，礼仪小姐方可列队由右侧退场。

（3）在仪式进行过程中，礼仪小姐应走有走姿，站有站相、整齐有序、动作一致，尤其注意始终保持微笑。如遇意外情况，礼仪小姐能灵活地处理。

（4）工作责任心要强。在剪彩仪式中，礼仪小姐应以规范的举止展示单位的形象和风采，所以需要有强大的自控力和高度的责任心。

▌技能点 2　剪彩位次排定礼仪

若剪彩者为一人，则其剪彩时居中站立即可。若剪彩者不止一人，则其剪彩时的位次就必须予以重视，如图 6-23 所示。一般的原则是：中间高于两侧，右侧高于左侧，距离中间站立者越远位次越低，即主剪者应居于中央的位置。需要说明的是，之所以规定剪彩者的位次"右侧高于左侧"，主要是因为这是一项国际惯例，剪彩仪式理应遵守。其实，若剪彩仪式无外宾参加，则遵守我国"左侧高于右侧"的传统也无不可。

图 6-23　剪彩仪式

锦囊

锦囊1　剪彩仪式的由来

一种说法是，剪彩仪式起源于西欧。在古代，西欧造船业比较发达，新船下水时往往会吸引成千上万的观众。为了防止人群拥向新船而发生意外事故，主持人在新船下水前，会在离船体较远的地方用绳索设置一道"防线"。等新船下水典礼就绪后，主持人就剪断绳索让观众参观。后来，绳索改为彩带，人们就将这一仪式起名为"剪彩"。

另一种说法是，剪彩仪式起源于美国。1912年，在美国的一个乡间小镇上，有家商店的店主慧眼独具，从一次偶然发生的事故中得到启迪，创立了一种崭新的庆贺仪式——剪彩仪式。

当时，这家商店即将开业，店主为了阻止闻讯后蜂拥而至的顾客，在正式营业前耐不住性子争先恐后地闯入店内，将便宜货争购一空，而使守时而来的人们得不到公平的待遇，便随便找来一条布带拴在门框上。谁承想这项临时性的措施竟然激发了挤在店门之外的人们的好奇心，促使他们更想早一点进入店内。

事也凑巧，正当店外的人们的好奇心上升到极点，人们显得有些迫不及待的时候，店主的小女儿牵着一条小狗突然从店里跑了出来。那条"不谙世事"的小狗若无其事地将拴在店门上的布带碰落在地。店外不明真相的人们误以为这是该店为了开业志禧所搞的"新把戏"，于是立即一拥而上，大肆抢购。让店主没想到的是，他的这家小店在开业之日生意居然特别红火。

于是，店主便追根溯源地对此进行了一番"反思"，最后他认定，自己的好运气是由那条被小女儿的小狗碰落在地的布带带来的。因此，此后几家连锁店陆续开业时，他便也这样做。久而久之，他的小女儿和小狗无意之中的"发明创造"，经过他和后人不断"提炼升华"，逐渐成为一整套的仪式。它先是在美国，接着在全世界广为流传开来。在流传过程中，这一仪式被人们赋予了一个响亮的名称——剪彩。沿袭下来，就成了今天盛行的剪彩仪式。

锦囊2　剪彩仪式中的言谈举止

在剪彩仪式中，剪彩者的言谈举止要有节制。剪彩仪式开始前，剪彩者可以和举办单位领导、来宾及共同剪彩者随意交谈；当主持人宣布剪彩仪式开始后，应中断交谈，全神贯注地听主持人讲话，继续谈笑或向别人打招呼是有失礼仪的；剪彩完毕后，应鼓掌致意，这时可与主人或同其他剪彩者进行谈话，但时间不宜过长。在这种场合，无休止地高谈阔论或旁若无人地纵情谈笑，都是不合礼仪的；剪彩之后参观或聚会时要虚心、认真，参观时要耐心听取主办单位的介绍，对其取得的成就应给予肯定和赞许。

典型案例

典型案例1　剪彩"剪"出多人中暑

2021年7月26日上午，某市政府牵头、多方共同投资新建的活动中心举行了一次隆重的开业剪彩仪式。当地政府领导、投资方负责人、活动中心全体人员及当地各大电视台、报社等主流媒体，纷纷出席了此次剪彩仪式。活动中心专门在前广场搭建了一个约 300 平方米的主席台，到场来宾近 2 000 人，现场彩旗飘扬，气氛十分热烈。剪彩仪式于上午 9 点半准时开始。作为该市今年重点项目之一，市领导和各界人士对此次活动十分重视。仪式举行过程中，市领导代表、投资方代表、活动中心负责人、员工代表分别发言，整个发言过程耗时近两个半小时。

中午的日晒加上高温，让到场来宾无不大汗淋漓，有的甚至衣衫湿透。不一会儿，就有一些来宾因忍受不了高温而出现胸闷、头晕、恶心的中暑反应，甚至一些人当场晕倒。周围的人立刻拨打了 120 急救电话。救护车来了，来宾也被安排到了阴凉处休息，现场一片混乱，剪彩仪式只能被迫中止。

思考：（1）此次剪彩为何会被迫中止？

（2）安排剪彩仪式应该注意哪些事项？

典型案例 2 "请张市长下台剪彩！"

某公司举行新项目开工剪彩仪式，请来了张市长和当地各界名流参加，请他们坐在主席台上。仪式开始时，主持人宣布："请张市长下台剪彩！"见张市长端坐没动，主持人很奇怪，重复了一遍："请张市长下台剪彩！"张市长还是端坐没动，而且脸上还露出了一丝恼怒。接着，主持人又重复了一遍："请张市长下台剪彩！"张市长这才很不情愿地起来去剪彩。

思考：（1）请指出本案例中的失礼之处。

（2）剪彩仪式应做好哪些准备工作？

实践训练

剪彩仪式

1．训练内容

剪彩仪式训练。在本实践训练中，学生应了解剪彩仪式的流程，掌握剪彩位次的排定方法，熟练掌握和运用剪彩礼仪。

2．情境设置

活力健身公司举行新项目开工剪彩仪式，请来了陈市长和当地各界名流参加，请他们坐在主席台上……

3．训练组织

全班学生分成 2 组，每组指定 1 名组长和 1 名副组长。根据上述情境，选择学生参与训练，其他学生观摩。演练剪彩仪式流程和位次的排定，重点演练剪彩人员在整个剪彩仪式过程中的礼仪技能。

4．教学安排

（1）教学场地：标准实训室 1 间。

（2）教学设备：红色缎带、新剪刀、白色薄纱手套、托盘及红地毯、灯光、音响、横幅等。

（3）教学学时：1学时，每个小组的演练时间不超过20分钟。

（4）教学评价：由老师、组长及学生代表共同打分，老师进行综合点评。

5．训练评价

实践训练评分表如表6-3所示。

表6-3　实践训练评分表（3）

考核项目	考核内容	分值	自评分	小组评分	平均得分
仪式流程	知识的掌握	5			
	仪式流程的运用	10			
剪彩位次	剪彩者的排序	15			
	助剪者的排序	10			
礼仪	剪彩者的礼仪	30			
	助剪者的礼仪	30			

任务四　展览会礼仪

为了宣传自己的产品、寻找上下游的客户和签订商务合同，商务单位往往会参加或举办展览会，这时应当遵循展览会礼仪。

展览会既可以由参展单位自行组织，又可以由专门机构组织。不论组织者由谁担任，都必须认真做好具体工作，力求使展览会达到完美的效果。展览会的准备工作如图6-24所示。

图6-24│展览会的准备工作

**任务描述**

在展览会礼仪中，需要掌握的内容是展览会的组织流程。在流程中，又有展览会内容宣传、展览会的展位分配等重点内容需要把握。对于展览会而言，工作人员的礼仪是很重要的，要求了解并能运用。

**任务导入**

某计算机工程有限公司定于9月28日在某职业技术学院举办图书馆计算机管理系

统软件产品展销会，通知很快被寄到了各有关学校的图书馆。日程安排表上写着 9 点介绍产品，10 点参观该职业技术学院图书馆计算机管理系统，11 点洽谈业务。展销会当天，9 点本该开始介绍产品，可应到的各校图书馆代表却只到了1/3。原来，由于通知中没有写明展销会具体地点，加上公司接待人员不耐烦，对代表不够热情，所以引起了代表们的抱怨。会议开始时已是 9 点 30 分了。公司副总经理、高级工程师李朝南做了产品介绍及演示，内容十分丰富，10 点 30 分还没讲完。由于前面几项活动时间安排得不够紧凑，所以业务洽谈匆匆开始，草草收场。

问题：请指出此次展销会的不足之处。

知识点　展览会内容宣传

展览会宣传的重点应当是展览内容，即展览会的展示陈列之物。为了做好宣传工作，在举办大型展览会时，主办单位应专门成立对外宣传的组织机构。其正式名称可以为新闻组，也可以为宣传办公室。具体宣传方式如图 6-25 所示。

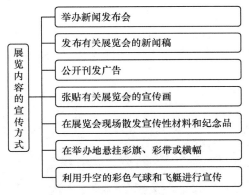

图 6-25 ｜ 展览内容的宣传方式

技能点 1　展位分配

在一般情况下，展览会的组织者要想尽一切办法来满足参展单位对展位的合理要求。展览会的组织者可依照展览会的惯例，采用下列方法对展位进行分配，如图 6-26 所示。

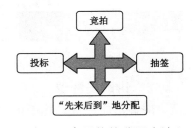

图 6-26 ｜ 展位的分配方法

1. 竞拍

竞拍，即组织者根据展位的不同而制定不同的收费标准，然后组织一场拍卖会，参展单位在会上自由角逐，出价高者便可得到展位。

2. 投标

投标，即参展单位依照组织者公布的招标标准和具体条件自行报价，并据此填具标单，组织者按照"就高不就低"的原则将展位分配给报价高者。

3．抽签

抽签，即将展位编号写在纸签之上，由参展单位的代表在公证人员的监督之下每人各取一个，以此来确定各自的展位。

4．"先来后到"地分配

所谓"先来后到"地分配，即以参展单位正式报名的先后为序，谁先报名，谁便有权优先选择看中的展位。

技能点 2 工作人员的礼仪

展览会的工作人员应当具备良好的素质，明确举办展览会的目的和主题，了解展览知识和技能，具备与展览产品有关的专业素质，还要懂礼仪，能够从不同的角度影响公众，使公众满意。

1．主持人礼仪

主持人是展览会的操控者，应该表现出权威性。在着装上，主持人要穿西服套装，系领带，以使公众对其主持的展览会产生信赖感。主持人的形象是组织实力的一种体现，如图 6-27 所示。与宾客握手时，主持人应先伸出手，等宾客放手后再放手。

图 6-27｜主持人的形象

2．讲解员礼仪

讲解员应热情、礼貌地称呼听众，讲解应流畅，不用生僻字，要让听众听懂。介绍的内容要实事求是，不弄虚作假、不愚弄听众。语调要清晰流畅，声音要洪亮悦耳，语速要适中。解说完毕后，应对听众表示谢意。讲解员的着装要整洁大方、自然得体，不要怪异和新奇，以免喧宾夺主；举止要庄重，动作要大方，如图 6-28 所示。

图 6-28｜讲解员的形象

3. 接待员礼仪

接待员站着迎接参观者时，双脚要微略张开，与肩同宽，双手自然下垂或在身后交叉。这种站姿不仅大方，而且有力。站立时切勿双脚不停地移动，这样会表现出内心的不安稳和不耐烦；也不要一脚交叉于另一只脚前，因为这是不友善的表示。接待员不可随心所欲地趴在展台上，或跷着"二郎腿"，嚼着口香糖，充当"守摊者"；而应随时与参观者保持目光交流，目光要坚定，不可游移不定，也不可眼看别处，要显示出坦然和自信。

当参观者走近本单位的展位时，不管对方是否向自己打了招呼，接待员都要面含微笑，主动地向对方问候："您好！欢迎光临！"随后，接待员应面向对方，稍微欠身，伸出右手，掌心斜向上，指尖直指展台，告诉对方："敬请参观。"当参观者在本单位的展位上参观时，接待员可紧随其后，以方便对方进行咨询，也可以请其自便，不加干扰。对于参观者提出的问题，接待员要认真回答。当参观者离去时，接待员应当真诚地向对方欠身施礼，并道以"谢谢光临"或"再见"。

锦囊

展览会形象礼仪

一般情况下，在展位上的工作人员应当统一着装。在大型展览会上，参展单位若安排专人迎送宾客，则最好让其穿色彩鲜艳的单色旗袍，并身披写有本单位或其主打展品名称的大红色绶带。为了表明各自的身份，全体工作人员皆应在左胸处佩戴写明本人单位、职务、姓名的胸卡，唯有礼仪小姐可以例外。按照惯例，工作人员不应佩戴首饰，男士应当剃须，女士应化淡妆。

典型案例

特色展览会

美国加州商会想在中国推广和销售加利福尼亚州的特色食品，某公共关系有限公司为其在中国策划了一场宣传推广活动。经调查分析，该公共关系有限公司决定策划一次"健美人生巡回展"，希望在消费者心中树立这些特色食品有利于健康的观念。

公司选择颇具影响力的大型商场开展专业健美操表演活动，并采用各种形式最大限度地加强加州特色食品的宣传和推广力度，如贴各种有吸引力的标牌、制作真人大小的特色食品吉祥物、举办庆祝会、展示特色食品营养宣传品、进行消费者调查等。

为了加大特色食品的宣传力度，加深其在人们心中的印象，公司要求表演者穿着统一印有美国加州商会标记的服装。舞台的背景及覆盖物均设计成绿色的植物生长在绿色田野中的图案，突出了特色食品健康的形象。此外，公司免费给在场的小朋友们发放印有美国加州商会宣传语"送给幸福的人"的彩色气球。主持人在舞台上带领小朋友们做游戏，并指导在场的观众参与健美操运动。另外，美国加州商会的吉祥物也出现在此次活动中，颇受现场观众的喜爱，引得他们争相拍照留念。

活动吸引了数十万观众参加，给他们留下了深刻的印象，实现了产品信息的传递；

同时通过吸引众多媒体的关注和报道，成功地拓展了中国市场，达到了预期的目的。

思考：（1）该公共关系有限公司是如何布置这次活动现场的？

（2）展览会布展都有哪些要求？

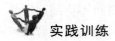 **实践训练**

展览会

1．情境设置

全国农机展销会在某会展中心举行，现要求一批学生参与并协助。

2．训练组织

老师利用课余时间组织学生参与展览会的全过程（校外拓展实训），让学生了解展览会的流程，掌握展览内容宣传和展位分配技能，同时重点考查学生作为展览会工作人员在工作中的礼仪。

3．训练评价

实践训练评分表如表6-4所示。

表6-4　实践训练评分表（4）

考核项目	考核内容	分值	自评分	领导评分	平均得分
展览会实训	对展览会流程的了解程度	20			
	参与展览内容宣传时的表现	20			
	礼仪展示	40			
	纪律遵守情况	10			
	对展位布展的了解程度	10			

任务五　新闻发布会礼仪

新闻发布会简称发布会，有时也称记者招待会，是一种主动传播各类有关信息，谋求新闻界对某一社会组织或某一活动、事件进行客观、公正报道的有效沟通方式，是以发布新闻为主要内容的会议。

 **任务描述**

在本任务中，需要掌握新闻发布会的准备及发布会的程序，新闻发布会的基本礼仪知识也是重点。

 **任务导入**

国新办就2018年前三季度国民经济运行情况新闻发布会

国务院新闻办公室定于2018年10月19日（星期五）上午10时举行新闻发布会，

请国家统计局新闻发言人毛盛勇介绍 2018 年前三季度国民经济运行情况,并答记者问。

胡凯红:

女士们、先生们,大家上午好,欢迎大家出席国务院新闻办公室今天举办的新闻发布会。今天我们很高兴请来了国家统计局新闻发言人毛盛勇先生,请他向大家介绍今年前三季度国民经济运行情况,并就大家关心的问题作答,下面先请毛司长做介绍。

毛盛勇:

前三季度经济运行总体平稳,转型升级深化发展。

……

初步核算,前三季度国内生产总值 650 899 亿元,按可比价格计算,同比增长 6.7%。分季度看,一季度同比增长 6.8%,二季度同比增长 6.7%,三季度同比增长 6.5%。分产业看,第一产业增加值 42 173 亿元,同比增长 3.4%;第二产业增加值 262 953 亿元,同比增长 5.8%;第三产业增加值 345 773 亿元,同比增长 7.7%。

1. 农业生产形势稳定,种植结构合理调整

全国夏粮总产量 13 872 万吨,比上年减少 306 万吨,下降 2.2%;早稻总产量 2 859 万吨,比上年减少 128 万吨,下降 4.3%。秋粮生长形势较好,有望再获丰收。种植结构进一步优化,优质稻谷播种面积扩大,玉米面积调减,大豆面积增加,棉花、糖料等作物面积增加。前三季度,猪牛羊禽肉产量 6 007 万吨,同比增长 0.2%;其中,猪肉产量 3 843 万吨,同比增长 0.3%。生猪存栏 42 887 万头,同比下降 2.3%;生猪出栏 49 579 万头,同比增长 0.1%。

2. 工业服务业生产总体平稳,企业效益较快增长

前三季度,全国规模以上工业增加值同比实际增长 6.4%,增速比上半年回落 0.3 个百分点。分经济类型看,国有控股企业增加值同比增长 7.0%,集体企业下降 1.4%,股份制企业增长 6.6%,外商及港澳台商投资企业增长 5.7%。

分三大门类看,采矿业增加值同比增长 1.8%,制造业增长 6.7%,电力、热力、燃气及水生产和供应业增长 10.3%。9 月份,规模以上工业增加值同比增长 5.8%。

前三季度,全国服务业生产指数同比增长 7.8%,增速比上半年回落 0.2 个百分点。其中,信息传输、软件和信息技术服务业,租赁和商务服务业同比分别增长 37.5% 和 10.8%。

9 月份,全国服务业生产指数同比增长 7.3%。1 至 8 月份,全国规模以上工业企业实现利润总额 44 249 亿元,同比增长 16.2%;规模以上工业企业主营业务收入利润率为 6.43%,同比提高 0.35 个百分点;规模以上服务业企业营业收入同比增长 12.0%;规模以上服务业企业营业利润同比增长 15.5%。

问题:(1)新闻发布会应做好哪些准备工作?

（2）新闻发言人应具备哪些素质?

▌知识点 1 新闻发布会的准备

筹备新闻发布会时要做的工作有很多，其中最重要的是时机的选择、人员的安排、记者的邀请、会场的布置和材料的准备。

1．时机的选择

在确定新闻发布会的时机之前，应明确两点：一是明确新闻的价值，要论证其是否值得专门召集记者前来报道；二是明确新闻发布的最佳时机。召开新闻发布会时，要选择恰当的时机：要避开节假日，避开本地的重大活动，避开其他单位的新闻发布会，还要避免与新闻界的宣传报道重点相左或矛盾。举行新闻发布会的最佳时间为周一至周四的上午 9—11 点，或是下午 3—5 点。

2．人员的安排

新闻发布会人员安排的关键是要选好主持人和发言人。新闻发布会的主持人应由主办单位的公关部长、办公室主任或秘书长担任。新闻发言人应由本单位的主要负责人担任。主持人与发言人要有良好的语言表达能力，应具备执行原定计划并加以灵活调整的能力和现场调控的能力，能充分控制和调动新闻发布会的现场气氛。

3．记者的邀请

对出席新闻发布会的记者要事先确定其范围，具体应视新闻涉及范围或发生的地点而定。邀请时要尽可能先邀请影响大、报道公正、口碑良好的新闻单位。另外，确定了要邀请的记者后，请柬最好提前一星期发出，会前还应电话提醒。

4．会场的布置

新闻发布会除了可考虑在本单位或新闻发生地举行，还可考虑租用宾馆、饭店举行；如果希望产生全国性影响，则可在首都或其他大城市举行。新闻发布会现场应交通便利、环境舒适、大小合适。在会议召开前，应认真进行会场布置。小型会议的会议桌最好不要用长方形的，而要用圆形的，大家围成一个圆圈，以显得气氛和谐、主宾平等。大型会议应设主席台席位、记者席位、来宾席位等。

5．材料的准备

（1）发言提纲。发言提纲是发言人在新闻发布会上进行正式发言时的发言提要。

（2）记者提问提纲。记者提问提纲即答记者问的备忘录，事先应充分讨论，统一认识、统一口径，由专人起草、打印，并分发给记者。

（3）报道提纲。事先必须精心准备一份报道提纲，并打印出来，在新闻发布会上提供给记者。

▌知识点 2 新闻发布会的程序

（1）迎宾签到。

（2）分发会议资料。应给每位来宾发一个事先准备好的资料袋，其中有提纲、技术性说明（必要时发放）、主持人的个人材料和照片及会上要展示的新产品或模型的照片。

（3）宣布会议开始。会议开始时，主持人要简要说明召开会议的目的、所要发布的信息、事件发生的背景和经过等。

（4）发言人讲话。

（5）回答记者提问。

（6）接受重点采访。

（7）新闻发布会的善后事宜。

技能点　新闻发布会的基本礼仪

1．做好会议签到

要做好新闻发布会的签到工作，让记者等来宾在事先准备好的签到簿上签上自己的姓名、单位、联系方式等。当记者等来宾签到后，应按事先的安排将其引到会场就座。

2．严格遵守会议程序

要严格遵守会议程序，主持人要充分发挥主持者和组织者的作用，宣布会议的主要内容、提问范围及会议进行的时间，一般不要超过两小时。主持人、发言人讲话时间不宜过长，否则会影响记者提问。发言人对记者所提的问题应逐一予以回答，不可与记者发生冲突。主持人要始终把握会议主题，维护好会场秩序。主持人和发言人会前不要单独会见记者，不要提供任何信息。

3．注意相互配合

在新闻发布会上，主持人和发言人要相互配合。因此，首先要明确分工、各司其职，不允许越俎代庖。在新闻发布会进行期间，主持人和发言人要保持一致的口径，不允许公开对抗、相互拆台。当记者提出的某些问题过于尖锐、难以回答时，主持人要想方设法转移话题，避免使发言人难堪。而当主持人邀请某位记者提问时，发言人一般要进行适当回答，否则对记者和主持人都是不礼貌的。

4．态度要真诚主动

在新闻发布会中，自始至终都要注意对待记者的态度，因为对待记者的态度直接关系到新闻媒介发布消息的质量。作为普通人，记者希望接待人员对其尊重、热情，了解其所在的新闻媒介及其作品等；作为职业媒体人，记者希望主办方能支持其工作，如提供一条有发表价值的消息、一个有利于拍到照片的角度等。所以，主办方对记者的合理要求要尽量满足，对待记者千万不能趾高气扬、态度傲慢，一定要温文尔雅、彬彬有礼。

锦囊

锦囊1　新闻发言人

新闻发布会是公司要员同媒体打交道的一次很好的机会，值得珍惜。代表公司形象的新闻发言人对公司的公众认知会产生重大影响。如果其表现不佳，公司形象无疑也会令人不悦。

新闻发言人一般具备以下几个条件。

（1）公司的头面人物之一。新闻发言人应该在公司身居要职，有权代表公司讲话。

（2）良好的形象和表达能力。新闻发言人的知识要丰富，要有一定的语言表达能力、倾听能力及反应能力，形象干净整洁、大方得体。

（3）执行原定计划并加以灵活调整的能力。

（4）现场调控能力，可以充分控制和调动新闻发布会现场的气氛。

锦囊2　提问

在新闻发布会上，通常在发言人发言以后，有一个回答记者提问的环节。此环节可促进记者对整个新闻事件的了解及对背景资料的掌握。有准备、亲和力强的领导接受媒体专访，可使新闻发布会发布的新闻得到进一步传播。

记者提问一般由一位主答人负责回答，必要时，如涉及专业性强的问题，可由他人辅助回答。

新闻发布会召开前，主办方要准备记者提问提纲，并事先取得一致意见，尤其是主答人和辅助答问者要取得共识。

在新闻发布会进行过程中，对于记者的提问应该认真回答；对于无关或过长的提问，可以委婉、礼貌地制止；对于涉及企业秘密的问题，有的可以直接、礼貌地说是企业机密，一般来说，记者也可以理解，有的则可以委婉作答，不宜回答"无可奉告"；对于复杂而需要大量解释的问题，可以先简单答出要点，并邀请其在会后探讨。

有些企业喜欢事先安排好提问的问题，以防止记者问到尖锐、敏感的问题，不建议采取这种方式。

锦囊3　媒体邀请

媒体邀请的技巧很重要，既要吸引记者参加，又不能过多透露将要发布的新闻。邀请的媒体数量既不能过多，又不能过少。一般企业应该邀请与自己联系比较紧密的商业领域的记者，必要时，如现场气氛热烈，还应邀请平面媒体记者与摄影记者。

邀请的时间一般以提前一个星期左右为宜，开会前一天可做适当的提醒。联系比较多的媒体记者可以采取电话邀请的方式，相对不是很熟悉的媒体或发布的内容比较严肃、庄重时可以采取发请柬的方式。

适当制造悬念可以引起记者对新闻的兴趣，开会前不透露新闻能够给记者一个惊喜。每个记者都希望在第一时间把新闻报道出来，如果新闻事先被透露出去了，用记者的话说就是"新闻资源已被破坏"。看到别的报纸已经报道出来了，记者们的热情就会大大减弱，甚至不想再发布该新闻。所以，无论一个企业与一些记者多么熟悉，在新闻发布会召开之前，重大的新闻内容都不可以透漏出去。

在记者邀请过程中必须注意，邀请的一定要是新闻记者，而不应是广告业务部门的人员。有时，媒体广告业务人员希望借助新闻发布会的时机进行业务联系，并做出也可帮助发稿的承诺，此时必须予以回绝。

锦囊4　新闻发布会的误区

误区一：召开没有新闻的新闻发布会。有些企业似乎有开新闻发布会的嗜好。很多时候，企业并没有重大新闻，但为了保持一定的影响力，也要时不时地开个新闻发布会。这造成的后果是，企业虽然花了不小的精力，但几乎没有收获。新闻价值的缺乏使得主办方往往在新闻发布会的形式上挖空心思、绞尽脑汁，热闹倒是热闹了，效果却不理想。有时甚至会导致参会者记住了热闹的形式，却忘记了主办方想要表达的内容。

误区二：新闻发布会的主题不清。从企业的立场出发，主办方想把企业的光荣历史全部告诉大家：企业什么时候得了金奖、什么时候得到了认证、什么时候得了第一、什么时候捐资助学了……但是，偏离了主题的信息在媒体眼中毫无价值。

有的企业在新闻发布会过程中，生怕暴露商业机密，涉及具体数据时总是含含糊糊，一谈到这些话题就"顾左右而言他"，不是"无可奉告"就是"正在调查"。这样一来，媒体想知道的信息企业没办法提供，媒体没兴趣的事企业又喋喋不休。

**典型案例**

典型案例1　"某知名企业不锈钢炊具锰超标"事件新闻发布会

2012年2月16日，央视《焦点访谈》报道，经哈尔滨市工商部门检测，某知名品牌企业有多达81个规格的炊具不合格，不锈钢炊具锰含量超出国标近4倍，可导致帕金森病等危险疾病。该企业2012年2月20日在官方网站再次声明，该企业委托德国检测机构的上海实验室对相关产品进行了检验，首批被检产品锰析出量符合意大利标准。

有业内人士表示，该企业所谓的"意大利标准"，只是不锈钢炊具中的"锰析出量"，与我国相关规定中的"锰含量"不是同一个概念。而且该企业声称的相关产品符合"意大利标准"，只是其单独委托相关机构进行检测的结果，没有公正的第三方参与，检测结果难以服众。

目前，国家食品安全风险评估中心的说法是，锰的迁移水平不会造成健康损害，更不会导致帕金森病。这让争论数日的"不锈钢锅含锰是否会对人体造成危害"一事有了定论。

据了解，不锈钢中的铬、镍、锰等价格相差悬殊。为了控制成本，用价格便宜的锰替代镍，已经成为行业潜规则。有色金属业内人士透露："这完全是利益使然。"

2011年12月21日，《食品安全国家标准　不锈钢制品》（GB9684—2011）发布实施。新国标对不锈钢食具容器所用的不锈钢中铬、镍、镉、砷等重金属的迁移量（或称"析出量"）做出了明确限定，但放宽了对不锈钢用材的限制，而且没有对锰的析出量进行限定。

该知名企业产品质量问题发酵后，除了中国特钢企业协会一再强调其产品锰含量超标，该知名企业方面予以否认外，公众最期望听到的权威声音——有关检测部门的鉴定结果却迟迟没有出现。

思考：召开新闻发布会时应注意哪些要点？

典型案例2　外交部发言人华春莹的外交风采

据新华社报道，外交部发言人华春莹在2018年的一次记者招待会上表示，促进贸易畅通、推动贸易自由化和便利化是"一带一路"倡议的重要组成部分，指责"一带一路"倡议阻碍自由贸易的说法不符合事实。

在当日例行记者会上，有记者问："据《德国商报》报道，欧盟多国驻华大使共同支持一份批评'一带一路'倡议的报告。报告中称中国的该倡议阻碍了自由贸易，并将中国企业置于优势地位。中方对此有何评论？"

华春莹说，中方注意到了相关报道。欧盟方面已向中方做出澄清，《德国商报》的有关报道是不符合事实的。

华春莹说，多数欧盟成员国的领导人都对参与"一带一路"建设表现出了兴趣。比如，荷兰首相吕特在出席博鳌亚洲论坛2018年年会时表示，荷兰对"一带一路"兴趣浓厚。法国总统马克龙访华时呼吁整个欧洲都积极参与"一带一路"。英国首相特雷莎·梅曾表示，"一带一路"倡议具有深远的世界影响，希望英中开展"一带一路"合作，促进全球和区域经济增长。

华春莹表示，中方多次强调，"一带一路"倡议是谋求互利共赢、共同发展的全球公共产品。"一带一路"建设遵循共商、共建、共享原则，遵循市场规律和国际通行规则，致力于实现高质量、可持续发展。"一带一路"是中国提出的阳光倡议。无论是规划合作蓝图还是实施具体项目，都由参与方商量着办，一切都在阳光下运行，坚持公开透明。

"这个世界上的确有许多贸易壁垒，但谁能指出来哪一个壁垒是'一带一路'造成的？恰恰相反，与中国签署共建'一带一路'合作协议的80多个国和地区家都支持通过'一带一路'促进贸易畅通。"华春莹说。

华春莹表示，希望有关方面正确理解和解读"一带一路"倡议。

思考：发言人要有哪些能力？

实践训练

新闻发布会

1. 训练内容

进行新闻发布会训练。我们需要在本实践训练中了解新闻发布会的准备工作，掌握新闻发布会的程序，并能组织开展新闻发布会，熟练掌握和运用新闻发布会的基本礼仪。

2. 情境设置

某省质量技术监督部门就"A茶油"事件召开了新闻发布会，如表6-5所示。

表 6-5　情境设置

演练同学	学生一	学生二	学生三	学生四	学生五
模拟角色	某省质量技术监督部门新闻发言人	A 茶油公司负责人	某省市场监督管理局负责人	某省市场监督管理局质量监督和执法处负责人	新闻发布会主持人
新闻背景	自 201×年 8 月下旬以来，A 茶油被曝出苯并芘超标，国内最大的茶油生产企业——A 茶油股份有限公司受到公众的强烈质疑。与 A 公司一起站在舆论风口浪尖的，还有某省质量技术监督局。实际上，早在 201×年 2 月 18 日，某省质量技术监督局即已通过抽检，查出 A 茶油的 9 批次产品存在苯并芘超标，却在长达半年之内未将其公之于众。201×年 9 月 1 日，在曝光压力之下，A 公司终于做出了道歉：今年 3 月，A 茶油等一批公司生产的茶油被查出含有超国家标准 6 倍的强致癌物质。A 公司的道歉还透露，尚有近 10 吨含致癌物质的茶油未被召回。A 公司承诺将按照相关规定进行退款和补偿。201×年 9 月 2 日，某省质量技术监督局也开始发声，就该事件进行说明，并随后采取了一系列处理措施，包括责令 A 公司停产整顿、召回问题产品等。记者就 A 茶油被传致癌物质苯并芘超标 6 倍一事前往某省质量技术监督局采访时，被要求填写"新闻媒体采访申请表"，等待相关处室负责人、分管局领导等各级层层审批				

3．训练组织

全班挑选 5 名学生组成一个团队，分别扮演某省市场监督管理局新闻发言人、A 茶油企业负责人、某省市场监督管理局负责人、某省市场监督管理局质量监督和执法处负责人，以及新闻发布会主持人（事先准备好几份材料，发放给"记者"），就"A 茶油"事件回答"记者"提出的问题（全班其他学生扮演记者、听众和评委）。一次回答的时间尽量控制在 3～5 分钟。

演练程序：主持人介绍出席新闻发布会的人员（指定相应的领导进行开场发布）→主要负责人进行开场发布，时间 3～5 分钟→发布会主持人点请记者提问→记者进行提问（5～10 名）→发言人答记者问→发布会主持人适时宣布发布会结束→老师点评→老师和学生互动讨论。

4．训练评价

实践训练评分表如表 6-6 所示，由老师与学生代表共同打分，老师进行综合点评。

表 6-6　实践训练评分表（5）

考核项目	考核内容	分值	自评分	小组评分	平均得分
新闻发布会礼仪	材料的准备	10			
	团队团结协作表现	20			
	发布会程序的掌握	20			

续表

考核项目	考核内容	分值	自评分	小组评分	平均得分
新闻发布会礼仪	主持人与发言人的配合程度	20			
	主持人与发言人的表达能力	15			
	成员的应变能力	15			

要点巩固

一、判断题

1. 筹备新闻发布会时，确定邀请记者后，请柬最好提前一星期发出，会前还应用电话提醒。 （   ）

2. 展览会是一种单一的传播方式。 （   ）

3. 剪彩者位序的一般规则是：中间高于两侧，右侧高于左侧，距离中间站立者越远位次越低，即主剪者应居于中央的位置。 （   ）

4. 奠基仪式的地点一般应选择在建筑物的施工现场。具体地点按常规应选择在建筑物正门左侧。 （   ）

5. 一般来讲，签字人签署文本时的通常做法是：先签署己方保存的合同文本，再签署他方保存的合同文本。这一做法被称为"轮换制"。 （   ）

二、选择题

1.（单选）剪彩者可以是一个人，也可以是几个人，但是一般不应多于_____人。

　　A．5　　　　　　　　B．4　　　　　　　　C．3　　　　　　　　D．6

2.（单选）签字仪式上，助签人的主要职责是_____。

　　A．翻揭文本，指明签字之处　　　　　B．端茶递水

　　C．引导入场　　　　　　　　　　　　D．现场指挥

3.（单选）交换已签订的合同文本后，有关人员（尤其是签字人）应当场干上一杯_____。

　　A．香槟酒　　　　B．白开水　　　　C．啤酒　　　　D．白酒

4.（单选）下列属于专业展览会的是_____。

　　A．世界博览会　　　　　　　　　　　B．广交会

　　C．××叉车展览会　　　　　　　　　　D．钢铁行业成果会

5.（单选）展览会依据其目的可划分为_____。

　　A．国际展和国内展，其中国际展又可分为出国展和来华展

　　B．大型展览会、中型展览会和小型展览会

　　C．专题型展览和综合型展览

　　D．宣传型展览和销售型展览

6.（单选）下列关于新闻发言人的条件的说法不正确的是_____。

A．应该在公司身居要职，有权代表公司讲话，一般是由公司负责人担任

B．要有良好的外形和表达能力

C．应具备一定的社会威望，具有一定的地区号召力

D．应具备执行原定计划并加以灵活调整的能力和现场调控的能力，能充分控制和调动发布会现场的气氛

7．（多选）剪彩活动应准备的物品有_____。

A．红色缎带　　　B．红地毯　　　　C．托盘　　　　D．新剪刀

E．白色手套

8．（多选）开业庆典的筹备要遵循_____原则。

A．热烈　　　　　B．缜密　　　　　C．节俭　　　　D．准时

9．（多选）在新闻发布会上，主持人与发言人应做到_____。

A．坦率　　　　　B．诚实　　　　　C．随机应变　　　D．避重就轻

10．（多选）下列属于开业典礼常见的类型有_____。

A．开幕典礼　　　B．奠基仪式　　　C．破土仪式

D．签字典礼　　　E．通车仪式

11．（多选）签字仪式上座位排列有_____等基本形式。

A．主席式　　　　B．围绕式　　　　C．发散式

D．并列式　　　　E．相对式

12．（多选）依照展览会的惯例，采用_____等方法对展位进行合理分配。

A．竞拍　　　　　B．内定　　　　　C．投标

D．抽签　　　　　E．"先来后到"地分配

三、简答题

1．新闻发布会的程序是什么？

2．展位分配方法有哪些？

3．简述剪彩仪式的流程。

4．开业庆典应做好哪些准备工作？

5．助剪者有哪些礼仪要求？

四、延伸讨论

友善强调公民之间应互相尊重、互相关心、互相帮助、和睦友好。在特定商务活动的开展中应如何做才能较好地体现友善？

项目七
商务涉外礼仪

内容标准

项目名称	项目七　商务涉外礼仪		学时	2（理论）+2（实践）
知识目标	1．掌握涉外商务交往礼仪规范知识			
	2．了解不同国家的习俗			
素质目标	1．通过对涉外商务交往礼仪技巧的学习，提高交际能力			
	2．通过学习提高各种应变能力			
	3．具备一定的涉外交往能力，提升对外形象			
	4．增进友谊，加强团结，实现和平共处，尊重彼此习俗			
任务	任务一　商务涉外礼仪的基本知识 1（理论）+课外集中实训	技能目标	1．能够应用好涉外商务交往礼仪知识，处理好与国际友好人士的关系 2．具备与国际友好人士打交道的能力	
	任务二　不同国家的礼仪 1（理论）+2（实践）			

 任务一　商务涉外礼仪的基本知识

 任务描述

随着改革开放的不断深入，中国与世界各国的交流日益频繁。在对外交往中，我们要掌握相关的礼仪基本知识，这样才能更好地加强中外往来，促成合作。

在本任务学习中，我们除了要了解商务涉外礼仪的基本原则之外，还要掌握涉外活动中的着装要求，了解商务涉外礼仪的注意事项等内容。

任务导入

在我国江南的一座城市，有一次接待外宾的活动中，因为我方人员在讲话中违背了对方国家的礼仪，导致双方不欢而散。

事情的经过是这样的。外宾在游览当地风景时，兴致颇高。他们谢绝坐电车，坚持徒步而行。尤其是一位担任副团长的女士，尽管白发苍苍，依然健步如飞、谈笑风生，令人钦佩。当时在场作陪的当地一位副市长，见到这番情境，便由衷地对那位女士说："夫人，您的身体真好。真是老当益壮啊！您老人家今年高寿？"这位副市长讲话之初，这位女士还笑容可掬地聆听着，可是在翻译员翻译完后，对方竟勃然变色、拂袖而去。

问题：（1）这位领导犯了哪些错误？

（2）我方在接待过程中违背了哪些商务涉外礼仪的基本原则？

▎知识点 1　商务涉外礼仪的基本原则

1．维护国家形象原则

在参与涉外交往活动时，应时刻意识到在外国人眼里，自己是国家、民族、单位组织的代表，应做到不卑不亢。自己的言行应当端庄得体、堂堂正正。在外国人面前，既不应该表现得畏惧自卑、低三下四，也不应该表现得自大狂傲、放肆嚣张；应表现得既谨慎又不拘谨，既主动又不盲动，既注意自律又不手足无措，如图7-1所示。

图 7-1｜正确的言行举止

2．信守约定原则

在涉外交往活动中，人们将尊重对方，对交往对象的重视、恭敬、友好作为涉外礼仪的核心。在一切涉外交往活动中，都必须认真而严格地遵守自己的所有承诺，说话务必要算数，许诺一定要兑现。

3．女士优先原则

在男女都有的社交场合中，男士要照顾、礼让女士，遵循"尊重女士、女士优先"原则。它要求在一切社交场合（有些公务场合除外），成年男士都有义务主动自觉地以自己的实际行为去尊重女士、照顾女士、体谅女士、关心女士、保护女士，并尽心竭力地去为女士排忧解难。

4．右高左低原则

在正式的涉外交往活动中，依照国际惯例，将多人进行并排排列时，最基本的规则是"右高左低"，即以右为上，以左为下。大到政治磋商、商务往来、文化交流，小到私人接触、社交应酬，但凡有必要确定并排列具体位置的主次时，"右高左低"原则都是普遍适用的。

5．热情有度原则

"热情有度"是涉外礼仪的基本原则之一。它要求人们在参与涉外交往活动，直接同外国人打交道时，不仅待人要热情而友好，更为重要的是要把握好待人热情友好的分寸。否则就会事与愿违、过犹不及。

中国人在涉外交往活动中要遵守"热情有度"这一基本原则，关键是要掌握好"关心有度""批评有度""距离有度"。

在涉外交往活动中，人与人之间的正常距离大致可以划分为以下 4 种，它们适用于不同的情况。

（1）私人距离，其距离小于或等于 0.5 米。它仅适用于家人、恋人与至交，因此有人称其为"亲密距离"。

（2）社交距离，其距离为大于 0.5 米且小于或等于 1.5 米。它适用于一般的交际应酬，故亦称"常规距离"。

（3）礼仪距离，其距离为大于 1.5 米且小于 3 米。它适用于会议、演讲、庆典、仪式及接见，意在向交往对象表示敬意，所以又称"敬人距离"。

（4）公共距离，其距离在 3 米开外。它适用于在公共场所同陌生人相处，也被称为"有距离的距离"。

要在涉外交往中真正做到"举止有度"，还要注意以下两个方面：一是不要随便采用某些意在显示热情的动作，二是不要采用不文明、不礼貌的动作。

6. 尊重隐私原则

对于西方人来讲，经历、收入、年龄、婚恋、健康状况、政治见解等均属个人隐私，别人不应查问，因此我们在涉外交往活动中要遵守尊重隐私原则。

7. 入乡随俗原则

在涉外交往活动中，要真正做到尊重交往对象，就必须了解和尊重对方的风俗习惯。做不到这一点，对于交往对象的尊重、友好和敬意便无从谈起。这就要求我们首先必须充分了解与交往对象相关的习俗，即他们在衣食住行、言谈举止、待人接物等方面特有的讲究与禁忌；其次必须充分尊重交往对象的种种习俗，既不能少见多怪、妄加非议，也不能以我为尊、我行我素。

8. 爱护环境原则

在涉外交往活动中，之所以要特别讨论爱护环境的问题，除了因为它是基本社会公德之外，还在于在当今的国际舞台上，它已经成为备受关注的焦点问题之一。因此，与外国人打交道时，在爱护环境的具体问题上要严于自律，不可破坏自然环境，不可虐待动物，不可损坏公物，不可乱堆、乱挂私人物品，不可乱扔、乱丢废弃物品，不可随地吐痰，不可任意制造噪声等。

9. 不宜先为原则

在涉外交往活动中，面对自己一时难以应付、举棋不定，或者不知道到底怎样做的情况时，如果有可能，最明智的做法是尽量不要急于采取行动，尤其是不宜急于抢先、冒昧行事。

▌知识点 2　商务涉外礼仪活动的着装要求

在与外国人打交道时，涉外人员应当懂得依照自己所处的具体场合，选择与其适应的服装。

根据涉外礼仪的规范，在国际交往中，涉外人员接触的各种具体场合大体可以分为3类，即公务场合、社交场合和休闲场合。

1．公务场合

公务场合指的是涉外人员上班处理公务的场合。在公务场合，涉外人员的着装应当重点突出庄重保守。

中国的涉外人员目前在公务场合的着装，最为标准的是深色毛料的套装、套裙或制服。具体而言，男士最好身着藏蓝色、灰色的西装或中山装，内穿白色衬衫，脚穿深色袜子、黑色皮鞋。穿西装时，务必要打领带。

女士的最佳衣着是身着单一色彩的西服套裙，内穿白色衬衫，脚穿肉色长丝袜和黑色高跟皮鞋。有时，穿单一色彩的连衣裙亦可，但是尽量不要选择以长裤为下装的套装。

2．社交场合

在社交场合，涉外人员的着装应当重点突出时尚个性，既不必过于保守从众，也不宜过分随意。在社交场合，最好不要穿制服或便装。

较合适的做法是，在需要穿着礼服的场合，男士穿着黑色的中山装或西装，女士则穿单色的旗袍或下摆长于膝部的连衣裙。其中，黑色中山装和单色旗袍最具有中国特色，并且应用最为广泛。

3．休闲场合

在休闲场合，涉外人员的着装应当重点突出舒适自然，衣着没有必要过于正式，尤其应当注意，不要穿套装或套裙，也不要穿制服。那样做既没有任何必要，也与所处的具体环境不符。

知识点3 商务涉外礼仪的注意事项

（1）遵守社会公共道德。

（2）遵守时间，不要失约。严禁在工作和休闲时间打搅外宾。参加活动要按约定时间到达，不守时是失礼的表现，但也不要过早到达，以免使主人因未准备好而难堪。

（3）尊敬老人和妇女，上下车辆、出入门应让他们先行。

（4）举止端庄、注意言行，不要做一些异乎寻常的动作，不要用手指指人。不喧哗、不放声大笑、不远距离大声喊人、走路不要搭肩膀。站、坐的姿势要端正，不要坐在椅子扶手上。坐下时腿不要乱跷、摇晃，更不要把腿搭在椅子扶手上，也不要把裤管撩起。手不要搭在临近的椅子背上。女士不要叉开双腿。

（5）切勿随地吐痰，不乱扔废弃物品。

（6）公共场合不可以修指甲、挖耳朵、搔痒、摇腿、脱鞋、打嗝、伸懒腰、哼小调、打喷嚏，打哈欠时应用手帕捂住嘴鼻，面向一旁，以免发出声音。

（7）参加活动前不要吃蒜、葱等味重的食物。

（8）衣着要清洁、整齐，特别是衣领和手帕要经常洗和换，头发、胡须要经常修整。

（9）日常生活中见面时要互相问候，谈话时注意勿谈论疾病和其他不愉快的事。

（10）在交际中，为了向他人表示慰问、祝贺或感谢，往往需要赠送一些物美价廉的小礼品。

任务二　不同国家的礼仪

任务描述

"十里不同风，百里不同俗。"国际交流日趋频繁，不同国家又有着不同的礼仪习俗，掌握这些不同国家的礼仪习俗，可以帮助我们处理好与不同涉外对象的关系，促进相互之间的联系与沟通。这能加强涉外交往，有利于涉外活动的开展。

任务导入

某总统 20 世纪 60 年代曾访问泰国，在受到泰国国王接见时，跷起了"二郎腿"，脚尖向着泰王，而这种姿势在泰国被视为是具有侮辱性的。更糟糕的是在告别时，这位总统竟然紧紧拥抱了泰国王后。在泰国，除了国王外，任何人均不得触碰王后。因为这位总统不注意泰国的风俗、礼仪，想当然地依照本国的风俗，我行我素，此次出访产生了不少遗憾。

问题：（1）阅读本案例后你有何感想？

（2）你认为应该如何对待不同国家的礼仪习俗？

▎知识点 1　美国礼仪

1. 服饰礼仪

在正式社交场合美国人穿戴比较保守，讲求西装革履。他们崇尚自然美，不喜欢过分追求化妆效果，女士一般不太粉饰自己，更不喜欢浓妆艳抹。

2. 仪态礼仪

美国人以不拘泥小节著称，他们不喜欢沉默。女士性情很开朗，举止不拘谨，正常情况下，成年男士间不手拉手走路。美国人的一些体态语言与某些国家不同，比如用手指算数习惯从食指开始向小指算。在美国，蹲着或叉开腿坐着都是不雅观的，甚至会引起误会。

3. 相见礼仪

美国人的姓名排列是名在前、姓在后。姓一般只有一个，名可以有一个或两个。女士婚后随夫姓。口头称呼一般称姓。美国人见面时常直呼对方名字，即便是初次相识。他们的平等观念强，尊重个人，父母到孩子的房间也必须先敲门。

4. 餐饮礼仪

美国人请客人吃饭时，会先用电话邀约，客人接到邀请要给予回答，客人一般提前5~10分钟到达。若可能迟到15分钟以上，应先给主人打电话。

5. 商务礼仪

美国商人喜欢边吃边谈，一般洽谈活动从吃早点开始，晚上一般不谈生意或做重大决定。同美国人做生意，最重要的原则之一就是必须表述清楚，不能模棱两可。

6. 沟通礼仪

（1）美国人一般不喜欢称呼官衔，或是以"阁下"相称。对于能反映个人成就与地位的学衔、职称，如"博士""教授""律师""法官""医生"等，他们乐于在人际交往中使用。

（2）在赠送礼品时，美国人喜爱的色彩是白色、蓝色和黄色，忌讳黑色。

（3）一般来讲，早8点前，晚10点后，除非有急事或要事，一般不要拜访美国人。

（4）中国人赴美国做生意时带些礼品可以联络感情，礼品不在于贵，而在于具有明显的中国特色，可以多挑选具有浓厚本土气息的或别致精巧的工艺品。不宜送给美国人的礼品主要有香水、内衣、药品及广告用品等。

（5）跟美国人相处时，保持适当的距离是必要的。美国人认为个人空间神圣不容冒犯。一般而言，与美国人交往时，与之保持50~150厘米的距离是比较适当的。

（6）在美国，询问他人收入、年龄、婚恋、健康、籍贯、学历、住址、种族、血型等都是不礼貌的。

（7）下列体态语言是美国人忌用的：①盯视他人；②冲着别人伸舌头；③用食指指点交往对象；④用食指横在喉头之前；⑤竖起拇指并以之指向身后；⑥竖起中指。美国人认为，这些体态语言都有侮辱他人之意。

▌知识点2　加拿大礼仪

1. 仪态礼仪

加拿大人在社交场合介绍朋友时，手的姿势是胳膊往外微伸，手掌向上，手指并拢，不用手指指人。加拿大人喜欢用手指比画"V"或"OK"。在公共场合，加拿大人厌恶那种抢着插嘴、边说话边用手指指人的人，他们不喜欢别人老盯着自己。加拿大人不在人前抠头发、清理手指甲缝里的污垢。

2. 服饰礼仪

在日常生活中，加拿大人的着装以欧式为主。上班的时间，他们一般穿西服、套裙，参加社交活动时往往穿礼服或时装。在休闲场合则讲究自由穿着，只要自我感觉良好即可。在教堂，男士着深色西装、打领结，女士则穿样式庄重的衣裙。在参加婚礼时，男士或穿着西装，或穿着便装，穿便装时不打领带；女士则不宜打扮得过分耀眼，以免喧宾夺主，更不宜穿白色或米色系列的服装，因为象征纯洁的白色是属于新娘的。

3．餐饮礼仪

加拿大人爱吃烤制食品，尤其喜欢烤牛排。他们习惯在餐后喝咖啡和吃水果。加拿大人偏爱甜食，喜欢白兰地、香槟酒等，忌食虾酱、鱼露、腐乳，以及怪味、腥味的食物和动物内脏。在加拿大，赴宴时最好到花店买一束鲜花送给主人，以表达自己的谢意。在餐桌上，男女主宾一般分别坐在女主人、男主人的右手边。饭前先用餐巾擦一擦嘴唇，以保持杯口干净。进餐时不要当众用牙签剔牙，切忌把自己的餐具摆到他人的位置上。

4．商务礼仪

在加拿大从事商务活动，首次见面一般要先进行自我介绍，在口头介绍的同时递上名片。

在商务活动中赠送礼品，最好赠送具有民族特色的、比较精致的工艺美术品。在正式谈判场合，衣着要整齐庄重。如有会议或活动，加拿大人会事先通知你参加的时间，不宜过早到达，如果你有事稍微晚到几分钟，他们一般也不会计较。

5．沟通礼仪

加拿大全国面积 998 万平方千米，人口 3813 万人（2021 年 6 月），主要为英、法等欧洲后裔，土著居民约占 3%，其余为亚洲、拉美、非洲裔等。所以与加拿大人打交道要了解对方的情况，然后再区别对待。

（1）加拿大是由许多不同族群组成的，尽管其习俗在全国大致相同，但仍有某些差别。按照常情，最好的办法是客随主便。

（2）加拿大人朴实、随和、友善、热情好客。与美国人相比，加拿大人较为保守，不像美国人那样随便。

（3）见面时一般握手致意，分手时也用握手礼。

（4）约会要准时，加拿大的大多数场合都要求遵守时间。

（5）招待会多在饭店或夜总会举行。如果你受到在家里款待，礼貌的做法是给女主人带去鲜花。不要送白色的百合花，在加拿大人看来，它们是与葬礼联系在一起的。

知识点 3　日本礼仪

1．仪态礼仪

日本人常常满脸笑容，不仅高兴时微笑，即使窘迫发怒时也会笑，以掩饰自己的真实情感。女士在地板上就座时，总是坐在蜷曲的腿上。

2．相见礼仪

日本人的名字一般由 4 个字组成，前两个字是家族的名字，后两个字是自己的名字。一般情况下，日本人不喜欢做自我介绍。作为介绍人，通常要说出被介绍人与自己的关系及他的称谓和所在单位名称等。

3．餐饮礼仪

日本人以大米为主食。他们爱吃鱼，一般不吃肥肉和猪内脏，有的人不吃羊肉和鸭肉。不论在家中或餐馆内，座位都有等级，一般听从主人的安排即可。日本有一种富有参禅味道、用于陶冶情趣的习俗——茶道，虽然不少现代日本青年对此已不感兴趣，但作为一种传统习俗仍受到社会的重视。

4．商务礼仪

到日本从事商务活动，宜选择 2—6 月、9—11 月，其他时间当地人多在休假或忙于过节。日本人在商务活动中很注意名片的作用，他们认为名片能够表明一个人的社会地位，因此总是随身携带。日本商人比较重视建立长期的合作伙伴关系。他们在商务谈判中十分注意维护对方的面子，同时希望对方也这样做。赠送礼品时，日本人非常注重等级，因此不要给他们赠送太昂贵的礼品，以免使他们误认为你的身份比他们高。

5．沟通礼仪

（1）在人际交往中，日本人的见面礼是鞠躬礼，如图 7-2 所示。在日本行鞠躬礼时，手中尽量不要拿东西，头上不得戴帽子，把手插在衣袋也不允许。

图 7-2 | 见面行鞠躬礼

（2）与日本人初次见面时，通常都要互换名片，否则会被理解为不愿意与其交往。因而有人将日本人的见面礼节归纳为"鞠躬成自然，见面递名片。"

（3）称呼日本人时，可称之为"先生""小姐"或"夫人"，也可以在其姓氏之后加上一个"君"字，将其尊称为"某某君"。只有在很正式的情况下，称呼日本人才使用其全名。

（4）在交际场合，一定不要高声谈话，因为日本人认为这也是一种礼貌。

（5）在拜访日本人时，可以赠送他们西洋酒、中国酒和日本清酒，这些都是他们的所爱。下列物品不宜作为礼品：梳子、圆珠笔、T 恤衫、火柴、带有广告的帽子。在包装礼品时，不要扎蝴蝶结。

（6）日本人觉得注视对方的双眼是失礼的，因此他们绝不会直勾勾地盯视对方，而通常只会看着对方的双肩或脖子。

（7）日本人用右手的拇指与食指合成一个圆圈时，绝对不是像英美人那样是在表示"OK"，而是在表示"钱"。

▎知识点 4　韩国礼仪

1．社交礼仪

韩国人讲究礼貌，待客热情。见面时，韩国人一般采用握手礼作为见面的礼节，握手时使用双手或单独使用右手。在晚辈、下级与长辈、上级握手时，后者伸出手来之后，前者需先右手与其相握，随后再将自己的左手轻置于后者的右手之上。在韩国，一般情况下，女士不和男士握手，以点头或鞠躬作为常用礼仪。韩国人一般用咖啡、不含酒精的饮料或大麦茶招待客人，有时候会加入适量的糖和淡奶。

2．服饰礼仪

韩国人在穿衣上不会过于前卫，是庄重保守的。男子一般上身穿袄，下身穿宽大的长裆裤，女子一般上穿短袄，下穿齐胸的长裙。

3．餐饮礼仪

韩国人以米饭为主食，早餐也习惯吃米饭，不吃粥，还喜欢吃辣椒、泡菜，吃烧烤的时候要加辣椒、胡椒、大蒜等辛辣的调味品。汤是每餐必不可少的，有时候会在汤里放猪肉、牛肉、狗肉、鸡肉烧煮，有时候也简单地倒些酱油、加些豆芽。韩国人对边吃饭边谈话的行为非常反感。

4．沟通礼仪

（1）韩国人初次见面时，常交换名片，有些商人养成了通报姓氏的习惯，并与"先生"等敬称联用。韩国人待客十分重视礼节，男士见面要相互鞠躬、热情握手，并道"您好"。异性之间一般不握手，通过鞠躬、点头、微笑、道安表示问候。分别时，握手说"再见"，若客人同自己一道离开便对客人说"您好好走"，若客人不离开则对客人说"您好好在这儿"。

（2）进门或出席某种场所，要请客人、长辈先行。与长辈同坐，要保持姿势端正，绝不能放松。

（3）用餐时，请客人、长辈先入席，不可先于长者动筷。与客人或长辈递接东西时，要先鞠躬，然后再伸双手。

（4）同韩国朋友约会，要事先联系。尽管韩国人对客人不苛求准时，但他们自己是严格遵守时间的，因而客人也应守时，以示对主人的尊重。

（5）如果应邀去韩国人家里做客，按习惯要带一束鲜花或一份小礼品，见面时要双手递给主人。受赠者不要当着赠送者的面把礼物打开。进入室内时，要将鞋子脱掉留在门口，这是最基本的礼仪。

（6）不要当着众人的面擦鼻涕，否则会被视为不礼貌、不懂礼节。

知识点5 泰国礼仪

1. 服饰礼仪

泰国的各个民族都有自己的传统服饰。现在，泰国城市中的男士在正式社交场合通常穿深色西装、打领带。女士在正式社交场合穿民族服装，也可穿裙子；在日常生活中，可穿各式流行服装，但在公共场合忌穿短裤。

2. 仪态礼仪

在泰国，进入佛殿要脱鞋，进入当地人家的客厅也要脱鞋。在平时生活中他们讨厌拍拍打打的举止，认为这是不礼貌的。当地人向上伸出小指表示和好，大拇指朝下表示失败，伸出弯曲的食指则表示死亡。

3. 餐饮礼仪

泰国人不喝热茶，而习惯在茶里放冰块，使之成为冰茶。用餐时，泰国人习惯围着小圆桌跪坐。泰国食品和中国食品大同小异。

4. 沟通礼仪

（1）泰国人的姓名是名在前、姓在后，通常在名字前加上一个称呼。对成年男士，常加"乃"（意为"先生"），"乃"是尊称，也表示男士。而对成年女士，名字前常加"娘"（意为"夫人""女士"）。泰国人一般只简称名字，口头称呼时，不论男女，一般在名字前加"坤"字，以表示亲切。

（2）泰国人见面时通常双手于胸前合十、稍稍低头，互致问候。向同辈问好时，合掌后指尖不高过下巴；在对长辈行合十礼时，则需低头让指尖轻触鼻尖；向尊贵的对象如德高望重的长辈表示尊敬时，则把双掌抬高至额头。泰国人遇到僧侣或象征佛陀的佛像，都会下跪、合掌，并以额头触地膜拜。泰国人一般遇到同辈向他们行合十礼时，都会以合十礼回报。但若是晚辈向长辈行合十礼，长辈是无须回合十礼的，有些只以点头或微笑回应。现在泰国的政府官员和知识分子有时也握手问好，但男女之间见面是不握手的。

（3）泰国人认为头部是人最神圣的部位，随意摸别人的头被视为莫大的无礼。小孩子的头只允许国王、高僧和父母摸。递送东西给别人需用右手，正式场合应双手奉上，用左手则会被认为是鄙视他人。他们认为右手是清洁的，左手是肮脏的。不得已使用左手时，要说一句"请原谅，左手"。晚辈给长辈递东西要用双手，长辈接东西可用一只手。至于抛东西给别人则更不被允许。

（4）坐着时跷腿被认为是不礼貌的，把鞋底对着别人，意为将别人踩在脚下，被认为是一种侮辱性举止。女士坐着时要双腿并拢，否则会被认为缺乏教养。走过别人面前，必须弓着身子，以示歉意。

（5）就餐按辈分入座，长者在上首。喝酒吃菜都由长者先动手。

5. 信仰

泰国有"佛教之国""白象之国"之称。在泰国，90%以上的人信奉佛教，此外，有少数人信奉伊斯兰教。

知识点 6　英国礼仪

1. 服饰礼仪

英国人的穿衣模式受到许多人的推崇。尽管英国人讲究衣着，但十分节俭，一套衣服一般要穿很长一段时间。一位英国男士一般有两套深色衣服，两三条灰裤子。目前，英国人的衣着向着多样化、舒适化发展，比较流行的有便装夹克、牛仔服。

2. 仪态礼仪

在英国，人们在演说或别的场合伸出右手的食指和中指，手心向外，构成"V"形，表示胜利；如有人打喷嚏，旁人就会说"上帝保佑你"，以示吉祥。

3. 商务礼仪

到英国从事商务活动要避开 7 月和 8 月，这段时间工商界人士大多在休假，另外在圣诞节、复活节也不宜开展商务活动。在英国送礼不得送重礼，以避贿赂之嫌。在商务会晤时，应按事先约好的时间到达，不得早到或迟到。英国工商界人士办事认真、不轻易动感情和表态，他们视夸夸其谈、自吹自擂为缺乏教养的表现。

4. 沟通礼仪

（1）在交际活动中，握手礼是英国人使用最多的见面礼节，如图 7-3 所示。

图 7-3｜握手礼

（2）英国人待人十分客气，"请""谢谢""对不起""你好""再见"一类的礼貌用语，他们天天不离口。

（3）在进行交谈时，英国人，特别是那些上了年纪的英国人，喜欢别人称呼其世袭的爵位或荣誉头衔，至少，也要郑重其事地称其为"阁下"或是"先生""小姐""夫人"。

（4）在色彩方面，英国人偏爱蓝色、红色与白色，它们是英国国旗的主要色彩。英国人反感的色彩主要是墨绿色。英国人在图案方面的禁忌甚多，人像及大象、孔雀、猫头鹰等图案，都会令他们大为反感。在握手、干杯或摆放餐具时无意之中出现了类似十字架的图案，他们也认为是十分晦气的。

（5）英国人忌讳数字"13"与"星期五"，当二者恰巧碰在一起时，不少英国人都会产生大难临头之感。对数字"666"，他们也十分忌讳。

（6）在人际交往中，英国人不喜欢贵重的礼品。涉及私人生活的服饰、肥皂、香水，带有公司标志与广告的物品，也不宜送给英国人；鲜花、威士忌、巧克力、工艺品及音乐会门票，是送给英国人的适当之选。

（7）在英国，动手拍打别人、跷"二郎腿"、右手拇指与食指构成 V 形时手背向外，都是失礼的动作。

知识点 7　法国礼仪

1. 社交礼仪

与英国人和德国人相比，法国人在待人接物上的表现是大不相同的。他们在人际交往中大多爽朗热情，善于高谈阔论，好开玩笑，讨厌不爱讲话的人，对愁眉苦脸者难以接受。

法国人是著名的"自由主义者"。他们虽然讲究法制，但是一般纪律性较差，不大喜欢集体行动。与法国人打交道，约会必须事先约定，并且准时赴约，但是也要对他们可能姗姗来迟有所准备。

在人际交往中，法国人采用的礼节主要有握手礼、拥抱礼和吻面礼。

2. 服饰礼仪

法国人对于服饰的讲究，在全世界都是有名的。所谓"巴黎式样"，在世人耳中即与时尚、流行含义相同。

在正式场合，法国人通常穿西装、套裙或连衣裙，颜色多为蓝色、灰色或黑色，质地多为纯毛。

出席庆典仪式时一般要穿礼服。男士多穿配以领结的燕尾服，或是黑色西装；女士多穿连衣裙式的单色礼服。

对于穿着打扮，法国人认为重在搭配，在选择发型、手袋、帽子、鞋子、手表、眼镜时，都十分强调要使之与自己的着装协调一致。

3. 餐饮礼仪

法国人十分讲究饮食，在西餐中，法国菜可以说是最讲究的。

法国人爱吃面食，面包的种类很多，也爱吃奶酪。在肉食方面，他们爱吃牛肉、猪肉、鸡肉、鱼子酱、鹅肝，不吃肥肉、肝脏之外的动物内脏、无鳞鱼和带刺骨的鱼。

法国人善饮酒，他们几乎每餐必喝，而且讲究要以不同品种的酒搭配不同的菜肴。除酒之外，法国人平时还爱喝咖啡。

法国人用餐时，两手可放在餐桌上，但不允许将两肘支在桌子上。在放下刀叉时，他们习惯于将其一半放在碟子上，一半放在餐桌上。

4．习俗禁忌

法国的国花是香根鸢尾。菊花、牡丹、玫瑰、杜鹃、水仙、金盏花和纸花，一般不宜随意送给法国人。法国的国石是珍珠。

法国人大多喜爱蓝色、白色与红色，忌讳的色彩主要是黄色与墨绿色。法国人忌讳"13"与"星期五"。

在人际交往之中，法国人对礼品十分看重，有其特别的讲究。赠送礼品宜选具有艺术品位和纪念意义的物品，不宜选刀、剑、剪、餐具或带有明显的广告标志的物品。男士向关系一般的女士赠送香水也是不合适的。在接受礼品时若不当着送礼者的面打开包装，则是一种无礼的表现。

▌知识点 8　德国礼仪

（1）德国人纪律严明、讲究信誉、极端自尊、待人热情，十分注重感情，爱好音乐。重视称呼是德国人在人际交往中的一个鲜明特点。对德国人称呼不当，通常会令对方大为不快。

（2）一般情况下，切勿直呼德国人的名字，可以称其全名或仅称其姓。和德国人交谈时，切勿忽视对"您"与"你"这两种人称代词的使用。对于熟人、朋友、同龄者，方可以"你"相称。在德国，称"您"表示尊重，称"你"则表示地位平等、关系密切。

（3）德国人注意衣着打扮，外出时必穿戴整齐、干净；见面打招呼必须称头衔，不直呼名字；约会准时，时间观念强；待人热情，诚实可靠。宴席上，男士坐在女士和地位高的人的左侧，女士离开和返回饭桌时，男士要站起来以示礼貌。请德国人吃饭，事先必须安排好。最好和他们谈论原野风光的话题，他们的个人爱好多为体育活动。接电话要首先告诉对方自己的姓名。

（4）德国人最爱吃猪肉，其次才是牛肉。以猪肉制成的各种香肠，德国人百吃不厌，但他们忌讳吃核桃。

（5）如果同时有啤酒和葡萄酒，要先喝啤酒，再喝葡萄酒，否则会被视为有损健康。在公共场合窃窃私语，被认为是十分无礼的。

（6）在德国，蔷薇专用于悼亡，不可以随便送人。德国人忌讳茶色、红色、深蓝色。

▌知识点 9　荷兰礼仪

1．仪态礼仪

荷兰人在交谈时，不喜欢交叉式谈话。女士入座时，双腿要并拢；男士就座时不宜抖腿。他们不在众人面前用牙签剔牙。

2．相见礼仪

在正规场合，荷兰人与客人会面时，通常行握手礼；而在日常生活中，与朋友相见时，大多行拥抱礼；与亲密的好友相见时，也有行吻礼的。他们不喜欢交叉握手，认为是不吉利的行为。

3. 商务礼仪

到荷兰进行商务活动的最佳时间段是每年的 3—5 月、9—11 月。荷兰人具有很强的时间观念，所以在商务活动中都很守时。荷兰人很喜欢听赞美的话，所以在商务活动中，如果对他们的室内摆设等夸奖几句，他们很可能会格外高兴。

4. 服饰礼仪

大部分荷兰人的穿着打扮和欧洲其他国家的人大同小异。在正式社交场合，如参加集会、宴会，男士穿着较庄重，女士衣着典雅秀丽。最富特色的是荷兰马根岛上的居民的服饰，该岛女孩的衬衣都带有红绿间隔的条纹。

5. 餐饮礼仪

荷兰人早、午餐多吃冷餐，早餐一般只吃涂奶油或奶酪的面包，喝牛奶或咖啡。荷兰人不太喜欢喝茶，平常喝牛奶解渴。荷兰人的正餐是晚餐。晚餐前都习惯先喝一些饮料，然后很正式地在餐桌上铺上桌布等。晚餐通常是两道菜、一道汤。第一道是汤，常用粟米粉调制而成，美味可口。荷兰人在饮食上习惯吃西餐，但对中餐也颇感兴趣，当地中国餐馆的数量居欧洲前列。

 锦囊

锦囊 1　如何拜访外国人

（1）有约在先。拜访外国人时，切勿未经约定便不邀而至。

（2）守时践约。守时是尊重交往对象的表现。因故不能准时抵达，务必及时通知对方并道歉。

（3）登门有礼。当主人开门迎客时，务必主动向对方问好，互行见面礼。在此之后，应在主人的引导下进入指定的房间，切勿擅自乱闯，就座时要与主人同时入座。

（4）举止有方。在拜访外国人时要注意自尊自爱，并且时刻以礼待人。与主人或其家人进行交谈时，要谨慎选择话题，切勿信口开河。与异性交谈时，要讲究分寸。

锦囊 2　部分国家的商务礼忌

美国礼忌：与美国人洽谈时，不必过多地客套，可直截了当地进入正题，甚至从吃早点时就开始。

芬兰礼忌：与芬兰人洽谈时，应行握手礼，应多称呼其职衔；谈判成功之后，芬兰人往往会邀请你赴家宴与洗蒸汽浴，这是一种很重要的礼节；如你应邀赴宴，忌讳迟到，不要忘记向女主人送上 5 朵或 7 朵（忌双数）鲜花。

瑞士礼忌：若给瑞士的公司寄信，收信人应写公司的全称，切不可写工作人员的名字，因为如果收信人不在，此信永远不会被打开。

英国礼忌：到英国洽谈时有 3 条忌讳，一是忌系有纹的领带（因为带纹的领带可能被认为是军队或学生校服领带的仿制品），二是忌以皇室的家事为谈资，三是忌把英国人称呼为"英国人"。

法国礼忌：到法国洽谈时，忌过多谈论私事，因为法国人不喜欢谈及家庭及个人隐私。

德国礼忌：德国人很注重工作效率，因此同他们洽谈时，切忌闲谈；德国北部地区的商人均重视自己的头衔，和他们热情握手并称呼其头衔，他们很可能格外高兴。

俄罗斯礼忌：在同俄罗斯人洽谈时，切忌称呼其为"俄国人"。

锦囊3　西方人的日常忌讳

数字忌：忌讳"13"，甚至星期五和每月的13日也被忌讳，他们认为这些数字包含着凶险，但是，对"3"和"7"很喜欢，认为这两个数字有吉利的含义。

询问忌：忌询问别人的年龄、工资、家事及其他私事，在老人面前忌说"老"字。

床位忌：忌把床对着门摆放。

碎镜忌：忌打碎镜子，认为碎镜会使人倒霉。

花色忌：许多欧洲人忌讳黄色的花，并认为菊花、杜鹃不吉利。

颜色忌：欧洲人多忌黑色，认为黑色与丧礼有关。

礼节忌：一切礼节均应先女后男，切忌相反。

衣物忌：西方人对自己的衣物及行装，有随意乱放的习惯，但忌讳别人乱动。

婚期忌：除英国人，多数西方人忌在星期六结婚。

扶老忌：欧美的老人多忌讳由别人来搀扶。他们认为这有损体面，是受轻视的表现。

 **典型案例**

典型案例1　表扬

一位英国老妇人到中国旅游观光，对接待她的导游小姐评价颇高，认为她服务态度好、语言水平也很高，便夸奖该导游小姐说："你的英语讲得好极了！"导游小姐按照中国人的习惯，谦虚地回应："我的英语说得不好。"老妇人一听生气了，心想："英语是我的母语，难道我都不知道英语该怎么讲才算好？"她越想越气，第二天坚决要求旅行社给她换导游。

思考：（1）出现该结果的原因是什么？

（2）面对外宾的表扬，应怎样得体地回应？

典型案例2　"委屈"

肖兰通过中介公司找到一份在外国专家布朗家里做保姆的工作。肖兰热情活泼、精明能干，第一天就给对方留下了不错的印象。她的主要工作之一是打扫房间，包括布朗夫人的卧室。细心的布朗夫人特意给肖兰制定了一份时间表，上面规定每天上午8点清理卧室，布朗夫人让肖兰按照上面的计划严格执行。

开始几天，肖兰都干得相当好，令布朗夫人很满意。直到有一天，肖兰照例去清理布朗夫人的卧室，却发现布朗夫人没有像往常一样不在家，而是在家中休息。肖兰心想，我还得按照计划办事，而且我打扫并不会影响她休息。热情的肖兰认真地干起了活。这时，布朗夫人突然醒了。她发现肖兰在她的房间里，很惊讶，马上用不流利的汉语叫了起来："你来干什么？请出去！"肖兰仍是一片好心："您接着休息吧，我一会儿就打扫完了。"布朗夫人提高了嗓门，一字一顿地说："请——你——出——去！"并且用手指着门。肖兰不明白自己哪里惹到了布朗夫人，她怎么是这种态度。她心想，不是你叫我按时打扫的吗？然后她满肚子委屈地走了。

思考：肖兰为什么会感到委屈？

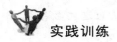

实践训练

涉外礼仪

1. 训练内容

（1）涉外礼仪趣味表演。

（2）涉外礼仪知识竞赛，题型分为必答题、抢答题，重点考查各国的民俗民风、禁忌知识。

2. 情境设置

外国贸易代表团（每组设定的国别不同）今天将乘飞机到 A 公司考察访问，A 公司安排几位员工负责接待，请学生模拟见面、接站、乘车安排及送行的具体过程。

3. 训练组织

（1）全班分成 4 组，课前分工并做好各项准备工作，分别扮演相关角色，展示各项接待技能，具体要求如下。

① 参考涉外礼仪知识，创设涉外交往活动情境，包括基本习俗、禁忌、文化、礼仪个性和风格。

② 各组涉外礼仪趣味表演要富有个性、不能重复（如体现在称呼、送花、赠送礼品、见面礼节、服饰等方面）。

③ 要求自编、自导、自演。

④ 当别的组在表演时，注意组织其他组的学生观察。

（2）举办涉外礼仪知识竞赛。

4. 任务考核与评价

实践训练评分表如表 7-1 所示，由老师与学生代表共同打分，老师进行综合点评。

表 7-1　实践训练评分表

考核项目	考核内容	分值	学生代表评分	老师评分	平均得分
团队合作	准备工作	5			
	情境设置效果	10			
	合作效果	5			

续表

考核项目	考核内容	分值	学生代表评分	老师评分	平均得分
礼仪规范	礼仪知识掌握的熟练程度	30			
	赠送礼仪	10			
	乘车安排礼仪	10			
	举止礼仪（含问候、握手、递接名片、自我介绍等）	30			

要点巩固

一、判断题

1．初次与外国人见面交谈时，可以唠家常。 （ ）

2．与外国人打招呼可以说："你吃了吗？" （ ）

3．法国人大多喜爱蓝色、白色与红色，他们忌讳的色彩主要是黄色与墨绿色。法国人忌讳"13"与"星期五"。 （ ）

4．对于西方人来讲，经历、收入、年龄、婚恋、健康状况、政治见解等均属个人隐私，别人不应询问。 （ ）

二、选择题

1．（单选）西方体现一个人的教养水平的重要标志是_____。

　　A．女士优先原则　　　　　　　　B．差异性原则

　　C．主权平等原则　　　　　　　　D．外事礼宾顺序的原则

2．（单选）一般而言，与美国人交往时，与之保持_____的距离是比较适当的。

　　A．50厘米以内　　　　　　　　　B．150厘米～300厘米

　　C．50厘米～150厘米　　　　　　 D．300厘米以外

3．（单选）通常称外国已婚女子为_____。

　　A．女士　　　　B．小姐　　　　　C．夫人　　　　D．先生

4．（多选）男士与女士同行，应当_____。

　　A．走在中间

　　B．走在最左边

　　C．路只能容纳一人走时男士走前面

　　D．路只能容纳一人走时男士走后面

5．（多选）爱护环境原则包括_____等。

　　A．不可虐待动物　　　　　　　　B．不可损坏公物

　　C．不可乱扔、乱丢废弃物品　　　D．不可随地吐痰

6．（多选）在人际交往中，英国人不喜欢贵重的礼品。下列的_____可以作为礼品。

　　A．香水　　　　B．鲜花　　　　　C．音乐会门票　　　D．威士忌

三、简答题

1．商务涉外礼仪有哪些基本原则？

2．商务涉外礼仪公务活动中，男士和女士着装分别有哪些要求？

3．如何拜访外国人？

四、延伸讨论

国家不管大小、不论强弱，都要相互尊重。在与国际友人的友好交往中，应做好哪些礼仪方面的工作？

参考文献

［1］金正昆. 商务礼仪教程[M]. 6版. 北京：中国人民大学出版社，2019.

［2］杨长进，曾祥君. 商务礼仪[M]. 北京：航空工业出版社，2014.

［3］万文斌，郝素岭，陈明华. 商务礼仪[M]. 北京：航空工业出版社，2012.

［4］郭晓丽，孙金明，郭海燕. 商务职场实用礼仪[M]. 北京：北京理工大学出版社，2011.

［5］张再欣. 现代商务礼仪[M]. 2版. 北京：中国人民大学出版社，2016.